2019年乐山师范学院校级重点研究项目"乡村文化展示与乡村旅游可持续发展研究"（WZD018）

横向课题："世界茉莉博览园田园综合体"国内旅游市场调查及分析研究报告（204190007）

四川旅游发展研究中心平台项目"峨眉山旅游综合改革研究"（205190002）

联合资助

花主题
旅游市场研究

邓明艳　宋雨晗　著

西南财经大学出版社

中国·成都

图书在版编目(CIP)数据

花主题旅游市场研究/邓明艳,宋雨晗著.—成都:西南财经大学出版社,
2023.5
ISBN 978-7-5504-5764-5

Ⅰ.①花…　Ⅱ.①邓…②宋…　Ⅲ.①旅游市场—市场营销—研究
Ⅳ.①F590.82

中国国家版本馆 CIP 数据核字(2023)第 081724 号

花主题旅游市场研究

HUA ZHUTI LÜYOU SHICHANG YANJIU

邓明艳　宋雨晗　著

策划编辑:王　琳
责任编辑:王　利
责任校对:植　苗
封面设计:墨创文化
责任印制:朱曼丽

出版发行	西南财经大学出版社(四川省成都市光华村街 55 号)
网　　址	http://cbs.swufe.edu.cn
电子邮件	bookcj@ swufe.edu.cn
邮政编码	610074
电　　话	028-87353785
照　　排	四川胜翔数码印务设计有限公司
印　　刷	四川五洲彩印有限责任公司
成品尺寸	170mm×240mm
印　　张	13.75
字　　数	241 千字
版　　次	2023 年 5 月第 1 版
印　　次	2023 年 5 月第 1 次印刷
书　　号	ISBN 978-7-5504-5764-5
定　　价	78.00 元

前　言

　　花卉与人类的生活息息相关，喜爱花卉可以说是人类的天性。人们经常用鲜花表达美好的祝愿，喜欢用各种鲜花装点环境和居室……大量的花卉产品随之进入千家万户。花卉消费已成为人们的一种生活方式，促进了花卉产业的突飞猛进发展。

　　赏花休闲旅游由来已久，是人们喜爱花卉的另一种形式，也是一种重要的旅游主题，不管是国外盛行的花卉节庆赏花之旅，还是国内的春季踏青赏花之旅，都已成为不可缺少的旅游活动。现在，赏花休闲旅游成为时尚，花主题景区景点和节庆活动越来越多地进入旅游者视野，国内外都形成了一些著名的赏花旅游胜地。国内如武汉大学的樱花园，每年吸引全国各地的游客去观赏；南京梅花山吸引了越来越多的海内外游客。国外如法国普罗旺斯的薰衣草令赏花游客如痴如醉，保加利亚玫瑰谷通过游客将玫瑰的芳香传遍世界……这些景点和节庆活动中不乏重要文化遗产，如新加坡植物园是入选联合国教科文组织世界遗产名录的著名世界遗产，是新加坡首个世界文化遗产，有很多国家政要和名人到此参观。又如于 1957 年的哥伦比亚麦德林鲜花节，如今已成为哥伦比亚的文化遗产，是当地最重要的文化活动。在欧洲，还构建了覆盖 14 个国家的欧洲花园遗产网络（EGHN），该网络"致力于确认、保护、管理和创建世界范围的文化和旅游形象"（Athanasiadou，2019）。在日本，有不少类似花园网络概念的花园小径和花园路线。花园小径是"一条长长的纽带，人们沿着它从花园的一个地方走到另一个地方"（柯林斯，2022），它连接花园，可以被视为一个花园网络系统，从而建立旅游线路，具有促进运营管理的协同作用①。

在花主题旅游供需两旺的背景下，我国的花主题景区也广泛出现在东、中、西部各地，成为人们观光休闲的重要场所。一些景区主题鲜明，如上海鲜花港的水元素很突出。一些景区特色很明显，如广州百万葵园花之恋酒店，坐落在万花丛中，每个房间都以花为主题设计，浪漫又时尚，充分体现了花景区的主题。还有一些花主题景区把自然生态演绎得很到位，体现了花卉的自然植物特性，如北京植物园，用各种天然植物材料构建动植物生态场景，非常生动有趣。未来，我国的花主题景区要注重品牌塑造，充分利用我国丰富的花卉植物资源，深挖文化内涵，提高市场吸引力，扩大市场影响力，打造国际旅游形象。

花主题旅游的市场潜力非常大，为花主题旅游研究提供了广阔的空间。花卉旅游有其作为旅游方式的一般属性，也有其特殊性。花卉旅游属于植物旅游，与自然环境关系密切，除了研究气候变化对花卉旅游的影响外，也为生态旅游、自然教育和自然保护研究提供了机会。花主题景区和节庆活动是自然和文化融合的典型代表，是研究文旅融合的重要案例。凯文·马克韦尔（Kevin Markwell，2014）认为，还要深入地探索大型公共或商业花园在为某些目的地创建目的地品牌或形象方面的作用。本书选择了连接旅游供需的重要领域"花主题旅游市场"进行研究。目前，相关研究多数以"花卉旅游"作为关键词，本书选择"花主题旅游"作为关键词，主要考虑到花卉旅游类型丰富，与其他旅游类型可能有交叉重叠的地方，采用"花主题旅游"作为关键词能扩展花卉旅游的外延，丰富花卉旅游的内涵，更能体现花卉旅游作为旅游研究的一个重要领域的意义。花主题市场研究目前还处于起步阶段，可在成熟的旅游研究基础上，借鉴其他人文社会科学和自然科学的理论和方法进行创新拓展，促进花主题旅游研究的发展。

邓明艳

2023 年 5 月 1 日

---

① SEO-LIN KIM, JONGSANG SUN, YEON-SU HAMM, et al. A garden network system for sustainable garden tourism in South Korea [J]. Urban Forestry & Urban Greening, 2022 (74): 1-13.

目 录

第一章

绪论

第一节 研究背景

一、花卉旅游是 21 世纪的新型旅游形式

花卉以其丰富的种类、艳丽夺目的色彩和姿态万千的魅力而备受人们的喜爱。花卉旅游（flower tourism）就是以花卉观赏、研学以及花文化和节庆体验为主的休闲旅游活动，是植物旅游的一种类型，是 21 世纪的新型旅游形式。

有研究表明，植物在人类文明进化中的作用远远超出了食物、纤维和药物，人类似乎从自然/植被景观中获益匪浅，被动接触植物和持续积极参与园艺体验可以增强身体和心理功能[①]。因而，花卉旅游在世界范围内受到广泛欢迎。荷兰阿姆斯特丹是世界花卉市场，最近 300 年来一直为园艺师和自然美的崇拜者服务。在阿姆斯特丹巨大的温室里，你可以买到荷兰最优秀的育种师培育的种子、幼苗和现成的产品，同时也可以从观赏各种颜色的植物中获得令人难以置信的乐趣。被称为"园艺界奥斯卡"的英国切尔西花展，

---

① DIANE RELF. Human Issues in Horticulture [J]. Hort Technology, 1992, 2 (2): 159-171.

云集了来自世界各地的园艺爱好者和从业者，每年参观者超过 10 万人，经常一票难求。英国王室成员每年都会前往花展现场①。每年 8 月，在英国泽西岛的小镇上，都要举行英国的花卉嘉年华，游客有机会买到奇花异草。西班牙每年都要举办春季花会节，其中最活跃的两个城市是格拉纳达和科尔多瓦，那里的居民用五颜六色、芳香馥郁的花束装饰街道和房屋，宗教团体成员竞相用植物制作大型十字架。新加坡滨海湾花园一年要迎来超过 500 万人次访客，已成为外国旅客在新加坡必看的旅游景点之一②。

我国花卉旅游已经遍地开花，每年春季到来，踏青赏花，来一场春天的旅行是当年春季旅游的主旋律。油菜花、桃花、梨花、牡丹花、杏花、玉兰花等赏花地图出现在大江南北，人们纷纷出行赏花，远离城市喧嚣，享受乡间野趣，体验乡村文化。我国花卉旅游热每年从 3 月开始，一般要延续到 5 月末。近几年，主要的赏花品种如油菜花、樱花、桃花、杜鹃花等在百度关键词搜索中的指数波峰一年高过一年，花卉旅游热度高涨③。携程数据显示，2021 年 2 月底，关键词"赏花"在携程平台的搜索量环比增长 280%，在携程预订赏花景区的人数比 2019 年增长 115%④。逛花市也是花卉旅游的重要形式，我国广州一年一度的迎春花市繁花似锦、人海如潮，热闹非凡。迎春花市是中国独一无二的民俗景观，早已名扬四海，不但呈现了古老的岭南地区人民群众的春节习俗，更与广州人的生活密切相关，从而形成了自己独特的花卉语言⑤，让游客除了赏花、购花，还能体验广州当地的文化习俗。每一个到云南旅游的人，都希望到昆明斗南花市体验一番北纬 25 度地区种植的来自中国花都的芬芳。昆明斗南花市已发展为以花卉产业为根基，以花卉为鲜明特色，集住宿、休闲、娱乐、文化、餐饮、花卉衍生品、商务等于一体，昼可品花都市井风情，夜可览万花交易盛况的国际级鲜花特色旅游小

① 艾以清. 切尔西花展，园艺界的奥斯卡 [EB/OL]. (2019-05-26) [2023-03-22]. https://www. 360kuai.com/pc/93751fc30048c5b93？cota=3&kuai_so=1&sign=360_57c3bbd1&refer_scene=so_1.
② 新华网新加坡频道. 新加坡滨海湾花园开幕一年迎 500 万人次访客 [EB/OL]. (2013-06-30) [2023-03-22]. http://sg.xinhuanet.com/2013-06/30/c_124931664.htm.
③ 奇创旅游规划设计咨询机构. 态势研究：又是一年赏花季 [EB/OL]. (2013-01-14) [2023-03-01]. https://www.kchance.com/LandingPage/Flower1.html#time1.
④ 季丽亚. 春回大地节后旅游复苏，赏花游热度上涨 280% [EB/OL]. (2021-03-02) [2023-03-22]. http://news.hexun.com/2021-03-02/203114091.html.
⑤ 360 百科. 广州迎春花市 [EB/OL]. (2022-02-20) [2023-03-01]. https://baike.so.com/doc/6700235-6914165.html.

镇，是亚洲最大的鲜切花交易市场，是著名的花都，游客可以直接参与鲜花拍卖、实地采摘鲜花等体验活动①。每年 4 月举办的洛阳牡丹花会已成为国家级文化盛会、国家级非物质文化遗产，游客不仅可以赏牡丹，而且还可以参加观灯、作画、赋诗等文化活动和旅游观光活动，旅游吸引力巨大。在第 37 届中国洛阳牡丹文化节期间，洛阳市共接待游客 2 917.15 万人次，同比增长 10.19%，旅游总收入 274.28 亿元，同比增长 13.36%②。在第 22 届南京国际梅花节期间，有将近 10 万游客通过"驴妈妈"预订门票进入景区，创下了入园人数历史新高③。调查发现，2019 年苏中地区花卉旅游人数达 1 500 万人次，同比增长 5 个百分点，在旅游产业中的占比不断扩大④。2019 年，湖南省森林植物园以花为媒发展生态旅游获得巨大成功，年接待游客近 100 万人次。毋庸置疑，花卉旅游产业发展潜力巨大。

二、花卉旅游是高品质休闲生活的重要需求

随着经济走向高质量发展，我国已经进入休闲时代，休闲在民众的生活中占据着越来越重要的位置，已经成为人们的一种生活方式或生活品质的体现⑤。

休闲有助于游客恢复健康，治愈一些人们生活在嘈杂的城市里会患上的疾病和释放压力⑥。美国旅游协会（The United States Travel Association，USTA）资助了关于健康、教育和人际关系的旅游益处研究项目，其研究结果表明，旅游对健康、教育和人际关系都有益处。该研究显示，在健康方面，良好的旅游体验对个人的身心健康和家庭关系都有正面作用。度假对生活满意度不仅有直接影响也有间接影响，度假可减轻工作压力和缓解职业倦怠，使人工作更高效，身体更健康；旅游可以增加幸福感，减少压力和改善健康状况。

① 佚名. 来滇旅游为何必到斗南花市？［EB/OL］.（2017-03-17）［2023-03-22］. https://www.sohu.com/a/129238645_210348.
② 常书香，李文渊. 第 37 届中国洛阳牡丹文化节圆满落幕　共接待游客 2 917 万人次［EB/OL］.（2019-05-07）［2023-03-22］. https://luoyang.focus.cn/zixun/0c63d4cd1e5f19b0.html.
③ 佚名. 驴妈妈创造南京国际梅花节近 10 万人赏梅记录［EB/OL］.（2017-03-24）［2023-03-22］. http://www.joyu.com/news.asp? id=2132.
④ 马燕萍. 苏中地区花卉旅游产业发展现状及实施策略［J］. 营销界，2020（20）：55-56.
⑤ 龙江智，王苏. 深度休闲与主观幸福感：基于中国老年群体的本土化研究［J］. 旅游学刊，2013，28（2）：77-85.
⑥ DIANE RELF. Human Issues in Horticulture［J］. Hort Technology, 1992, 2（2）：159-171.

在教育方面，旅游对长者和青少年都有教育益处；自助旅游带来个人成长和生活技能的提升，提高解决问题和人际交往的能力以及时间管理技能；年长女性在出境游中收获了更好的个人成长和身心教育，学会了宽容；旅游对小孩的益处包括开阔视野、提高解决问题的能力、培养耐心、增强适应能力。旅游的教育益处可影响人的一生，并成为个人技能的一部分。在亲密关系方面，旅游可以增进家庭和睦，创造共同的记忆，通过维持或提高幸福感来巩固婚姻关系①。

写过《农业志》的罗马人加图说过："在没有花香的午后散步是不完美的。"② 花卉与人们的生活息息相关。花卉旅游以其观赏性、丰富的体验性、时空的广泛性、深厚的文化底蕴和植物的养生健康功能，对休闲旅游发挥健康、教育和人际关系功能起到了重要的促进作用，对满足人们对高品质休闲生活的追求具有不可替代的价值。2018 年 9 月 28 日，国家市场监督管理总局、中国国家标准化管理委员会发布了首部评定花主题旅游区、休闲区的"国家标准"《花卉休闲区建设与服务规范》（GB/T 36736-2018），对于花卉休闲旅游领域的发展具有重大意义。该标准规定了花卉休闲区的特性与类型、选址与规划、基础设施、花卉、休闲空间与设施、景观营造、服务、综合推进等方面的基本要求，适用于以消费者体验为导向、以花文化为主题、以休闲为主要内容、以花卉为主体吸引物的多功能综合开发区域，也是目前衡量花卉休闲旅游项目水准与品质的"最高指标"③。

在实践中，旅游目的地对花卉旅游的重视体现了花卉旅游在高品质休闲生活中的重要地位。2019 年 9 月 25 日，诞生了由全国休闲标准化技术委员会授予的全国首家"花卉休闲区"江苏无锡花彩小镇。无锡九龙湾花彩小镇地处无锡市太湖之滨，占地 2 123 亩（1 亩 ≈ 666.67 平方米），是一个以"花产业、花文化、花生态、花生活"为核心的花卉休闲小镇、花园集群小镇，向人们演示花文化、展示花卉魅力、展现花生活的美好，倡导一种新的生活方式，满足了人们对美好生活的向往。景区内依山傍水、绿草如茵的花

---

① JAMES F PETRICK，邹穗雯. 休闲旅游益处 [J]. 旅游学刊，2015，30（11）：1-5.

② 佚名. 日耳曼人一来欧洲全面衰退，但修道士们却从其手中抢救下花园文化 [EB/OL]. （2021-05-25）[2023-03-22]. https://baijiahao.baidu.com/s? id = 1700607436065359316&wfr = spider&for=pc.

③ 全国休闲标准化技术委员会. 花卉休闲区建设与服务规范 [EB/OL]. (2018-09-28) [2023-03-22]. https://www.cssn.net.cn/cssn/productDetail/2141ef2ca1919114acc0fe41599e3a8c.

主题酒店，花香四溢、花漫四季的九龙湾花都，四季梦幻、春花秋色的花星球乐园，承载历史、百花齐放的赛石花朝园已经成为全国闻名的明星景点和网红打卡地①。

中国花卉协会从 2016 年起开始认定工作，现已认定两批共 20 家"国家重点花文化基地"。在花文化产业的开发、建设、经营、管理、服务和发展等方面，这些基地在全国和区域内都有较高的知名度、代表性、引领性和影响力，是著名的旅游胜地，吸引了国内外游客观赏花卉景观、领略花文化、体验花卉节庆活动，必将带动花卉休闲旅游，助力人们休闲生活品质提升。

三、花卉旅游研究需要加强

花主题旅游已经成为一类重要的旅游休闲活动，但相关研究较为缺乏，对实践的指导作用不够，很多花主题景区的发展还处于探索阶段。

首先，国内外相关研究成果数量不多。截至 2022 年 11 月 21 日，在中国知网数据库中，我们选取期刊和硕博论文两种文献类型检索相关研究的中文文献，以篇名"花文化旅游"进行检索得到 10 篇文献，其中，以篇名"花卉旅游"进行检索得到 93 篇文献，以篇名"花文化"进行检索，得到 235 篇文献，以主题"花主题公园"进行检索得到 14 篇文献，以主题"花主题景区"进行检索得到 1 篇文献，共计 353 篇，去除重复无效文献后，共得到文献 343 篇。截至 2022 年 11 月 14 日，我们选取科学网（Web of Science）核心合集，检索 2001—2022 年时间段英文相关研究文献，选择论文、综述论文、会议摘要、在线发表四个文献类型，以"flower tourism"为检索主题得到 53 篇文献，以"flower festival"为检索主题得到 49 篇文献，以"garden tourism"为检索主题得到 81 篇文献，去除重复无效文献后，共得到外文文献 179 篇。作为一个重要研究领域，国内外的研究成果数量明显不足。

其次，研究内容领域局限。从研究主题看，中文文献以花文化研究为主，其次是花卉旅游，缺乏花主题旅游市场研究。外文文献主要研究了花卉旅游的影响（价值）、花卉旅游者行为、花主题节庆旅游、花卉（植物）旅游与气候变化，其显著特点是注重花卉节庆活动研究、气候变化对花卉（植物）

---

① 伍策，一元. 全国首家花卉休闲区花落江苏无锡花彩小镇［EB/OL］.（2019-09-25）［2023-03-22］. http://travel.china.com.cn/txt/2019-09/25/content_75245094.html.

旅游的影响研究,关于这些方面研究的中文文献几乎没有。至于专门研究花卉旅游的著作,我们仅查到英文著作《花园旅游》(Richard W. Benfield,2013)1部。该著作内容涵盖了花园旅游的历史,调查了世界各地著名(和不那么著名)的公众可进入花园,研究了花园的多重作用,评估了花园节日的作用,探讨了与花园管理和园林旅游相关的问题,分析了游客参观花园决策的动机因素,并思考了花园旅游的未来。该著作研究了园林旅游、文化旅游和艺术之间的关系,分析了一系列涉及游客影响、人力资源和财务管理、治理结构和营销的问题,还研究了全球气候变化对花园和花园旅游业的影响,最后一章采用了未来主义的观点,分析了可能导致花园和花园旅游范式转变的10种花园场景。同时,《花园旅游》书评作者凯文·马克威尔(Kevin Markwell)认为,花园无疑是自然与文化混合体的最佳范例之一,花园旅游研究要为审视园林旅游如何为我们加深对自然与文化之间关系的理解提供机会,要对花园作为目的地标识和品牌的重要元素进行深入讨论,要更深入地探索大型公共或商业花园在为某些目的地创建目的地品牌或形象方面的作用①。该书评表明,花主题旅游研究的广度和深度还需要加强。

再次,研究视角需要拓展。花主题旅游与文化、艺术和自然的关系非常密切,目前的研究视角主要涉及文化、园林艺术和自然生态等方面,缺乏探讨花主题旅游与人们的休闲旅游和休闲活动行为方面的研究。在休闲时代背景下,花主题旅游的休闲视角研究需要加强。

最后,研究方法单一。现在,旅游研究方法已经较为成熟,呈现出多样化、综合化,定性研究与定量研究相结合、规范研究与实证研究相结合,多学科交叉研究以及利用现代技术作为工具等特点,而花主题旅游研究目前主要以定性研究为主,受成果数量所限,案例研究也不多。

---

① KEVIN MARKWELL. Garden tourism [J]. Annals of Leisure Research, 2014, 17 (4): 499-500.

第二节　研究目的、意义、方法和技术路线

一、研究目的

花主题旅游是 21 世纪的新型旅游形式，但作为旅游研究领域的一个研究方向，花主题旅游尚处于初级发展阶段，其研究内容、研究视角和研究方法等需要拓展和加强。市场研究是旅游研究的重要领域，本书针对花主题旅游市场这个薄弱内容进行研究，通过探讨花主题旅游产品、研究花主题景区景观评价、探究花主题旅游游客感知和游客行为，从而探讨花主题旅游的供需特点，初步构建花主题旅游市场研究框架，为花主题旅游发展决策提供参考。

二、研究意义

理论意义：本书选取中国东部地区 6 个典型的花主题景区游记，采用文本分析法和扎根理论，分析游客对东部花主题景区的感知、偏好和评价，从而探讨游客对花主题景区的认知和体验行为特点，丰富了旅游感知研究和游客体验行为研究。

现实意义：本书对游客感知和行为的研究结论，可为花主题景区景观管理、服务管理和游客管理提供依据。

本书选取概念设计、文化内涵等九个评价项目，构建花主题旅游景区景观竞争力评价标准，建立了花主题旅游景区景观竞争力评价表，并对国内 15 个花主题景区进行景观竞争力评价，可为其他花主题旅游景区景观评价提供借鉴。

三、研究方法

文献研究法：通过中国知网、科学开放资源库（Sci-hub）网站等数据库大量阅读文献资料，梳理国内外学者的相关研究，把握相关领域的研究进展和研究重点，夯实理论基础。

计量可视化分析方法：以 Citespace 软件作为分析工具，将从文献数据库中搜集到的国内外相关研究文献作为数据源，绘制国内及国外相关研究的科

学知识图谱，通过共现网络图谱和突现性检测分析等，识别相关研究中的发展趋势、研究热点和研究重点，从而建立对该研究领域的全面认识。

内容分析法：通过搜集处理游客的网络游记，采用 ROST 软件分析游记高频词，结合高频词并通过追溯游记原文，探讨游客对花主题景区的认知和行为，通过高频词情感分析，分析花主题景区的形象和游客的评价，为花主题景区管理和服务优化与提升提供参考。

实地调研法：选择国内大型知名花主题景区和有花文化特色的城市实地调研，增强对国内花主题景区景观和旅游活动的感性认识，补充网络文献资料的不足。

问卷调查法：通过游客调查问卷设计、实地发放和回收、问卷统计，分析游客对花主题景区旅游主题、花卉商品和 IP（品牌的独特形象和价值）偏好，以及游客旅游决策偏好和影响因素、游客旅游活动偏好、游客偏好的特色打造路径等方面。

统计分析法：对游客调查问卷进行统计，分析游客个人特征、旅游特征和行为偏好，为花主题景区经营管理提供依据。

案例研究法：通过典型案例研究，归纳总结国内外花主题景区景观特征，对比中国东、中、西部三大地区花主题景区的经营管理异同，进而探讨花主题景区旅游的供给差异。

定性与定量相结合的研究方法：在相关理论指导下，通过定性分析花主题景观特征和影响因素，构建花主题景区景观竞争力评价表，定量评价国内典型花主题景区景观竞争力，分析景观评价结果，为花主题景区经营管理提供借鉴。

四、技术路线

本书在梳理国内外花主题旅游研究文献的基础上，确定以花主题旅游市场研究为主题，构建旅游市场的"供—需"研究框架，采用内容分析法、实地调研法、问卷调查法和统计分析法等方法，研究花主题旅游产品、花主题旅游景观评价、花主题旅游游客感知和花主题旅游游客行为，其技术路线如图 1-1 所示。

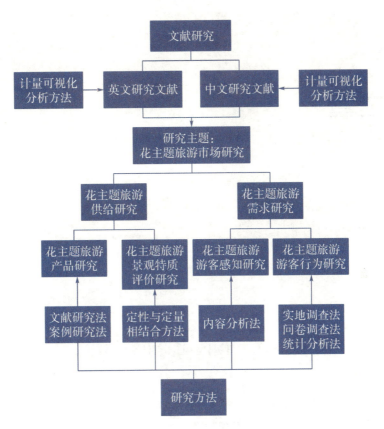

图 1-1　本书技术路线

第二章

花主题旅游相关研究综述

第一节　国内相关研究综述

　　在休闲时代，花主题旅游受到越来越多的人喜爱，随着文化旅游向纵深发展，人们显然已不再满足于单纯的赏花游，对花文化内涵的挖掘就显得尤为重要，但国内对花主题旅游相关研究关注不足。截至 2022 年 11 月 21 日，在中国知网数据库中，我们选取期刊和硕博论文两种文献类型，以篇名"花文化旅游"进行检索得到 10 篇文献，以篇名"花卉旅游"进行检索得到 93 篇文献，以篇名"花文化"进行检索，得到 235 篇文献，以主题"花主题公园"进行检索得到 14 篇文献，以主题"花主题景区"进行检索得到 1 篇文献。由此可见，目前国内对于花主题旅游和花文化的研究不足。本书尝试从花文化与花产业文化、花卉旅游、花主题公园 3 个方面对花主题相关研究内容进行回顾、分析和总结，以期为后续研究提供借鉴和启示。

一、文献计量分析

（一）研究方法

　　以 CiteSpace 6.1.R4 软件作为分析工具，将从中国知网数据库中搜集到的研究文献信息作为数据源，去除重复无效数据，共得文献 343 篇，通过共现分析和突发性检测分析等，识别国内花主题旅游研究中的热点和前沿方向，从而建立对国内花主题旅游研究领域的一定认识。

（二）发文量分析

发文量能够直观地展示一个研究领域的发展态势。花主题旅游研究领域年度发文情况如图 2-1 所示。从图 2-1 可知，国内花主题旅游研究年度发文数量经历了波动上升和逐渐减少两个时期。1994—2017 年，国内发表有关花主题旅游研究的文章呈现波动上升的趋势，在 2017 年达到顶峰。这一时期又可分为两个阶段：①1994—2006 年，年发文数量较少，均未超过 10 篇，说明虽然国内对花主题旅游研究在 20 世纪 90 年代已有探索，但学界对其关注较少，研究成果少。②2007—2017 年，年发文数量在波动中快速增加。从 2007 年开始，年发文数量突破 10 篇，发文数量有了明显的增加，形成第一个小高峰。2012 年，发文数量再次增加，形成第二个小高峰。2017 年，年发文数量较 2007 年增加了一倍以上，达到 31 篇，说明随着国内花主题旅游的发展，国内学者对花主题旅游的关注增加，研究人员增多，发文数量增加。2007 年、2012 年以及 2017 年是国内花主题旅游研究的重要时间节点。在 2017 年以后，花主题旅游研究年度发文数量逐年减少，这与当前国内花主题旅游方兴未艾的现实情况相反。这可能与该领域进行的精细化研究有关。

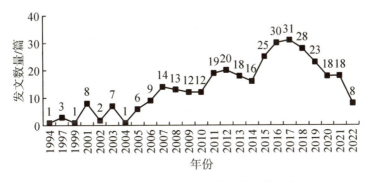

图 2-1 国内花主题旅游研究年度发文情况统计

（三）关键词共现分析

1. 基础研究领域分析

我们提取前 20 个高频关键词和高中心性关键词如表 2-1 所示。频次较高的关键词在某种程度上能够反映学者们在该研究领域的关注点。从表 2-1 可知，频次最高的关键词有"花文化""花卉旅游"，这可能与检索方式有关，频次较高的关键词有"文化节""开发""对策""主题公园""花卉产业""广西横县"等。中心性越高的关键词越重要，中心性排名前五的关键词有"花文化""花卉旅游""对策""主题公园""文化"。综合频次和中心性两者，可知主题公园是开展花主题旅游的重要场所，文化是开展花主题旅游的关键点，该研究领域关注花主题旅游相关产业的开发与发展对策。结合关键词的出现年份，可知关键词大部分出现在进入21世纪以后的头十年，说明21世纪初是花主题旅游研究的重要开展时期，此时国内已形成了研究产业开发与探讨发展对策的基础研究领域。

表 2-1　国内花主题旅游研究前 20 个高频和高中心性关键词

序号	频次/次	关键词	出现年份	序号	中心性	关键词	出现年份
1	65	花文化	1994	1	0.54	花文化	1994
2	56	花卉旅游	2003	2	0.32	花卉旅游	2003
3	13	文化节	2010	3	0.14	对策	2003
4	9	开发	2007	4	0.07	主题公园	2008
5	8	对策	2003	5	0.05	文化	2008
6	7	主题公园	2008	6	0.05	文化产业	2007
7	6	花卉产业	2001	7	0.04	山茶花	2020
8	6	广西横县	2010	8	0.04	文化品牌	2003
9	5	花瑶挑花	2014	9	0.03	花卉产业	2001
10	5	广州	2011	10	0.03	文化传承	2013
11	5	开发策略	2006	11	0.03	园林	2021
12	4	发展	2001	12	0.02	花瑶挑花	2014
13	4	发展现状	2016	13	0.02	开发	2007
14	4	博览会	2006	14	0.02	发展	2001
15	4	云南	2003	15	0.02	传承	2008
16	4	园林应用	2007	16	0.02	优势	2007
17	3	山茶花	2020	17	0.02	旅游业	2005
18	3	传承	2008	18	0.02	樱花	2001
19	3	休闲农业	2016	19	0.02	茶花文化	2021
20	3	发展动力	2011	20	0.02	传统文化	1997

2. 研究热点分析

突现词可以帮助研究者进一步了解研究领域的研究前沿。经我们搜索汇总，国内花主题旅游研究共检测得到 23 个突现词，如图 2-2 所示。一般来说，突现率越高，关注度越高。从突现率来看，该领域突现词突现率偏低，排名最高的为"花卉旅游"，达到 4.56，排名前列的突现词还有"文化节""广西横县""博览园""花瑶挑花""发展动力""发展现状""对策"等词。这表明国内学者更为关注花主题旅游的发展形式和开发对策。花主题旅游的形式包括文化节、博览园、文化园等。学者们提出了发挥协会作用、创建旅游品牌、加强网络宣传、挖掘花文化内涵、创新花卉旅游产品等发展对策①②③④。综合突现词的出现时间和研究热度持续时间，可知 2005 年以前突现词较少，在 2007 年集中增加，2007 年以后突现词数量增加，2016 年再次集中增加，研究热度持续时间普遍在 5 年以下。从 2008 年起，乡村旅游得到国家重视，开始大力发展。2016 年中央"一号文件"提出将乡村旅游建成新支柱产业，促进乡村旅游快速发展，注重转型提质⑤。在大力发展乡村旅游的过程中，花文化被不断开发和利用，通过发展花主题旅游，助力乡村振兴。如今，开发花文化文创产品已成为该领域的研究前沿。

---

① 柴继红. 咸阳市花卉旅游发展 SWOT 分析及对策研究［J］. 咸阳师范学院学报，2015，30（2）：69-73.

② 李辛怡. 旅游体验下的昆明市花卉旅游发展对策研究［D］. 昆明：云南财经大学，2016.

③ 裘丽珍，黄仁. 以花文化活动促进浙江省花卉产业健康持续发展［J］. 浙江林业科技，2012，32（3）：72-75.

④ 杨明艳，普惠娟，张宝琼，等. 云南山茶花文化挖掘与发展研究［J］. 热带农业科学，2020，40（9）：110-115.

⑤ 中机院产业园区规划. "汇总"乡村旅游规划：近 30 年来我国乡村旅游政策演进与前瞻［EB/OL］.（2019-10-12）［2023-03-22］. https://baijiahao.baidu.com/s? id = 164716916595512 3835&wfr=spider&for=pc.

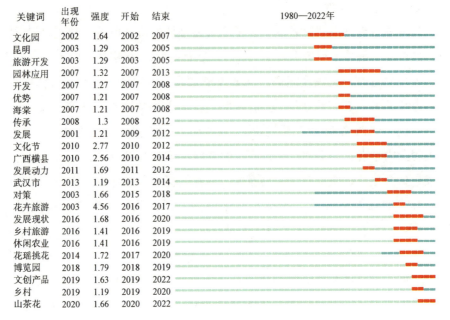

关键词	出现年份	强度	开始	结束	1980—2022年
文化园	2002	1.64	2002	2007	
昆明	2003	1.29	2003	2005	
旅游开发	2003	1.29	2003	2005	
园林应用	2007	1.32	2007	2013	
开发	2007	1.27	2007	2008	
优势	2007	1.21	2007	2008	
海棠	2007	1.21	2007	2008	
传承	2008	1.3	2008	2012	
发展	2001	1.21	2009	2012	
文化节	2010	2.77	2010	2012	
广西横县	2010	2.56	2010	2014	
发展动力	2011	1.69	2011	2012	
武汉市	2013	1.19	2013	2014	
对策	2003	1.66	2015	2018	
花卉旅游	2003	4.56	2016	2017	
发展现状	2016	1.68	2016	2020	
乡村旅游	2016	1.41	2016	2019	
休闲农业	2016	1.41	2016	2019	
花瑶挑花	2014	1.72	2017	2020	
博览园	2018	1.79	2018	2019	
文创产品	2019	1.63	2019	2022	
乡村	2019	1.19	2019	2020	
山茶花	2020	1.66	2020	2022	

图 2-2　国内花主题旅游研究突现词

二、花文化研究

（一）花文化概念

　　周武忠最早提出中国花文化的概念，他认为花文化是指一种与花卉相关的文化现象和以花卉为中心的文化体系，其深层实质仍是以人为中心的，具有闲情文化、多功能性、泛人文观三个基本特点[①]。张启翔对花文化的定义较为精辟，认为花文化是以花卉为载体，融入丰富精神文化内涵的现象，这是一种较为典型的中介文化。它既不是单纯的物质文化，也不是单纯的精神文化，而是具有双重属性并完美结合的一种文化形式[②]。还有一些学者从实践和人文方面定义花文化。王瑛珞认为，我国的花文化由两个方面构成：一方面是引种、栽培、养花、赏花的实践经验；另一方面则是花文化的典籍、专著、类书以及种种人文表现等[③]。崔欣欣认为，花文化的内容主要有花市、花节、花展文化，花的审美文化，花神文化，花在生活中的应用文化及花的

---

① 周武忠. 论中国花卉文化 [J]. 中国园林，2004（2）：61-62.
② 张启翔. 论中国花文化结构及其特点 [J]. 北京林业大学学报，2001，23（S1）：44-46.
③ 王瑛珞. 生活无处不飞花：花文化初探 [J]. 唐都学刊，1994（3）：41-45.

栽培技术文化；花文化形态特征包括自然属性和精神内蕴两个方面；中国花文化的主要特点是：应用的广泛性、形式的多样性、内涵的丰富性①。就目前而言，张启翔对于花文化的定义在学界获得的认同最多。

总结以上学者的观点，本书认为，花文化包括与花有关的精神文化和物质文化两个方面。在现有研究中，体现精神文化的研究主要有：食用与药用花文化研究、花文化与文学研究、花卉旅游研究中的审美研究等。体现物质文化的研究主要有：花文化与园林研究、花卉旅游产业研究等。

（二）食用与药用花文化研究

花卉是旅游的重要资源，食用和药用花卉具有药用价值、美容养颜功能、营养价值、观赏功能等，其多元属性为旅游业的发展带来了新动力。目前对食用与药用花文化的研究主要探讨了食用与药用花卉的可食用性、利用价值和市场前景以及食用与药用花卉的产业化开发。

在可食用性研究方面，一些学者对可食用花的种类及营养成分进行了研究，介绍了蜡梅、木槿、牡丹、食用仙人掌等几种较好的药用与食用花卉的成分②。王芳和杨永莉的研究表明，月季花瓣中所含的人类必需的氨基酸种类齐全，营养价值较高，作为食用花卉具有较大的开发潜力③。

在利用价值和市场前景方面，学者们主要探讨了花卉的价值、市场前景、开发方向等。在价值方面，大量的临床资料和医学试验表明，很多花卉对人类的常见病、多发病都有可靠的疗效，还有良好的食用、美容功效，不但营养丰富，而且有较高的医疗保健价值④⑤⑥。在市场前景方面，从中国花卉市场的消费情况、人们的保健意识及花卉对疾病的治疗效果三方面看，花卉市场大有可为⑦。王奇认为，随着人们注重保健食品、追求食品个性的潮

① 崔欣欣. 中国花卉文化新探 [J]. 佳木斯大学社会科学学报, 2016, 34 (6)：150-152, 16.
② 刘红岩, 袁毅君. 天水植物资源调查及开发利用研究：食用与药用花卉 [J]. 甘肃农业, 2003 (3)：47-49.
③ 王芳, 杨永莉. 可食用花卉：月季营养成分分析 [J]. 山西农业大学学报（自然科学版）, 2006 (2)：183-185.
④ 陈卫元. 试论我国食用·药用花卉的市场开发 [J]. 安徽农业科学, 2008, 36 (30)：13128-13132.
⑤ 王奇. 食用花卉利用价值及开发前景 [J]. 西部皮革, 2016, 38 (16)：238.
⑥ 赵晓峰, 吴荣书. 我国食用花卉的开发利用及可持续发展 [J]. 现代营销（学苑版）, 2012 (3)：198-199.
⑦ 陈卫元. 试论我国食用·药用花卉的市场开发 [J]. 安徽农业科学, 2008, 36 (30)：13128-13132.

流兴起，花卉食品也日趋流行，大有开发前景①。曹明菊、郑晓燕认为，花卉食品作为一个新型的产业，在有机食品高速发展的今天，花卉食品的市场应该有很大的发展潜力②。在开发方向方面，陈卫元提出发展保健类花卉食品和治疗类花卉药品；重兴节日食花的风俗；开发花卉制作的调味料、香料和香油③。赵晓峰、吴荣书认为，食用花卉有食品加工和工业开发两种方式④。此外，有益花卉及食用花卉在食品工业中以及在烹饪加工中也有广阔的应用前景⑤。

在产业化研究方面，学者们主要探讨了云南省的情况，因为云南省已逐渐成为国内最重要的食用花卉原料供应地和食用花卉生产中心，食用花卉产业发展已初具规模。学者们首先强调产业化的重要性，指出发展食用花卉产业不仅可以增加广大花卉种植者的收入，还能拉动地方经济的快速发展⑥。同时，学者们提出了花卉产品产业化发展的问题及对策，如云南省花卉产品产业化市场营销体系尚不完善；食品加工行业无序发展，食品安全无法保障；种植基地科学化管理不够；研发创新能力不强，产业特色不明显；花卉栽培科技含量低；标准化建设滞后等问题。针对这些问题，学者们提出逐步完善市场营销网络体系建设；规范鲜花食品加工，保证食品安全；建立可供后续发展的食用鲜花种植基地和生产基地；加大科研投入，提高产品科技含量；积极和当地有关政府部门沟通和交流，加快标准化建设等解决问题的措施⑦⑧⑨。另外，罗梦、付道传等人发现，目前西北地区食用花卉产业存在消费者缺乏对食用花卉的认识、售价过高、贮藏与保鲜难等问题，同时提出通

① 王奇. 食用花卉利用价值及开发前景 [J]. 西部皮革, 2016, 38 (16): 238.

② 曹明菊, 郑晓燕. 我国食用花卉的研究现状及发展前景 [J]. 南方农业 (园林花卉版), 2007 (4): 56-58.

③ 陈卫元. 试论我国食用·药用花卉的市场开发 [J]. 安徽农业科学, 2008, 36 (30): 13128-13132.

④ 赵晓峰, 吴荣书. 我国食用花卉的开发利用及可持续发展 [J]. 现代营销 (学苑版), 2012 (3): 198-199.

⑤ 刘军. 浅析有益花卉及食用花卉的市场需求 [J]. 现代园艺, 2012 (18): 12.

⑥ 赵爽, 朱克西. 云南高原特色食用花卉产业发展初探: 以食用玫瑰为例 [J]. 当代经济, 2015 (4): 56-57.

⑦ 赵爽, 朱克西. 云南高原特色食用花卉产业发展初探: 以食用玫瑰为例 [J]. 当代经济, 2015 (4): 56-57.

⑧ 贺颖华. 促进昆明市食用花卉产业发展的对策研究 [J]. 中国农业信息, 2016 (12): 145-146.

⑨ 赵娟秀, 李彦莹, 等. 云南食用花卉概述 [J]. 食品与发酵科技, 2017, 53 (2): 104-108.

过各种途径，加深消费者对食用花卉的了解，降低食用花卉生产成本，延长食用花卉的保鲜期，对花卉进行精深加工，建立生态休闲农庄等解决问题的措施①。还有学者探讨了我国花卉产业的问题与对策。刘军丽通过调查发现，我国目前食用花卉产业存在升级慢、科研专业人才缺乏、产业布局不协调，无法形成产业发展链条等问题，同时提出加快产业升级速度，加强专业人才培养，科学布局、优化结构等解决问题的对策②。

（三）花文化与园林研究

花文化与园林研究主要探讨了花卉园艺与建筑的有机结合、各类花卉在园林中的应用和配置及园林花卉的栽植技术等方面。

在花卉园艺与建筑的有机结合方面，一些学者阐述了花卉园艺的重要性，认为合理的花卉园艺建设不仅可以净化空气，还可以美化城市③。花卉园艺在房地产建设及改善人们居住环境等方面起到了无可替代的作用，对于弘扬我国优秀的传统文化、提高现代园林植物景观设计和建筑雕刻艺术的文化内涵都具有重要的理论价值和现实意义④⑤。因而，一些学者进行了景观设计研究，提出加强园林景观与花卉园艺与现代城市建筑建设有机结合的策略，以及将园林花卉应用于城市街头绿地、住宅区、园林区、公共场地的具体设计方法⑥⑦。

在各类花卉在园林中的应用和配置研究方面，学者们都非常重视对花文化内涵的挖掘，如归纳总结了石榴丰富的文化内涵⑧，阐述了杜鹃花的文史内涵和观赏特征⑨，系统总结了蜡梅的历史文化内涵⑩，对我国传统名花玉

---

① 罗梦，付道传. 浅谈食用花卉在西北地区的应用 [J]. 科技致富向导，2013（20）：10.
② 刘军丽. 产业链视角下中国食用花卉发展研究 [J]. 北方园艺，2017（3）：190-194.
③ 彭若. 园林花卉在城市绿化景观设计中的应用探析 [J]. 安徽建筑，2020，27（7）：46-47.
④ 刘畅. 园林景观花卉园艺在现代城市建筑中的重要作用 [J]. 现代园艺，2015（24）：150.
⑤ 杨晓东. 明清民居与文人园林中花文化的比较研究 [D]. 北京：北京林业大学，2011.
⑥ 郭芳婷. 园林景观花卉园艺与现代城市建筑建设的有机结合策略 [J]. 居舍，2018（15）：111.
⑦ 古丽芬. 浅谈园林花卉在城市绿化景观设计中的应用 [J]. 南方农业，2020，14（23）：27-28，48.
⑧ 韩键，翁忙玲，姜卫兵. 石榴的文化意蕴及其在园林绿化中的应用 [J]. 中国农学通报，2009，25（15）：143-147.
⑨ 张永辉，姜卫兵，翁忙玲. 杜鹃花的文化意蕴及其在园林绿化中的应用 [J]. 中国农学通报，2007（9）：376-380.
⑩ 徐晓霞，姜卫兵，翁忙玲. 蜡梅的文化内涵及园林应用 [J]. 中国农学通报，2007（12）：294-298.

兰的文化传统进行了初步分析①，挖掘了桂花文化的深刻内涵②。同时，学者们还聚焦花文化、艺术与园林应用的结合研究，提出石榴在园林绿化以及在庭院、厂矿、高级盆景制作、山坡和盐碱地固土改盐、行道树等方面的应用③，杜鹃花在园林绿化中的应用途径和主要配置方式④，牡丹在园林中的应用⑤，杜鹃花的盆花、盆景、展览和露地栽植应用方式⑥，丁香在园林绿化中的主要配置方式⑦，蜡梅在盆栽观赏、切花观赏、园林配植中的应用⑧，玉兰的园林应用⑨，桂花在园林应用、景观生态、旅游经济、生产食用等方面的作用⑩，等等。

在园林花卉的栽植技术方面，学者们主要研究了栽培技巧、养护和管理技术等。刘永权提出花卉栽植的原则、园林花卉植物的色彩搭配方法和花卉栽植的应用方式⑪。王哲系统地阐述了园林花卉栽培的特点及花卉栽培技术在园林绿化中的应用⑫。周娜详细阐述了花卉栽培技巧和养护措施⑬。关平则着重探讨了花卉管理的技术⑭。伍树桐、范正红、陈一新针对园林花卉的养护和管理进行了详细的探讨⑮。翟光耀、马蓓莉介绍了园林绿化中花卉栽培技术的具体应用以及养护管理方法，认为要加强后期养护管理工作，才能

① 刘秀丽，张启翔. 中国玉兰花文化及其园林应用浅析［J］. 北京林业大学学报（社会科学版），2009，8（3）：54-58.
② 刘伟龙. 中国桂花文化研究［D］. 南京：南京林业大学，2004.
③ 韩键，翁忙玲，姜卫兵. 石榴的文化意蕴及其在园林绿化中的应用［J］. 中国农学通报，2009，25（15）：143-147.
④ 张永辉，姜卫兵，翁忙玲. 杜鹃花的文化意蕴及其在园林绿化中的应用［J］. 中国农学通报，2007（9）：376-380.
⑤ 左利娟. 牡丹在园林中应用的研究［D］. 北京：北京林业大学，2005.
⑥ 朱春艳. 杜鹃花资源及其园林应用研究［D］. 杭州：浙江大学，2008.
⑦ 宋妮，姜卫兵. 丁香的文化意蕴及其在园林绿化中的应用［J］. 河北林果研究，2006（3）：335-338.
⑧ 徐晓霞，姜卫兵，翁忙玲. 蜡梅的文化内涵及园林应用［J］. 中国农学通报，2007（12）：294-298.
⑨ 刘秀丽，张启翔. 中国玉兰花文化及其园林应用浅析［J］. 北京林业大学学报（社会科学版），2009，8（3）：54-58.
⑩ 刘伟龙. 中国桂花文化研究［D］. 南京：南京林业大学，2004.
⑪ 刘永权. 论城市园林建设中花卉的栽植及应用［J］. 种子科技，2020，38（19）：57-58.
⑫ 王哲. 园林花卉的栽培应用及发展现状［J］. 现代农业科技，2020（12）：157-158.
⑬ 周娜. 我国城市园林花卉栽培和养护探究［J］. 现代园艺，2020，43（11）：214-215.
⑭ 关平. 浅析园林花卉栽培与管理技术［J］. 农家参谋，2020（6）：99.
⑮ 伍树桐，范正红，陈一新. 园林花卉养护与管理要点［J］. 乡村科技，2020（3）：69-70.

保证园林花卉具有观赏性①。

（四）花文化与文学研究

花文化与文学研究的成果主要集中在花文化与文学作品研究、花卉文学意象研究方面。

在花文化与文学作品方面，学者们主要通过有关花的诗词歌赋、小说、戏剧、民间传说等作品研究花文化。花卉文学体现了花卉的精神文化。花卉文学包括以花卉为题材的诗词歌赋、小说、戏剧等，其中，有关梅、竹、兰、菊"花中四君子"的花卉文学颇多②。中国花卉文学历来是花文化的重要表现形式，其中尤以花卉诗词数量多、成就高。2000多年前的诗歌总集《诗经》中就记载了100多种花卉的名称，反映了西周、春秋时期花文化的繁荣③。花卉文学作品加深了花卉的审美层次，同时丰富了花卉的欣赏内容④。郑忠明主要从蜡梅的典故与民间传说、蜡梅与诗词、蜡梅与小说、蜡梅与散文等几个方面，对文学中的蜡梅花文化进行了研究⑤。姜楠南研究了海棠花文化在文学方面的表现，并选取了对海棠花文化发展有重要意义的个案进行研究⑥。吴丽娟对有关月季的文学、艺术作品进行了全面呈现，对月季在社会生活中的方方面面进行了归纳、总结，如月季花事、月季的食用和药用、月季纹样图案的应用、国花与市花、与月季有关的名人轶事等，丰富了月季花文化的内容，初步建立了月季花文化体系⑦。一些学者专门研究宋代花卉文学。如张远着眼于宋代花谱，关注宋代花谱独特的文学价值⑧。党亚杰认为宋代花卉赋创作与历史时代背景有着密切关联，分析了宋代花卉赋的显著特征⑨。程杰认为宋代咏梅文学极其繁荣，是当时整个梅花文化繁盛的一个方面，其最大贡献在于展示了梅花审美文化的丰富内容与意趣，以语

① 翟光耀，马蓓莉. 园林花卉栽培管理技术 [J]. 现代农业科技，2020 (14)：119.
② 马艳梅，王晓飞. 中国花卉文化初探 [J]. 安徽农学通报，2015，21 (14)：78-79.
③ 张鸿翔. 中国花文化的自然属性及其人文内涵 [J]. 内蒙古农业大学学报（社会科学版），2004 (4)：128-129.
④ 周武忠. 论中国花卉文化 [J]. 中国园林，2004 (2)：61-62.
⑤ 郑忠明. 蜡梅花文化研究 [D]. 南京：南京林业大学，2010.
⑥ 姜楠南. 中国海棠花文化研究 [D]. 南京：南京林业大学，2008.
⑦ 吴丽娟. 月季花文化研究 [D]. 北京：中国林业科学研究院，2014.
⑧ 张远. 文学视域下的宋代花谱研究 [D]. 武汉：华中师范大学，2019.
⑨ 党亚杰. 宋代花卉赋研究 [D]. 济南：山东大学，2017.

言艺术的明确意义和丰富手法塑造了梅花作为伟人的品格象征的崇高形象①。

在花卉文学意象方面，学者们着重研究了各类花卉意象的文化内涵。舒红霞认为宋代女性文学呈现出异彩纷呈的梅花意象②。丁小兵从意象主题史的角度对杏花展开全方位的文学、文化研究③。王珏主要以中国古代文学中的茉莉花题材和意象作为研究对象，探讨中国古代文学中茉莉花深刻的情感寓意④。植物意象在中国文学中源远流长，具有丰富的文学、文化蕴涵。孙超姣试图对宋词中出现的大部分植物意象进行一定程度上的文学、文化研究⑤。王冬梅选取《喧哗与骚动》中颇具代表性的忍冬花这一植物意象进行剖析，以期对福克纳文学作品中出现的大量动植物意象所传递的社会文化意蕴做初步的探索⑥。

三、花卉旅游研究

花卉旅游研究主要探讨了花卉旅游审美和花卉旅游产业。其中，花卉旅游产业研究学者聚焦于花卉旅游产品的开发、区域花卉旅游发展、花卉旅游农旅融合方面。

（一）花卉旅游审美研究

花卉旅游具有独特的旅游审美意义，目前已成为一项热门的旅游项目⑦。花卉具有"色、香、姿、韵"四个方面的旅游审美意义，成为最具吸引力的旅游景观之一⑧。花卉的旅游审美意识产生于游人对花卉的兴趣，是游人从形式快感、移情作用和花卉应用三个方面进行体验的感受；花卉在旅游中的审美特征，包括其自身的形态之美、意境之美、精神之美和生态之美⑨。

---

① 程杰. 宋代咏梅文学的盛况及其原因与意义（下）[J]. 阴山学刊, 2002 (2): 14-18.
② 舒红霞. 梅: 宋代女性文学异彩纷呈的审美意象 [J]. 大连大学学报, 2001 (5): 68-70.
③ 丁小兵. 杏花意象的文学研究 [D]. 南京: 南京师范大学, 2005.
④ 王珏. 茉莉的文学与文化研究 [D]. 南京: 南京师范大学, 2018.
⑤ 孙超姣. 论宋词中的植物意象 [D]. 西安: 陕西师范大学, 2007.
⑥ 王冬梅. 从忍冬花的文化隐喻探析《喧哗与骚动》中的男权意识 [J]. 作家, 2009 (24): 71-72.
⑦ 郭瑞. 基于游客体验的无锡花卉旅游发展路径研究 [J]. 产业科技创新, 2020, 2 (5): 13-15.
⑧ 周武忠. 论花卉的旅游审美意义 [J]. 东南大学学报（哲学社会科学版）, 2002 (5): 57-63.
⑨ 何丽芳, 周本贤. 论花卉在旅游中的审美特征 [J]. 怀化学院学报, 2003 (4): 22-24.

（二）花卉旅游产业研究

花文化旅游作为一种既令人喜闻乐见，又能够增加文化内涵的旅游产品，近年来成了旅游业中的"香饽饽"[①]。随着旅游业的蓬勃发展，花卉旅游成为会展、节庆、生态旅游中的新兴旅游项目[②]。发展花卉旅游，既可以完善和优化目的地旅游产品结构，提升旅游产业竞争力，同时又可以推动花卉产业发展，促进农民增收和社会就业，是推进生态文明、建设美丽中国的重要举措[③]。赏花游既是季节性旅游热点又能满足中近距离旅游者休闲需求，是当前旅游市场中不可忽视的旅游产品[④]。调查发现，2019 年苏中地区花卉旅游人数达 1 500 万人次，同比增长 5 个百分点，在旅游产业中的占比不断扩大[⑤]。由此可见，花卉旅游的潜力非常巨大。

第一，花卉旅游产品的开发研究。学者们聚焦于花卉旅游资源的评价、产品开发存在的问题、对策以及提升策略研究。熊继红利用花卉旅游资源技术单因子定量评价法，对武汉市花卉旅游资源进行了科学的评价，以期为武汉市花卉旅游资源的规划、开发提供一定的理论指导与借鉴[⑥]。董瑾从旅游资源开发的角度，对成都花卉旅游发展问题进行分析，并提出了相应的对策建议[⑦]。程晓根针对赏花游中出现的一系列问题，以婺源油菜花旅游为例，从优化角度出发，运用 RMP 理论、旅游产品生命周期理论及创新理论提出提高婺源油菜花旅游质量的措施[⑧]。在体验经济时代背景下，针对乡村花卉旅游市场，了解游客市场需求，发挥资源优势，转变运营思路，对原有的花卉旅游产品进行提升和创新，是目前值得研究的课题。杜乃星利用 RMP 分析法，在研究成都花卉旅游产品发展现状的基础上，提出了成都花卉旅游产品开发的新思路[⑨]。叶玲玲从旅游体验主题、满足多样化体验需求和丰富花

① 田宇婷."花文化"旅游治理探析［D］. 南京：南京师范大学，2018.
② 何丽芳. 试论中国花文化与旅游开发［J］. 湖南林业科技，2003，30（1）：29-31.
③ 向宏桥. 国内外花卉旅游发展模式研究［J］. 旅游论坛，2014，7（1）：27-31.
④ 程晓根. 婺源油菜花旅游产品优化研究［D］. 南昌：江西财经大学，2019.
⑤ 马燕萍. 苏中地区花卉旅游产业发展现状及实施策略［J］. 营销界，2020（20）：55-56.
⑥ 熊继红. 花卉旅游资源定量评价研究：以武汉市花卉资源为例［J］. 旅游纵览（下半月），2014（12）：154-155.
⑦ 董瑾. 成都地区花卉旅游发展研究：以成都市各类花节为例［D］. 成都：四川师范大学，2012.
⑧ 程晓根. 婺源油菜花旅游产品优化研究［D］. 南昌：江西财经大学，2019.
⑨ 杜乃星. 成都花卉旅游产品开发的 RMP 分析［J］. 旅游纵览（下半月），2013（24）：177.

卉旅游产品体系等方面，提出了乡村花卉旅游产品提升策略①。

第二，区域花卉旅游发展研究。大多数学者选择云南作为案例地，聚焦于当地花卉旅游产业深度发展的路径。杨萍、李云霞认为，从新兴旅游产品、改变增长方式、参与花卉产业集群的形成三方面，花卉业对促进云南省旅游经济增长有较大拓展空间，通过规划整合、品牌培育、交叉培训、共同营销，可促进云南旅游的可持续发展②。郑玉潇、董彬、张杰繁等从气候、资源、产业发展、文化、航空、制度保障等方面全面分析云南花卉旅游的基础，从节庆、旅游线路、深度花卉产品、营销体系、科技创新和花文化挖掘等方面，提出了云南花卉旅游深度发展的路径③。成卓认为，云南花卉产业要实现自身的升级和发展，就必须以文化为切入点，凸显花卉产业本身的文化内涵，利用旅游文化和饮食文化推动云南花卉产业上台阶④。

第三，花卉旅游的农旅融合研究。一些学者从农旅融合角度出发，对案例地花卉旅游业发展的现状、问题进行了分析。莫春仁对海南热带花卉园区的发展进行分析研究，认为海南花卉园区建设存在开发深度不够、缺乏文化内涵、季节性明显、不利于旅游资源合理利用等问题。他提出构建花卉旅游产品体系，打造花卉旅游品牌，因地制宜，科学规划，走特色发展之路等发展建议⑤。张扬以滇中高原为研究区域，在市场调研、灰色关联度测算和回归分析的基础上，分析了滇中高原花卉产业与旅游产业的演进机制、运作机理、融合程度，进而发现目前两个产业的融合过程中存在产业融合不够深入，缺乏特色，没有形成独立的品牌等问题，提出要以发展中国高原特色花卉旅游为主，突出高原特色、民族特色和生态旅游，注重花卉产业的供给侧结构性改革，优化整合空间结构和合理配置资源，将自然资源优势转化为经济优势，在保证其可持续发展的前提下合理开发⑥。有学者认为花卉农旅融合要走综合型发展道路，既要发展观赏旅游，也要发展花卉苗木、鲜切花生

① 叶玲玲. 基于体验经济的乡村花卉旅游产品提升策略研究 [J]. 现代农业研究，2020，26（2）：29-32.

② 杨萍，李云霞. 花卉业与云南省旅游经济增长 [J]. 经济问题探索，2006（9）：102-104.

③ 郑玉潇，董彬，张杰繁，等. 云南花卉旅游深度开发探析 [J]. 旅游纵览（下半月），2020（2）：153-154.

④ 成卓. 文化因素与云南花卉产业发展模式的塑造 [J]. 宝鸡文理学院学报（社会科学版），2006（1）：55-57.

⑤ 莫春仁. 基于农业与旅游融合视角的海南热带花卉园区发展初探 [J]. 农村经济与科技，2019，30（21）：81-83.

⑥ 张扬. 滇中高原花卉产业与旅游产业融合发展的研究 [D]. 昆明：云南师范大学，2020.

产①。还有学者提出，要加强科技创新能力，充分挖掘花文化，打造品牌，带动当地旅游业全面发展②。

四、花主题公园研究

通常认为花主题公园是具有特定的花主体、展示花卉景观的独特魅力、以人工配置的植物景观作为旅游亮点吸引游客的一种创意性游园活动方式的人造休闲娱乐空间。花主题公园研究成果目前主要集中在景观的设计理论及专类园的研究方面。

在花主题公园景观的设计理论方面，学者们从多角度出发，探讨了景观设计的理论基础、原则、理念和方法等，并结合案例地进行论证。李田从植物景观设计的角度出发，结合生态学、旅游学、景观构成原理等学科理论，分析花主题公园植物景观属性成分，提出花主题公园植物景观的设计理论基础和设计要求，对花主题公园的植物景观设计内容进行详细分析，探讨花主题公园植物景观设计及建设思路③。李成、吴佳怿、刘美博等结合莱州中华月季园的景观规划设计实例，从整体布局、园区设计、植物种植等方面进行分析研究，探索月季公园规划设计的理念和方法，以期为其他特色花卉植物主题公园的规划设计提供借鉴④。陈必胜、晏姿以上海共青森林公园八仙花主题园为例，探讨了其设计理念与原则，重点阐述了品种选择、微地形塑造、旱溪生态环境营建、植物配置等景观营造关键技术，以期为花主题园的建设及八仙花的景观营造提供科学依据⑤。李成、齐荃、王兆明等从主题园概念入手，探索植物主题园的研究内涵，总结牡丹主题园规划设计理念与手法，并结合菏泽天香园实例，从总体布局、景观设计、种植分析等方面对牡丹主题园的规划设计进行论述分析⑥。高寒钰提出耦合法，以江苏南京市花

---

①　沈思珍. 名花产业化，牡丹当先行：山东菏泽牡丹产业化研究 [D]. 济南：山东大学，2008.

②　周巍，王小德，周小洁，等. 浙江金华茶花文化旅游的开发前景初探 [J]. 安徽农业科学，2005，33（8）：1473-1474，1476.

③　李田. 花卉主题公园植物景观设计 [D]. 重庆：西南大学，2010

④　李成，吴佳怿，刘美博，等. 月季主题园规划设计研究：以莱州中华月季园为例 [J]. 安徽林业科技，2019，45（1）：48-50，60.

⑤　陈必胜，晏姿. 八仙花主题园的景观营造与探索：以上海共青森林公园八仙花主题园为例 [J]. 中国园林，2019，35（2）：110-114.

⑥　李成，齐荃，王兆明，等. 牡丹主题园规划设计研究：以菏泽天香园为例 [J]. 山东林业科技，2016，46（4）：87-90.

主题公园规划设计为实践佐证，通过项目的主题定位，分析场所客观条件，基于其多功能诉求，融入其场地特征，建立项目与场所之间的耦合关联，营造其为集主题游赏、教育科普、生态休闲于一体的城市花主题公园①。

专类园是园林建设研究的新领域之一，景观营造、文化主题和景观展示是研究的主要内容。刘惠珂以月季专类园为研究对象，结合郑州市月季公园的实践经验，针对当前专类园建设存在的问题，提出了月季专类园景观营造的原则，详细论述了郑州市月季公园景观营造方法，对公园的可持续发展进行了探讨②。熊海鹰分析热带花卉园景区植物专类园现状，探讨鸡蛋花专类园的规划设计，引入"民族森林文化"主题，提出鸡蛋花主题园的新思路③。侯少沛、谢子航以郑州植物园月季专类园为调查对象，通过对3个月季展区出入口设计、植物配置、景观小品的分析，认为每个展区都主题鲜明，展示出不同月季类型的风姿，但从景观的持续性、生态效益等角度看还有提升的空间④。魏钰、马艺鸣、杜莹认为北京植物园月季园在规划设计与建设方面具有特色及优势，即科学内涵与艺术手法有机结合⑤。张琳从海棠专类园的选址、规划原则、规划理念、景观要素表达和展示方式这五个方面系统地研究了海棠专类园规划设计与建设的方法，从而形成了较为系统的理论体系，对不同地区、不同需求层次的海棠专类园规划建设具有一定的参考价值⑥。

五、研究述评与展望

基于上述文献梳理，我们发现，在花文化与花产业文化方面，关于花文化的概念虽未统一，但大多数学者强调与人有关，包括物质文化与精神文化两方面。食用与药用花卉研究成果主要集中在食用与药用花卉的可食用性、利用价值和市场前景以及食用与药用花卉的产业化开发等方面。花文化的园林应用研究成果主要集中在花卉园艺与建筑的有机结合研究、各类花卉在园

① 高寒钰. 基于耦合法的花卉主题公园景观生成策略研究 ［D］. 南京：东南大学，2018.

② 刘惠珂. 月季专类园景观营造研究 ［J］. 现代园艺，2013（23）：84-85.

③ 熊海鹰. 西双版纳热带花卉园植物专类园：鸡蛋花园景观设计 ［J］. 热带农业科技，2012，35（1）：41-44.

④ 侯少沛，谢子航. 郑州植物园月季专类园景观设计分析 ［J］. 园艺与种苗，2019，39（4）：59-60.

⑤ 魏钰，马艺鸣，杜莹. 科学内涵与艺术外貌的有机结合：北京植物园月季园的规划建设 ［J］. 风景园林，2017（5）：36-43.

⑥ 张琳. 海棠专类园规划设计理论研究 ［D］. 咸阳：西北农林科技大学，2013.

林中的应用和配置研究、园林花卉的栽植技术研究等方面。花文化与文学研究成果主要集中在花文化与文学作品研究、花文化体系及宋代花卉文学的研究、花卉文学意象研究等方面。学者们一般选用蜡梅、月季、兰花、海棠等中国名花进行花卉文学研究。

在花卉旅游研究方面，学界对于花卉旅游审美意义的理解还未统一。在花卉旅游产业研究方面：①关于花卉旅游产品的开发研究，学者们聚焦于花卉旅游资源的评价、产品开发存在的问题、对策以及提升策略研究。②关于区域花卉旅游发展研究，大多数学者选择云南作为案例地，聚焦于当地花卉旅游深度发展的提升路径研究。③关于花卉旅游的农旅融合研究，一些学者从农旅融合角度出发，对案例地花卉旅游业发展的现状、问题进行了分析。一些学者对中国传统名花产业的发展潜力、发展路径进行了研究。

在花主题公园研究方面，有关花卉景观的设计理论的研究较多。专类园的研究成果主要集中在发展现状、存在的问题及解决方案等方面。

现有研究存在的不足及展望：①从研究内容来看，学者们对于花文化经济价值的关注度较高，而对于花文化精神价值的研究较少，未来应加强花文化精神价值方面的研究。对于花卉旅游研究，学者们主要从旅游产业发展现状、存在的问题及解决措施这几个方面进行研究，将花文化与旅游相结合的研究较少。未来应加强花文化与旅游相结合方面的融合研究，才能更好地实现花卉旅游可持续发展。②从研究方法来看，主要以案例地分析或定性研究为主，较少使用跨学科融合研究和定量研究，解决花文化应用及花卉旅游业发展中出现的问题，在未来需注重系统研究和各学科交叉研究。③从研究视角来看，学者们主要以花卉旅游审美、体验经济、农旅融合等为研究视角对花主题旅游进行研究，从其他视角出发进行研究的成果较少，未来可从多角度多方面对花主题旅游进行研究，如从社群经济视角进行研究，以推动花主题旅游的发展。④缺乏对花主题旅游市场的研究，难以指导花主题旅游产品开发。今后应加强花主题旅游市场研究，推动花主题旅游更好地满足人们休闲娱乐的需求。

第二节　国外相关研究综述

世界各国赏花活动开始较早。中国的赏花文化最早可以追溯到先秦时期，蓬勃发展在明清时期。日本的赏花活动受到中国隋唐时期的深刻影响，可追溯到奈良时代的贵族花宴。西班牙的加利西亚从 16 世纪便开始从各地引种山茶花，如今已有超过 8 000 种山茶花，成为欧洲的"山茶之都"。由此可见，在世界各地，赏花历史十分悠久。

由于国内国外的经济、文化及语言习惯不同，加之国外较早开始研究，国外花主题旅游并没有一个能够准确替换、精准查找的词语。目前国外使用范围较广的有花卉旅游（flower tourism）、花卉节（flower festival）、园艺旅游（horti-tourism）、植物旅游（plant tourism）等。国外对花主题旅游的研究开始于 20 世纪 70 年代，发展至今，已有超过 50 年的历史。随着研究理念的更新、研究手段的进步、研究内容的拓展，国外花主题旅游研究取得了一定的研究成果。总的来说，国外对花主题旅游的研究比我国早较长时间，国外学者对花主题旅游的理论与方法研究对我国开展相关研究具有指导意义，有必要对国外花主题旅游研究进行梳理和总结。

虽然国外开展花主题旅游研究已有一定年头，但是直到今天也没有对花主题旅游有公认的确切的定义。鲍莉娜（Polina）等认为，花卉旅游是一次前往世界不同国家（地区）的旅行，以研究其植物区系的丰富性，找到一些新的、独特的花园和室内植物样本，研究其主要特性，并成为最受欢迎标本的所有者[①]。普拉莫德·贾瓦里（Pramod Gyawali）等将花卉旅游归入园艺旅游中，认为园艺旅游指参观园艺农场，即果园、蔬菜园或花园，进行娱乐、研究和/或参与收割、种植等栽培实践[②]。由此可见，花主题旅游指的是以花卉为主要的旅游对象，并进行相应的旅游活动。

---

① DAVYDENKO P, TEKIELI B, HAVRYLOVA O V. FLOWER TOURISM AS A NEW KIND OF TOURISM IN THE 21ST CENTURY ［C］// М жнародний форум молодих досл дник в. Молод досл дники у глобал зованому св т：п дходи та виклики. Харк в，2021：4.

② GYAWALI P, BHANDARI S, SHRESTHA J. Horti-tourism：an approach for strengthening farmers' economy in the post-COVID situation ［J］. Journal of Agriculture and Food Research，2022（7）：100278.

一、文献计量分析

（一）数据来源与研究方法

为对国外花主题旅游研究领域有所了解，我们选取科学网（Web of Science）核心合集进行检索，检索时间段为 2001—2022 年，检索截止时间为 2022 年 11 月 14 日，选择"论文""综述论文""会议摘要""在线发表"四个文献类型，以"flower tourism"为检索主题得到 53 篇文献，以"flower festival"为检索主题得到 49 篇文献，以"garden tourism"为检索主题得到 81 篇文献，去除重复文献，共得外文文献 179 篇。

我们以 CiteSpace 6.1.R3 软件作为分析工具，将从科学网数据库中搜集到的研究文献信息作为数据源，绘制花主题旅游研究的科学知识图谱，通过共现分析和突发性检测分析等，识别国外花主题旅游中的热点研究和前沿方向，从而建立对花主题旅游研究领域的一定认识。

（二）发文量分析

关注相关文献的发文数量的时间分布和被引频次将有助于了解该领域受关注的程度。国外花主题旅游研究年度发文情况和被引频次如图 2-3 所示。从图 2-3 可知花主题旅游研究的年度发文总量未突破 30 篇，20 多年来总发文量未超过 200 篇，相关文献较少，发文数量呈现波动上升的趋势，各年变化较大。在 2013 年以后，发文数量明显增加，表明国外对花主题旅游的关注逐年提升。相关文献的被引频次呈现较为平稳的增长趋势，表明相关论文质量在稳步提高。可以预见，在之后几年，发文数量和被引频次总体将呈现增长的态势。

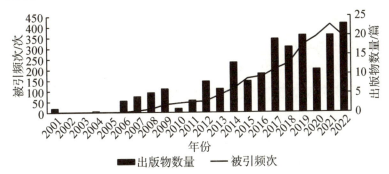

图 2-3　国外花旅游主题研究发文数量及被引频次年度分布

国外花主题旅游研究各主题年度发文情况和被引频次如图2-4所示。从图2-4可知，以"flower festival"（FF）为主题的外文文献在21世纪初已有发表，以"flower tourism"（FT）和"garden tourism"（GT）为主题的外文文献分别于2007年和2006年首次出现。以"flower festival"为主题的外文文献年度发文总量维持在个位数，平均每年发2篇，文献较少，被引频次各年变化较大，呈现波动上升的趋势。以"flower tourism"为主题的外文文献年度发文量也维持在个位数，平均每年发3篇，被引频次呈明显的上升趋势，在2018年突破百位数。以"garden tourism"为主题的外文文献年度发文量和被引频次呈现明显的增长趋势，在2016年以后发文量迅速增加，2020年后被引频次显著增长，超过以"flower tourism"和"flower festival"为主题的外文文献。总体来看，三个主题的外文文献数量均偏少，以"flower festival"为主题的外文文献出现最早，但以"garden tourism"为主题的外文文献后来居上，成为花主题旅游研究的重要主题之一。

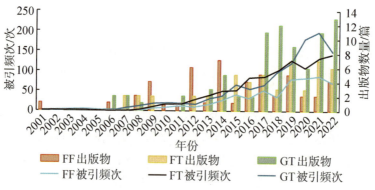

图2-4　国外花旅游主题研究各主题发文数量及被引频次年度分布

（三）关键词共现分析

关键词可以说是对一篇论文的核心概括，也是文献研究的核心内容，对其进行共现分析可在一定程度上反映该领域的研究热点。关键词分析中有三个重要指标，分别是频次、中心性、突现度。

1. 基础研究领域分析

（1）三个主题综合分析

共现频次和中心性高的关键词在一定程度上可以反映出学者们普遍关注的领域。我们提取前20个高频关键词和高中心性关键词如表2-2所示。从表2-2可知，"climate change""conservative""yield""growth"等词的频次和中心性均位居前列，可见花主题旅游与保护发展、气候变化、植物生长等关系紧密。中心性高于0.1的关键词被认为是研究中的关键节点。国外花主题旅游研究分析结果中，中心性高于0.1的关键词有"conservation""climate change""growth""yield""biodiversity""plant""temperature""tourism""climate""anthocyanin""association"，这些关键词构成了花主题旅游研究的基本要素。结合关键词出现的最早年份和半衰期可以发现，这些词大都出现在2005—2015年，说明21世纪初期是花主题旅游研究的重要时期，此时国外对花主题旅游已经形成了以气候变化、生物生长、保护发展为基础的研究领域。

表2-2　2001—2022年三主题前20位共现词

序号	频次/次	关键词	序号	中心性	关键词
1	19	tourism	1	0.29	conservation
2	17	climate change	2	0.24	climate change
3	14	impact	3	0.21	growth
4	13	conservation	4	0.19	yield
5	13	growth	5	0.19	biodiversity
6	12	yield	6	0.16	plant
7	11	biodiversity	7	0.15	temperature
8	10	plant	8	0.14	tourism
9	9	temperature	9	0.14	climate
10	7	cultivar	10	0.12	anthocyanin
11	6	climate	11	0.12	association
12	6	vegetation	12	0.08	environment
13	6	community	13	0.07	impact
14	6	quality	14	0.06	vegetation
15	6	strawberry	15	0.06	community
16	6	management	16	0.06	time
17	5	anthocyanin	17	0.06	antioxidant
18	5	time	18	0.05	adaptation
19	5	adaptation	19	0.05	city
20	5	city	20	0.05	area

（2）以 "flower festival"（FF）为主题

我们提取前 20 个高频关键词和高中心性关键词如表 2-3 所示。从表 2-3 可知，"growth" "cultivar" "climate change" 等词的频次和中心性均位居前列，可见以 "flower festival" 为主题的研究与植物生长、植物品种、气候变化等关系紧密。中心性高于 0.1 的关键词被认为是研究中的关键节点。研究分析结果中，中心性高于 0.1 的关键词有 "growth" "anthocyanin" "cultivar" "climate change" "dormancy" "date" "fragaria × ananassa" "temperature" "ferulic acid"，这些关键词构成了该主题研究的基本要素。结合关键词出现的最早年份，可以发现这些词大都出现在 2012 年以前，说明 21 世纪初期是 "flower festival" 主题研究的重要时期，国外主要关注植物生长相关的研究领域。

表 2-3 2001—2022 年 FF 主题前 20 位共现词

序号	频次/次	关键词	序号	中心性	关键词
1	9	growth	1	0.4	growth
2	7	cultivar	2	0.22	anthocyanin
3	6	plant	3	0.21	cultivar
4	5	climate change	4	0.2	climate change
5	5	fruit quality	5	0.14	dormancy
6	4	fragaria × ananassa	6	0.14	date
7	4	time	7	0.13	fragaria × ananassa
8	3	anthocyanin	8	0.11	temperature
9	3	dormancy	9	0.1	ferulic acid
10	3	fruit	10	0.09	yield
11	3	global warming	11	0.08	fruit quality
12	3	date	12	0.07	bud burst
13	3	fragaria × ananassa duch	13	0.07	budburst
14	3	yield	14	0.06	fragaria × ananassa duch
15	3	fragaria × ananassa	15	0.06	antioxidant capacity
16	3	temperature	16	0.05	infection
17	2	antioxidant capacity	17	0.04	plant
18	2	in vitro	18	0.04	fruit
19	2	ferulic acid	19	0.04	global warming
20	2	flowering phenology	20	0.01	in vitro

（3）以"flower tourism"（FT）为主题

我们提取前 20 个高频关键词和高中心性关键词如表 2-4 所示。从表 2-4 可知，"climate change""conservative"的频次和中心性均排在前列，说明"flower tourism"主题研究与气候变化、环境保护关系紧密。在研究分析结果中，中心性高于 0.1 的关键词有"climate change""flower festival""cultural ecosystem service""conservation""impact""biodiversity""demand"。结合关键词出现的最早年份可以发现，这些词大都出现在 2012 年以后，说明 2012 年对于"flower tourism"是一个关键时间点。总的来说，植物生长的影响因素是"flower tourism"主题研究中的核心内容。

表 2-4　2001—2022 年 FT 主题前 20 位共现词

序号	频次/次	关键词	序号	中心性	关键词
1	7	climate change	1	0.37	climate change
2	5	impact	2	0.16	flower festival
3	3	temperature	3	0.15	cultural ecosystem service
4	3	model	4	0.13	conservation
5	3	conservation	5	0.11	impact
6	3	response	6	0.11	biodiversity
7	3	flowering phenology	7	0.11	demand
8	3	biodiversity	8	0.09	date
9	3	cultural ecosystem service	9	0.07	response
10	3	demand	10	0.06	model
11	3	brassica napus	11	0.06	diversity
12	2	date	12	0.06	variability
13	2	diversity	13	0.05	macrophyte
14	2	macrophyte	14	0.05	honey bee
15	2	growth	15	0.04	flowering phenology
16	2	agri environment scheme	16	0.04	agri environment scheme
17	2	biological control	17	0.04	ecosystem service
18	2	fruit set	18	0.03	brassica napus
19	2	flower festival	19	0.03	biological control
20	2	variability	20	0.03	fruit set

（4）以"garden tourism"（GT）为主题

我们提取前 20 个高频关键词和高中心性关键词如表 2-5 所示。从表 2-5 可知，"climate change""tourism""biodiversity""community"等词的频次和中心性均位居前列，可见"garden tourism"主题的研究与气候变化、社会管理等关系紧密。在研究分析结果中，中心性高于 0.1 的关键词有"climate change""growth""tourism""biodiversity""impact""benefit""association""community""city""area"。结合关键词出现的最早年份可以发现，这些词大都出现在 2013 年以后。"garden tourism"主题的研究关注气候变化、保护管理相关的研究领域。

表 2-5　2001—2022 年 GT 主题前 20 位共现词

序号	频次/次	关键词	序号	中心性	关键词
1	8	tourism	1	0.3	climate change
2	7	climate change	2	0.28	tourism
3	6	biodiversity	3	0.26	biodiversity
4	5	conservation	4	0.2	impact
5	4	community	5	0.16	benefit
6	4	city	6	0.16	association
7	4	management	7	0.14	community
8	3	impact	8	0.12	city
9	3	benefit	9	0.11	area
10	3	association	10	0.09	conservation
11	3	area	11	0.08	management
12	3	pattern	12	0.07	China
13	3	framework	13	0.07	demand
14	2	China	14	0.06	pattern
15	2	demand	15	0.05	service quality
16	2	service quality	16	0.04	framework
17	2	health	17	0.03	health
18	2	biofuel	18	0.03	biofuel
19	2	botanical garden	19	0.03	botanical garden
20	2	cultural heritage	20	0.02	cultural heritage

2. 研究热点分析

（1）三个主题综合分析

突现词可以帮助研究者了解该领域研究的热点问题和发展趋势等发展变化情况。我们从国外花主题旅游研究中共得到 18 个突现词，如图 2-5 所示。突现率越高，代表这个突现词在某一时期的研究热度越高。从图 2-5 可知，突现率排名前 5 的突现词为 "strawberry" "tourism" "protected area" "yield" "phenology"，表明国外学者对影响花主题旅游开展的旅游地的花卉量、物候情况和保护状况很关注。突现词呈现时间越长，表示该热点影响力越大。从图 2-5 可知，绝大部分突现词出现在 2010 年以后，研究热度持续时间较短，普遍在 3 年以下，从关注旅游地的植物本身转向关注旅游的可持续发展相关的议题，其中气候变化始终是关注的热点问题。在突现词中出现了 "Japan" 和 "India"，说明研究文献中有一定数量是以日本和印度的花主题旅游活动为研究对象的。

关键词	出现年份	强度	开始	结束	1980—2022年
propagation	2008	1.46	2008	2012	
biological control	2008	0.97	2008	2012	
strawberry	2014	2.33	2014	2018	
cultural ecosystem service	2019	1.35	2019	2022	
climate change adaptation	2019	0.9	2019	2022	
protected area	2016	1.8	2016	2018	
fragaria xananassa	2012	1.39	2012	2014	
conservation	2009	1.31	2015	2018	
Japan	2009	1.24	2009	2012	
climate	2012	1.16	2012	2014	
India	2012	0.93	2012	2014	
climate change	2009	0.64	2009	2012	
tourism	2007	2.2	2017	2018	
yield	2017	1.6	2017	2018	
phenology	2007	1.48	2015	2016	
fragaria x ananassa duch	2012	1.12	2012	2014	
sustaninable tourism	2017	1.06	2017	2018	
adaptation	2009	0.98	2013	2014	

图 2-5　国外花主题旅游研究突现词

（2）以 "flower festival"（FF）为主题

我们从国外 "flower festival" 主题研究中共得到 9 个突现词，如图 2-6 所示。从图 2-6 可知，突现率排名前 3 的突现词为 "fragaria × ananassa" "dormancy" 和 "fragaria × ananassa"。总体来看，国外学者对影响 "flower festival" 开展的植物种类和生长发育情况较为关注。所有突现词的开始出现时间都在 2010 年以后，研究热度持续时间较短，普遍在 2 年以下，研究热点更新快，说明这是一个新兴的研究主题，还处于研究的起始阶段。

关键词	出现年份	强度	开始	结束	2001—2022年
fragaria xananassa	2012	1.3	2012	2014	
fragaria x ananassa duch	2012	1	2012	2013	
dormancy	2014	1.36	2014	2016	
flow ering phenology	2016	1.02	2016	2017	
fruit	2016	0.94	2016	2020	
climate change	2009	0.44	2016	2017	
quanlity	2017	1.14	2017	2018	
fragaria x ananassa	2018	1.38	2018	2022	
growth	2009	0.73	2019	2020	

图 2-6 "flower festival" 主题研究突现词

（3）以"flower tourism"（FT）为主题

我们从国外"flower tourism"主题研究中共得到 15 个突现词，如图 2-7 所示。从图 2-7 可知，突现率排名前 4 的突现词为"model""impact""temperature""response"。总体来看，国外学者对花主题旅游开展的植物生长发育情况非常关注。从图 2-7 可知，绝大部分突现词的开始出现时间在 2015 年以后，研究热度持续时间较短，普遍在 3 年以下。现在的研究热点为温度对花主题旅游的影响。

关键词	出现年份	强度	开始	结束	2007—2023年
bilbiversity	2007	0.94	2007	2009	
agri environment scheme	2008	1	2008	2012	
biological control	2008	1	2008	2012	
fruit set	2009	1.1	2009	2012	
conservation	2012	0.87	2012	2017	
climate change	2012	0.66	2014	2015	
response	2015	1.3	2015	2017	
macrophyte	2015	0.87	2015	2017	
growth	2016	1.04	2016	2017	
diversity	2016	1.04	2016	2017	
flowering phenology	2016	0.87	2016	2017	
date	2017	0.81	2017	2020	
model	2019	1.68	2019	2020	
impact	2012	1.44	2020	2021	
temperature	2020	1.34	2020	2023	

图 2-7 "flower tourism" 主题研究突现词

（4）以"garden tourism"（GT）为主题

我们从国外"garden tourism"主题研究中共得到 14 个突现词，如图 2-8 所示。从图 2-8 可知，突现率排名前 5 的突现词为"city""biological invasion""demand""area""biodiversity"，说明国外学者非常关注公园旅游的经济利益、生态保护、社会管理多维度的发展。从图 2-8 可知，突现词的开始出现时间均在 2010 年以后，研究热度持续时间普遍在 3 年以下。如今，生物入侵是公园旅游的研究热点之一。

关键词	出现年份	强度	开始	结束	2006—2022年
climate change	2011	0.5	2011	2013	
demand	2013	1.09	2013	2014	
impact	2013	0.94	2013	2014	
China	2013	0.87	2013	2016	
benefit	2013	0.76	2013	2015	
biolgical invasion	2014	1.13	2014	2015	
framew ork	2014	0.99	2014	2015	
community	2014	0.86	2014	2015	
city	2016	1.71	2016	2018	
biodiversity	2014	1.02	2017	2019	
botanical garden	2017	0.8	2017	2019	
association	2006	0.82	2018	2019	
area	2017	1.05	2019	2022	
biosphere reserve	2019	0.89	2019	2022	

图 2-8　"garden tourism"主题研究突现词

二、研究内容分析

我们通过阅读大量的文献发现，目前国外主要是在两个场景下对花主题旅游进行研究，一是园艺旅游场景，二是植物旅游场景。园艺旅游场景下的花主题旅游，以公园、保护区等为主要的旅游场地，利用区域内丰富的花卉资源吸引游客，提供住宿、娱乐、餐饮等活动。这种旅游产生于城市人的观念，他们厌倦了繁忙的生活、城市污染和工作压力，希望在自然的绿色环境中寻求轻松与享受。园艺可以成为吸引国内外游客的重要资源，从而促进社区发展和农村人口的收入增加①。植物旅游的规模很大。植物旅游场景下的花主题旅游，通过观看和欣赏植物的季节性活动，如开花活动，为人们提供了非物质享受和经济效益。因此，这些花卉植物物候事件具有丰富的旅游资源价值②。

通过文献阅读整理，结合计量分析结果，我们发现，国外花主题旅游研究内容可划分为花卉旅游的影响（价值）研究、花卉旅游者行为研究、花主题节庆旅游研究、花卉（植物）旅游与气候变化研究等方面。

（一）花卉旅游的影响（价值）研究

旅游所产生的影响一直是国外学者关注的热点研究内容之一。花主题旅游可以促进可持续旅游，丰富城市旅游活动，整合旅游资源，提升旅游影响力③。国外学者极为关注花主题旅游所能提供的经济影响。艾弗·詹姆斯和蒂姆·霍夫曼（Ivor James & Timm Hoffman）以南非纳马夸兰国家公园为研究对象，运用旅行成本法估算纳马夸兰国家公园观花的经济娱乐价值。两位学者对160名南非国民进行采访，搜集人口统计、时间、支出、偏好和路线等信息作为研究数据，开发了一个分区旅行成本模型。该模型表明，仅考虑花艺的费用和收入时，国家公园观赏花艺的经济娱乐价值远大于公园每年5万美元的净损失④。COVID-19大流行导致印度尼西亚2020年托莫洪国际花卉节被取消，使得托莫洪市的游客数量减少，并可能对当地企业造成负面经济影响。川塔克（Kawatak）等为了分析托莫洪国际花卉节的经济影响，尤其是对托莫洪市花卉种植户和销售商的影响，使用混合方法分析2019年托莫洪国际花卉节的经济数据，然后结合随机选择的30名受访者的访谈结果进行研究。研究结果表明，所有受访者的收入都有所增加，其中80%的人在2019年托莫洪国际花卉节期间雇用了季节性员工⑤。塞尔维·卡莱尔（Selvy

① GYAWALI P, BHANDARI S, SHRESTHA J. HORTI-TOURISM: an approach for strengthening farmers' economy in the post-COVID situation [J]. Journal of Agriculture and Food Research, 2022 (7): 100278.

② INOUE T, NAGAI S. Influence of temperature change on plant tourism in Japan: a case study of the flowering of Lycoris radiata (red spider lily) [J]. Japanese Journal of Biometeorology, 2015, 52 (4): 175-184.

③ TKACZYNSKI A. Flower power? Activity preferences of residents and tourists to an Australian flower festival [J]. Tourism Analysis, 2013, 18 (5): 607-613.

④ JAMES I, HOFFMAN T, MUNRO A, et al. The economic value of flower tourism at the Namaqua National Park, South Africa [J]. South African Journal of Economic and Management Sciences, 2014, 10 (4): 442-456.

⑤ KAWATAK S Y, KOONDOKO Y Y F, MONTOLALU J D. Dampak Ekonomi Tomohon International Flower Festival Terhadap Petani dan Penjual Bunga Lokal [J]. Lensa Ekonomi, 2021, 15 (1): 1-10.

Kalele）等为探讨印度尼西亚卡卡斯卡森村的国际花卉节对花卉种植者福利的直接影响，对卡卡斯卡森村的 30 名受访者进行了调查，并使用李克特量表进行评估，通过统计工具测试进行阐述。实证结果表明，花卉种植者的福利水平与国际花卉节的举办几乎没有关系，因为种植者的福利水平基本上受种植者购买力或消费水平的影响①。戴安（Diane）认为园艺是种植花卉、水果、蔬菜、乔木和灌木的艺术和科学，在增强个人身体和心理功能、创造积极的社区环境、建立居民社区忠诚度和责任感等方面发挥着重要作用，有助于发展个人的思想和情感，丰富社区居民生活，并将花园文化融入现代文明中②。周武忠通过回顾园艺发展史，认为植物在文明进化中的作用远不止于食物、纤维和医药。不同的植物物种具有不同的文化背景和象征意义，这极大地影响着现代人对植物的偏好和植物在社会生活中的用途。园林在环境改善中发挥着重要作用，在精神文明建设中的价值也将越来越受到重视，植物和自然被人类视为精神享受的源泉之一③。除经济和社会影响外，简·特彼（Jane Turpie）等认为花卉旅游是保护当地生物多样性的一种重要手段。他们使用旅行成本法、联合建模和直接提问、问卷调查相结合，来评估南非布克维尔德高原花卉旅游的价值。他们发现，就经济影响而言，布克维尔德高原上的花卉旅游每年总共产生 900 万兰特左右的收入，其中大部分将在南非花费，这对当地经济是一个巨大的推动。另外，由于极端的季节性，当地的花卉旅游并不会提供太多新增就业岗位④。

（二）花卉旅游者行为研究

对游客行为及旅游偏好进行分析将有助于旅游地经营者制定营销和传播策略。诺埃米·马鲁霍（Noémi Marujo）认为旅游体验的本质是多维的，它涉及旅游者的不同活动，涵盖了旅游者所有的感官。因此，他利用问卷调查和体验经济模型获取数据并分析了游客在葡萄牙马德拉岛花卉节上获得的体验，包括娱乐、美学、逃避（原文 Escape）和教育四大领域。结果发现，被

①　KALELE S, RONDONUWU D O. Questioning the Direct Impact of International Flower Festival to Increase Welfare of Flower Farmer, A Case in Kakaskasen Village, Tomohon City［C］//First International Conference on Applied Science and Technology（iCAST 2018）. Atlantis Press, 2020：186-189.

②　RELF D. Human issues in horticulture［J］. Hort Technology, 1992, 2（2）：159-171.

③　ZHOU W Z. The role of horticulture in human history and culture［J］. Horticulture in Human life, Culture and Environment, 1994（391）：41-52.

④　TURPIE J, JOUBERT I A. The value of flower tourism on the Bokkeveld Plateau-a botanical hotspot ［J］. Development Southern Africa, 2004, 21（4）：645-662.

调查的游客大多体验到了"娱乐"和"审美",但大多是在被动参与的过程中感受到的,花卉节没有为游客提供更多积极参与文化活动的方式。同时,没有哪种体验是相同的,每种体验都有自己的亮点,这取决于个人的心态以及他们参加活动的动机。因此,有学者认为就花卉节而言,负责组织活动的人有必要将诸如花卉讲习班或游客参与花卉地毯的制作等文化活动纳入节日活动中,以便游客能够更积极地参与节日活动①。马蒂内特·克鲁格(Martinette Kruger)等学者利用基于人口特征的市场细分方法,在南非的两个国家公园确定了可行的目标市场,这项研究是南非第一次对野花观赏者进行细分。两位学者使用结构化问卷调查了国际、国内和当地观看野花的游客的行为、动机等信息,用 SPSS 软件进行了数据处理。他们在研究中用花名标记了三个不同的人口集群:①纳马夸兰雏菊:平均年龄最大、在生活中接触国家公园时间最晚、往往三人一组、总支出最低、体验和欣赏是参观公园的最重要动机,独特性是获得难忘的赏花体验的最重要因素;②勋章菊:花费最多、参观公园的体验和欣赏动机对他们比纳马夸兰雏菊集群更重要、独特性是获得难忘的体验的最重要因素;③野生亚麻:年龄最小、受教育水平和年总收入处于中等、规模最大、重复访问次数最多、参观公园最重要的动机是逃离城市的喧嚣、最重要的体验因素是独特性。其研究结果表明,聚类是一种有用的研究工具,可以生成清晰的访客档案,使我们能够根据特定细分市场的偏好,提供管理野花观赏和类似自然事件的战略方法②。严富(Nghiêm-Phú)等学者为了检验目的地属性、节日活动、个人价值观、整体节日活动满意度、地点依恋性、生活满意度和未来意图之间的相关性,以确定每个因素的相对重要性,使用结构化问卷从越南大叻花卉节的国内参与者中搜集数据,并使用结构方程建模方法进行分析。其研究结果表明,目的地属性和节日活动是影响游客满意度的两个外部因素。除此之外,个人价值观对整体节日活动满意度的贡献最大。地点依恋性与整体节日活动满意度和生活满意度一起,是未来推荐意愿和重返节日活动目的地意愿的最显著影响因素。整体节日活动满意度对地点依恋性的影响比对未来意图的影响更大。此外,在预测

① MARUJO N. Turismo e eventos especiais: a Festa da Flor na Ilha da Madeira [J]. Tourism & Management Studies, 2014, 10(2): 26-31.

② KRUGER M, VILJOEN A, SAAYMAN M. Who pays to view wildflowers in South Africa? [J]. Journal of Ecotourism, 2013, 12(3): 146-164.

未来意图方面，地点依恋性的作用最大，整体节日活动满意度比生活满意度的作用更为显著①。查德·皮尔斯卡拉（Chad Pierskalla）等学者在美国国家樱花节期间，从 950 名游客搜集数据，以检验观赏动机及过往的经验对游客情感、行为、认知三个方面的影响。其研究结果表明，与初访者相比，再访者更受鲜花的吸引，对节日的认知、情感和行为态度更积极。然而，与再访者相比，初访者的动机与认知、认知与忠诚之间的关系更强，似乎认知在忠诚模型中起着核心作用。因此，有必要首先提高公众对节日的认知②。普里亚特莫科（Priatmoko）等学者认为，旅游景点中花园和花卉的存在会影响游客的感知。因此，为确定曾访问或居住在匈牙利的印度尼西亚人对匈牙利境内花卉和花园的感知和印象，学者们采用描述性统计进行定量分析，对在匈牙利居住的印度尼西亚学生进行在线调查以搜集调查需要的主要数据。其研究结果表明，虽然花卉和花园不是匈牙利旅游的主要景点，但是它们已成为旅游目的地景点中令人印象深刻的元素，给大多数印度尼西亚学生留下了良好的印象。在旅游景点自拍成为游客关注的焦点。他们愿意讲述匈牙利的情况，并对所喜爱的花的颜色表示关注，这被视为匈牙利旅游业在未来发展战略中的良好迹象③。简·特皮和艾莉森·朱伯特（Jane Turpie & Alison Joubert）为了量化南非布克维尔德高原野花旅游的需求，对该地区游客群体通过问卷调查搜集数据。其研究结果发现，需求的增加是由偏好的变化、互补品或替代品价格的变化以及人口的增加引起的。燃料价格等汽车互补品价格的上涨将减少旅游需求，国家公园参观费用等替代品价格的上涨将增加人们对布克维尔德高原的旅游需求。改变偏好是营销活动的目标，可能是使生态旅游成为加强该地区保护的可行选择所需的关键因素④。

（三）花主题节庆旅游研究

地方节日是一种无形的旅游资源。自然景观与地方节日相结合，以一个

---

①　NGHIÊM-PHÚ B, KIỀU T H, HOÀNG T T T. Tourists' satisfaction with and intentions toward a nature-themed festival: The contribution of destination attributes, festival events, place attachment and life satisfaction [J]. Journal of Convention & Event Tourism. Routledge, 2021, 22（3）: 221-241.

②　LI J, DENG J, PIERSKALLA C. Impact of attendees' motivation and past experience on their attitudes toward the National Cherry Blossom Festival in Washington DC [J]. Urban Forestry & Urban Greening, 2018（36）: 57-67.

③　PRIATMOKO S, PANGHASTUTI T, MURTI A. The Power of Flowers: Hungarian Tourism through Indonesian Lens [C] //IOP Conference Series: Earth and Environmental Science. IOP Publishing, 2021, 704（1）: 012013.

④　TURPIE J, JOUBERT I A. The value of flower tourism on the Bokkeveld Plateau-a botanical hotspot [J]. Development Southern Africa, 2004, 21（4）: 645-662.

或多个自然景点为中心开展活动，不仅能提升地方经济，还能改善地方形象①。以鲜花为导向的活动，良好的睡眠、饮食、购物机会以及归属感的组合是节日活动的一种旅游设计模式②。

世界上有诸多国际花卉节，如美国华盛顿的国家樱花节，在两周内举办了多种多样的活动，包括街头游行、舞台文化表演和文化展览、美食以及许多与樱花无关的其他活动。休闲度假是游客参加节日活动的主要目的③。对日本人来说，樱花代表了日本文化。从历史上看，樱花不仅代表着春天的到来，而且代表着日历、经济和学年的开始。森内惠美（Emi Moriuchi）等学者结合观察性研究、"网络图形"在线帖子分析和线下访谈等方法，探究了樱花节是如何庆祝的，以及这些庆祝活动是如何变化的。其研究结果发现，日本和海外都在庆祝樱花节，但受全球化和商业化等因素的影响，文化庆典的性质正在改变。樱花节活动的变化体现在四个方面：融合（在全球化的背景下海外庆祝活动需要适应当地习俗）、文化连续性（在文化上被解构，即文化习俗决定了人们如何庆祝和体验节日，文化也影响了他们对节日的理解）、市场开发（旅游企业试图将文化实践商品化，使得庆祝活动正在发生改变）和文化象征（海外的樱花节演变成日本文化的庆典，展示各种日本文化)④。各地花卉节的形成原因不一。舒尔特（Schulte）为了探讨印度中部最大的部落之一桑塔尔的巴哈花卉节的形成，进行了实地调查，将村庄版本和区域版本进行比较，结果发现生育文化在其中起着决定性的作用。促成印度该区域花卉节出现的三个历史因素包括工业化、印度政府对少数民族的特殊发展政策和帮扶计划、贾坎德邦运动⑤。为了促进地方花卉节营销，吸引游客参与，提升经济效益和社会效益，因此有必要细分市场。亚伦·特卡辛

① LEE J, LEE C H. A study on the analysis of news data for the improvement of local flower festival [J]. Journal of Industrial Convergence, 2019, 17 (4): 33-38.

② NGHIÊM-PHÚ B, KIỀU T H, HOÀNG T T T. Tourists' satisfaction with and intentions toward a nature-themed festival: The contribution of destination attributes, festival events, place attachment and life satisfaction [J]. Journal of Convention & Event Tourism. Routledge, 2021, 22 (3): 221-241.

③ LI J, DENG J, PIERSKALLA C. Impact of attendees' motivation and past experience on their attitudes toward the National Cherry Blossom Festival in Washington DC [J]. Urban Forestry & Urban Greening, 2018 (36): 57-67.

④ EMI MORIUCHI, MICHAEL BASIL. The Sustainability of Ohanami Cherry Blossom Festivals as a Cultural Icon [J]. Sustainability, 2019, 11 (6): 1820.

⑤ SCHULTE-DROESCH L. Fertility or indigeneity? Two versions of the Santal flower festival [J]. Asian ethnology, 2014, 73 (1/2): 155.

斯基（Aaron Tkaczynski）采用现场自填问卷形式，根据节日活动参与者对澳大利亚图文巴鲜花狂欢节的居住地和活动偏好对其进行细分，然后比较游客和当地居民更喜欢在节日中体验的活动。其研究发现，当地居民和游客的数量大致相等，这两个部分的事件相关活动之间的差异不显著，且虽然游客的日常支出较高，但很大一部分人从该地区附近的地点出发旅行，并与朋友和亲戚住在一起[1]。花卉节通常根据国家和地区需求而组织，要提升当地形象和品牌，需要提高游客的满意度。河南庆交（Hà Nam Khánh Giao）等学者为了调查影响越南 2012 年大叻花卉节游客满意度的因素，以 SERVPERF 研究模型为基础，对 500 名参加者进行了问卷调查，利用 SPSS 软件进行数据分析。其研究结果表明，游客满意度受以下五个因素的显著影响（按重要性排序）：有形因素、移情因素、反应性因素、可靠性因素和保证因素。研究者还提出了一些发展性建议：独特的组织和装饰，协调城市交通以及重型车辆路线，活动场地周围设置公用设施，活动广泛以便互动，妥善处理节日期间游客的住宿、通信、安全等问题[2]。

（四）花卉（植物）旅游与气候变化研究

花卉节的开展在文化延续和经济发展上都发挥着重要作用，因此应依据开花日期来安排节日时间，促成花卉节的成功举办。但是近些年来，全球气候变暖，而气温是影响植物生长的关键气象因素之一，温度的变化可能会改变植物物候事件的时间[3]，这可能导致开花时间和活动时间不匹配，从而降低活动成功率，影响游客满意度[4]。因此，气温变化、气候变异是国外众多学者研究的重点内容之一，也是最近几年的研究热点。

蒂姆（Tim）调查了英国的瑟里普勒（Thriplow）村庄举办水仙花周末活动的时间在其 46 年的历史中是否发生了变化，结果发现水仙花的开花日期受到春季温度升高的影响，使得组织者不得不逐渐将水仙花周末活动时间

---

① TKACZYNSKI A. Flower power? Activity preferences of residents and tourists to an Australian flower festival [J]. Tourism Analysis, 2013, 18（5）：607-613.

② GIAO HÀ NAM K, LÊ THÁI SON. Factors Affecting the Satisfaction of Visitors to Đà Lat Flower Festival 2012 [J]. Journal of Economic Development, 2012, 214（10）：144-156.

③ INOUE T, NAGAI S. Influence of temperature change on plant tourism in Japan：a case study of the flowering of Lycoris radiata（red spider lily）[J]. Japanese Journal of Biometeorology, 2015, 52（4）：175-184.

④ WANG L, NING Z, WANG H, et al. Impact of climate variability on flowering phenology and its implications for the schedule of blossom festivals [J]. Sustainability, 2017, 9（7）：1127.

提前，以适应气候变暖导致的水仙提前开花。平均而言，水仙花周末活动日期的提前与当地黄水仙花首次开花的时间几乎完全吻合。组织者还通过种植开花时间长的品种来应对温度变化。这代表了花卉旅游适应气候变化的第一个证据①。信永井（Shin Nagai）等学者认为，在未来气候变暖的条件下，我们需要适应变化，例如改变花卉节的举办时间，顺应开花物候的变化。在这项研究中，学者们将日本北部北海道岛上的沔阳（Shinidaka）和日本中部本州岛上的高山（Takayama）作为研究对象，使用平行物候模型评估了在过去、最近和未来气候条件下，两个城市樱花的开花物候与相关节日之间的一致性。其研究结果表明，气候继续变暖将使得樱花在黄金周和春节期间减少，这有可能会降低这一旅游资源的价值②。为探究在气候和物候变化的背景下，旅游目的地的管理者是否已经感知到开花物候的变化并做出反应，王璐（Lu Wang）等利用中国物候观测网提供的中国北京三个旅游景点的气候、开花节日期（BFD）和特定物种的首次开花日期（FFD）数据，采用线性回归分析方法分析了1989—2016年开花物候对温度的响应以及FFD对BFD的影响。其研究结果表明，景山公园的管理人员能够响应气候相关的开花时间变化并充分规划开花节，而北京植物园和玉渊潭公园的管理人员根据他们的经验确定BFD，可能导致BFD与开花时间不匹配。因此，几位学者提出，为了避免未来节日和开花日期之间不匹配，当地气象部门应该提供观测和预测的温度数据。根据这些数据，管理物候观测网络的研究机构可以开发物候模型，以便对观赏植物的开花日期进行准确的短期预测，然后旅游景点的管理人员可以根据预测的开花日期来举办开花节③。在已有研究文献中，很少有研究同时考虑植物物候和人体舒适度对植物旅游的旅行适应性的影响。臧雅琼（Yaqiong Zang）等学者将物候观赏指数（POI）和气候舒适指数（CCI）相结合，构建了旅游适宜性指数（TSI），以描述不同日期的植物旅游的适宜性。随后，她选择北京作为研究对象，根据TSI计算出1963—2017年的春秋植物旅游最佳时间。其研究结果表明，植物旅游最佳时间的潜在缩短可能会

---

① SPARKS T H. Local-scale adaptation to climate change: the village flower festival [J]. Climate research, 2014, 60 (1): 87-89.

② NAGAI S, SAITOH T M, YOSHITAKE S. Cultural ecosystem services provided by flowering of cherry trees under climate change: a case study of the relationship between the periods of flowering and festivals [J]. International journal of biometeorology, 2019, 63 (8): 1051-1058.

③ WANG L, NING Z, WANG H, et al. Impact of climate variability on flowering phenology and its implications for the schedule of blossom festivals [J]. Sustainability, 2017, 9 (7): 1127.

对北京植物旅游的发展产生负面影响。因此，有必要采取相应措施应对气候变化对植物旅游的影响，如改善旅游基础设施，提高接待能力，增加观赏植物种类，努力延长花期，根据物候模型预测的物候期调整花卉节的举办日期等①。很少有研究探讨当地居民是否了解气候变化与花卉开花等重要文化事件之间的联系。为探讨日本居民对气候变化对文化重大事件（如樱花树开花时间）影响的看法，雅各布森（Jacobson）等学者使用问卷采访了樱花节的利益相关者，包括樱花节组织者和依赖樱花节生存的企业经理和管理者，以了解他们对全球气候变化的认识、态度和行为以及对樱花节的影响。其研究结果表明，大多数组织者都担心全球气候变暖及其对樱花盛开时间的影响，大多数企业经理更关心全球气候变暖与樱花开放时间之间的关系，有管理者提出通过加强开花时间预测、增加员工或提前备货来应对开花时间的变化②。

三、研究评述与展望

（一）研究评述

第一，国外虽然开展花主题旅游研究时间较早，但是相关文献成果相对较少，目前还处于研究的初级阶段，研究中多以解决现实问题为主，如气候变化对旅游的影响、服务质量对游客满意度的影响等。学者们主要从旅游体验、市场细分、利益相关者等方面进行了理论探索，并没有形成系统的理论体系，因此理论研究还有待加强。

第二，国外花主题旅游研究从园艺旅游和植物旅游两个场景展开，气候、物候、保护等是基础研究领域。研究案例的选择多是发展较好的旅游地，研究内容上多以花卉旅游的影响（价值）、花卉旅游者行为分析、花主题节庆旅游、花卉（植物）旅游与气候变化等为主，呈现出从关注旅游的发展转变为与可持续发展相关的议题，其中气候变化始终是学者们关注的热点问题。但花主题旅游目的地的开发规划、发展中的问题和解决对策、利益相关者研究及可持续发展研究等方面研究较为薄弱。

第三，研究案例不平衡性。世界上赏花旅游和花节庆活动较多的国家和

① ZANG Y, DAI J, TAO Z, et al. Effects of Climate Change on the Season of Botanical Tourism: A Case Study in Beijing [J]. Advances in Meteorology, 2020 (4): 1-11.

② SAKURAI R, JACOBSON S K, KOBORI H, et al. Culture and climate change: Japanese cherry blossom festivals and stakeholders' knowledge and attitudes about global climate change [J]. Biological Conservation, 2011, 144 (1): 654-658.

地区有拥有连片种植的薰衣草的法国普罗旺斯地区、以日本樱花文化为底蕴和以整个国家的花卉资源为支撑发展旅游的日本、有着广泛郁金香种植的荷兰、以玫瑰为主题打响旅游品牌的保加利亚等，但研究案例则选择以日本、中国、南非、印度尼西亚、韩国等国家为主。案例选择地较多的国家和地区与花主题旅游发展较好的国家和地区之间存在着明显的不匹配。

第四，研究方法上定性与定量相结合，实地调查和理论分析相统一。学者们常以花卉节作为主要的研究对象，问卷调查和访谈等方式是学者们搜集数据时最喜欢采用的方式，常使用统计分析、研究模型、线性回归分析等方法处理数据。研究中以单个案例分析为主，比较研究较少。较少有研究将两个或多个案例地进行比较，探寻其共同点和不同点。也较少有研究关注历时性，探讨某一花主题旅游活动不同时期的形态和变化。

（二）研究展望

根据国外花主题旅游的研究现状和花卉旅游的发展状况，我们认为在今后的研究中需注意以下方面：

第一，加强理论研究。如今花主题旅游研究并未形成体系，因而理论探索较少，需要加强对花主题旅游理论的研究，以理论指导实践，为花主题旅游目的地的可持续发展提供支持。

第二，探讨花主题旅游模式。在花卉节和公园以花卉观赏为目的开展的休闲旅游是如今花主题旅游的主流，但现在也逐渐兴起“民宿+花卉”“花卉消费市场+游玩节目”“花卉+科普”“花卉+婚礼庆典”等类型的发展模式。应多视角探讨花主题旅游模式，扩大花主题旅游研究的广度，为目的地开发花主题旅游创新供给模式提供参考。

第三，丰富研究内容。花主题旅游在经济、社会、文化、生态等多方面都发挥着重要作用。文化赋予了植物与园艺丰富的内涵，也启发并影响着人类各项活动的开展，因此有必要加强文化对花主题旅游的影响研究。如今，花主题旅游已发展成为一项涉及花卉种植生产、观赏、利用等方面的庞大产业，其管理体系、营销决策也越来越重要，需要加强对花主题旅游产业链的研究，从而为花主题旅游产业的管理决策和未来发展战略提供依据。除此之外，花卉的多样性、色彩的丰富性和植物的季节性对研学旅游的开展有着重要的意义。开展花卉研学旅游，寓教于乐，在对花卉进行欣赏的同时进行自然教育和美学教育，也让生态保护和可持续发展的观念深入人心。因此，有必要进行花卉研学旅游的课程设计、目的地和基地建设、产品开发等方面的研究，将理论与实践相结合，丰富花卉研学旅游产品，打造花卉研学旅游基地，推动花卉研学旅游的顺利开展。

第四，探讨花主题旅游目的地提升竞争力和可持续发展的路径。随着人们生活水平和消费能力的不断提高，对休闲娱乐的多样化需求也不断增多。国内花主题旅游目的地越来越多，旅游市场竞争越来越激烈，只有深入挖掘文化内涵，让目的地拥有独特性、多元性等特点，才会拥有更强的市场竞争力。因此，有必要探讨花主题旅游目的地提升竞争力和可持续发展的路径，助力花主题旅游目的地的长远发展。

第五，创新研究方法。将定性与定量研究方法相结合虽然也很好，但也应尝试引入新学科、新理论、新方法，如 3S 技术[①]、大数据文本挖掘技术、系统模拟等，提高研究的科学性和可操作性，使花主题旅游研究向更深层次发展。

[①]　3S 技术是遥感技术（remote sensing，RS）、地理信息系统（geography information systems，GIS）和全球定位系统（global positioning systems，GPS）的统称，是空间技术、传感器技术、卫星定位与导航技术和计算机技术、通信技术相结合，多学科高度集成的对空间信息进行采集、处理、管理、分析、表达、传播和应用的现代信息技术。

第三章

花主题旅游产品研究

第一节　花主题旅游产品概述

一、花主题旅游产品概念和特点

关于旅游产品的概念，我国主要从旅游目的地供给方和旅游者两种角度出发进行定义。从旅游者角度出发，旅游产品是旅游者以货币形式向旅游经营者购买的一次旅游活动中所消费的全部产品和服务的总和。从旅游目的地角度出发，旅游产品是旅游经营者所生产的、准备销售给旅游者的物质产品和服务产品的总和。从两者结合的角度出发，旅游产品是旅游目的地为游客提供一次旅游活动所需要的各种单项产品和服务的总和。对目的地而言，其生产的旅游产品可表现为向游客提供的一条旅游线路；对游客而言，其购买的旅游产品则表现为他在目的地的一次旅游经历[1]。由此可见，旅游产品是一个综合概念，包括有形的物质和无形的服务，是为了满足游客在旅游中的各项需要，旅游经营者向旅游市场提供的一系列物品和服务组合而成的综合

---

[1]　韩春鲜，马耀峰. 旅游业、旅游业产品及旅游产品的概念阐释［J］. 旅游论坛，2008（4）：6-10.

型产品①。

　　根据旅游产品和花主题旅游两者的定义，我们可以提炼出花主题旅游产品的定义。万幸认为，花卉旅游产品以花卉和花文化为核心，通过延伸广度和深度开发出新型的旅游产品，能够满足人们的观赏、娱乐、饮食、休闲、护肤美容、健康养生、教育、商业活动或定制化活动的需求。市场对它的需求较大。它是集花卉观赏、花卉学习、花卉产品交易、花卉美食、节庆活动等以花本身为核心的活动和花文化、刺绣、民族活动、摄影作品欣赏、手工艺品制作、花茶工艺等以花文化为核心的活动于一体，围绕花卉这一"细胞"进行组合所形成的实物旅游产品或服务②。郑喜认为，花卉旅游产品是由花卉衍生的相关旅游产品。总体而言，花卉旅游产品呈现出观赏性强、受季节影响明显、文化内涵丰富、具有生态美化功能等特征③。刘颖提出，花卉旅游产品是基于花卉而产生的一系列旅游产品。以花卉景观为核心的产品是指供游客观赏的各种天然及人工种植的花卉；以花文化为核心的产品则是围绕花卉开发出来的各种旅游休闲度假产品以及一些可购买的花卉旅游商品和可参与体验的花主题活动④。总结以上文献所述，花主题旅游产品属于旅游产品类型中的旅游服务产品，具有服务性，有着明显的使用价值和商品属性。

　　花主题旅游产品具有以下特点：

　　（1）产品开发以"花"为核心。花主题旅游产品以花卉和花文化为核心，与自然景观、人文风貌等资源整合，进行延伸和扩展，为游客提供与花相关的有形或无形的旅游产品。

　　（2）典型的时空特性。首先，作为植物的花卉季节性明显，春天有桃花、金盏花、三色堇等，夏天有荷花、醉蝶花、长春花等，秋天有大波斯菊、四季秋海棠等，冬天则有梅花、叶牡丹等。花卉的季节性让每个季节都有着独特的花卉景观。其次，在不同地理环境条件下，生长着不同的花卉品种，花卉具有不同的形态特征，体现了花卉植物的空间特性。以玫瑰花为例，山东平阴玫瑰花大瓣厚色艳，香味浓郁；甘肃永登玫瑰花朵呈现深粉色，出油率高，味道属于清香型；新疆小枝玫瑰生长期长，产量低，香型正，所含的玫瑰精油被誉为"液体黄金"。花卉的季节性使得不同季节有以

　　① 资春花，滕霞. 对旅游产品、旅游商品和旅游购物品三者关系的思考［J］. 产业与科技论坛，2008，7（11）：74–75.

　　② 万幸. 百里杜鹃景区花卉旅游产品开发研究［D］. 贵阳：贵州大学，2020.

　　③ 郑喜. 常州花卉旅游产品设计［D］. 桂林：广西师范大学，2015.

　　④ 刘颖. 基于女性的花卉旅游产品开发策略研究［D］. 秦皇岛：燕山大学，2012.

不同花卉为主题的旅游产品，花卉的空间特性使得同一季节内的不同地点有着不同的花主题旅游产品。因此，花主题旅游产品具有典型的时空特性。

（3）资源的丰富性。花卉是具有观赏价值的植物，种类极多，分布广泛。若以花卉原产地的气候条件为依据，按照自然分布，可将花卉分为热带花卉、亚热带花卉、暖温带花卉、温带花卉、亚寒带花卉、高山花卉等类型。根据对水分要求的不同，可分为旱生花卉、湿生花卉、中生花卉和水生花卉①。花卉种类的丰富性为花主题旅游产品的设计和开发提供了支撑。

（4）花文化的多样性。花文化发展至今已有上千年的历史，包括花卉文学诗词歌赋、花卉园林文化、花卉饮食文化、花卉艺术文化等内容。在进行花主题旅游开发和发展的过程中，将花文化与当地风土人情、传统文化相结合，以文塑旅，以旅彰文，让游客在欣赏花的美的过程中感受多样的花文化，丰富精神文化体验。

（5）强烈的体验性。花主题旅游目的地以花造景，吸引游客前往，以花为媒，开发包括花卉饮食、花卉种植、花间住宿、花卉养生、花卉观赏、花卉科普、花文化等多种体验类产品，让游客参与其中，产生愉悦的感受。花主题旅游产品的设计和开发与游客在食、住、行、游、购、娱等方面的需求紧密结合，具有强烈的体验性。

（6）功能的多元性。经过多年的发展，花主题旅游以花卉资源为依托，充分挖掘花卉和花文化内涵，开发花卉的多重价值，让产品从观赏的单一化向功能多元化发展，具有花卉生产、研发、展示、交易、旅游休闲和文化创意等多种功能。

二、花主题旅游产品类型

花主题旅游发展迅速，开发出来的旅游产品也有多种类型。我们通过阅读国内学者关于花主题旅游产品的相关文献，发现学者们对于花主题旅游产品的分类也有所探索。刘宇在体验经济的背景下，提出花卉种植体验、花田运动体验、婚纱外景摄影基地、插花和香薰工坊体验、花卉养生体验、花卉知识科普、诗词艺术体验、饮食文化体验等九种体验式旅游产品②。郑喜根据花卉旅游产品的特征、价值，将其分为四类：艺术文化型花卉旅游产品，

---

① 中国气象报社. 花卉生长与水分 ［EB/OL］.（2011-04-27）［2023-05-12］. https://www.cma.gov.cn/kppd/kppdqxyr/kppdnyqx/201211/t20121126_192479.html.

② 刘宇. 基于旅游体验的花卉旅游产品设计研究 ［J］. 特区经济，2016（6）：139-140.

如工艺纪念品等；观赏型花卉旅游产品，如举办的花卉展览等；民俗节庆型花卉旅游产品，如举办地的花卉民俗节庆等；养生休闲型花卉旅游产品，如花卉美容保健旅游等①。刘颖根据花卉旅游产品的特点及内在价值，将其分为以下四类：一为花卉观赏旅游产品，如各地关于花卉的展览和博物馆等；二为花卉康体休闲旅游产品，如与花卉相关的饮食、养生保健、美容等方面的产品等；三为花卉艺术旅游产品，如花主题的艺术类活动和工艺品等；四为花卉节庆旅游产品，如花主题的节庆活动等②。万幸根据花卉旅游产品的功能和特性将产品分为六个类别：养生保健类产品，如花膳、芳香理疗等服务；美容美体类产品，如中医美容服务；文化体验类产品，如依托花卉植物园、标本等开展观赏和体验活动；购物类产品，如花卉图书影像制品、相关生活用品等产品的开发；"花+生态类"产品，如融合花理念的阳光浴、花疗等生态类旅游产品；会展类产品，如花文化节、花卉博览会等③。范向丽和郑向敏基于女性与花的渊源关系，根据旅游产品的开发层次将花卉女性旅游产品分为四类：基础型花卉女性旅游产品，即向女性旅游者提供的与花卉有关的如鲜花、花环等有形的旅游商品；核心型花卉女性旅游产品，即向女性旅游者提供的与花卉有关的包括花卉审美文化、花卉饮食文化等在内的无形旅游产品；延伸型花卉女性旅游产品，即通过花卉游览内容的多元延伸而开发的辅助性产品，如花园式酒店等；综合型花卉女性旅游产品，即通过对与花卉相关的山岳、温泉等相关资源进行整合，拓宽花卉旅游的载体空间，弥补和丰富旅游资源内涵，提高产品整体吸引力，包括花卉节庆活动、花卉博览会等④。总结以上文献的分类，可以发现，学者们主要从旅游产品的功能和价值角度来进行分类。总的来说，花主题旅游产品的类型主要包括休闲观光类和度假体验类两大类。

（一）花卉旅游休闲观光类产品

花卉旅游休闲观光类产品以大面积的花卉景观为基础，依据花卉的种植、生长、展览、销售等内容，结合人文风光和自然景色，多元化发展，开发和销售花卉衍生品，开展科普、购物、观赏等活动。

---

① 郑喜. 常州花卉旅游产品设计［D］. 桂林：广西师范大学，2015.
② 刘颖. 基于女性的花卉旅游产品开发策略研究［D］. 秦皇岛：燕山大学，2012.
③ 万幸. 百里杜鹃景区花卉旅游产品开发研究［D］. 贵阳：贵州大学，2020.
④ 范向丽，郑向敏. 基于女性市场的花卉旅游产品开发策略研究［C］//中国花卉协会，东南大学，南京市人民政府. 中国花文化国际学术研讨会论文集. 南京：东南大学出版社，2007：4.

案例：英国伊甸园

(1) 景区概况

英国伊甸园位于英国康沃尔郡，占地面积15万平方米，是世界上最大的单体温室，是沿着一个深坑修建的延展型建筑。伊甸园内有三个生物群落区，包括热带植物区、温带温室植物区和露天植物区，用于展示全世界三种截然不同的气候区域。这里有着世界上几乎所有的植物，共计超过4 500种、13.5万棵花草树木，是一个集科学与娱乐于一体的博物馆。伊甸园集生态属性、景观精品、公众教育、文化价值于一体。这里不仅是人们休闲娱乐的场所，还是一个开展科普教育的天然课堂。

(2) 景区产品服务

生态观赏类：主要是观赏园内的珍稀植物，还包括园内雕塑等；

休闲体验类：在观赏植物之余，游客还可以欣赏和体验包括话剧、研讨会、艺术秀、园艺论坛、音乐节、户外游戏与儿童节目等活动；

科普教育类：多机构合作为个人与团体提供不同类型的学习与培训，主要在每年1月到7月、9月到11月向不同年龄段学生提供生态环境保护教育；

商业餐饮类：园区周边商品，包括园艺用品、健康饮食等[①]。

(二) 花卉旅游度假体验类产品

花卉旅游度假体验类产品以花文化为核心，在观赏花卉之余，增加各类体验活动，从花卉节庆到各类主题活动，如婚礼庆典、美食品尝、花主题住宿、宗教祭祀、花卉艺术等，让花主题与食、住、行、游、购、娱紧密结合，满足游客的各种体验需求。

案例：成都石象湖

(1) 景区概况

国际4A级景区，位于成都市蒲江县境内，面积为20平方千米。石象湖是一个以花卉观赏为主的观光型旅游景区，景区全力打造了郁金香、向日葵、百合花三季旅游节。在景区内，游客可以进行花卉观赏、湖面泛舟、石象禅院参观等活动。除此以外，石象湖景区还可以接待会议，住宿方面建设

---

① 李莎，董昭含. 英国伊甸园矿坑再生景观：20年文化旅游运营模式研究 [J]. 工业设计，2020（10）：84-86.

有度假型别墅酒店、花圃等，提供了度假旅游的条件①。

（2）景区特色项目

园区内有 PGA（美国高尔夫球协会）级运动公园、国际马术俱乐部、国际游艇俱乐部、精品度假酒店集群、国际会议中心、森林高尔夫球场集群、大型花卉公园，有欧式度假小镇和度假别墅集群、原始森林露营区等。园区整合当地旅游优势，以石象湖的生态资源为依托，将石象湖打造成为国际复合型度假区，将生态资源转化为旅游经济。

三、花主题旅游发展现状

（一）国外花主题旅游发展现状

国外花卉产业与旅游业结合的实践开展较早，早在 19 世纪就已有一些相关的实践活动，某些国家和地区的园艺学会举办花卉节事活动来达到促进园艺水平提高的目的，如始于 1892 年的由费城园艺学会举办的美国东北部最大的花卉节事活动——费城花展；还有始于 1862 年的由英国皇家园艺学会举办的切尔西花展，这已是当今世界最著名、最盛大的园艺博览会之一。此外，还有由地方社会团体为了发展当地的花卉产业而举办的一些花卉节事活动，以此来延长产业链，提高经济收益，如已有 120 年历史的保加利亚玫瑰花节和始于 1945 年的荷兰的库肯霍夫花展等②。在这一时期，花主题公园也开始出现，建在英格兰南部黏土矿旧址上的英国伊甸园是目前世界上规模最大的植物园。英国伊甸园坚持可持续发展和环境保护的理念，以植物保护和环保教育为主题，奠定了花主题公园的基础③。

20 世纪 50 年代以后，随着全球经济和旅游业的发展，花主题旅游受到社会各界人士的广泛欢迎，这时各地的花主题展览等活动接连出现，国外花卉节事活动进入了爆发式的发展阶段④。受到不同的文化背景、经济环境和场景环境条件的影响，花主题公园和景区的设计和建设也各具特色，如 1997 年开始营业的日本足利花卉公园被称为世界十大梦幻景点之一，2013 年投入使用的迪拜奇迹花园被誉为世界上最美的花园。

---

① 孙晶. 度假型旅游目的地的开发研究：以保利（成都）·石象湖为例 [J]. 旅游纵览（下半月），2015（12）：115.

② 裴蓓. 中外花卉节事活动研究 [D]. 上海：华东师范大学，2005.

③ 高寒钰. 基于耦合法的花卉主题公园景观生成策略研究 [D]. 南京：东南大学，2018.

④ 裴蓓. 中外花卉节事活动研究 [D]. 上海：华东师范大学，2005.

如今国外花主题旅游呈现出产业化发展的特征，在促进本国花卉产业发展的同时，也不断带动着国内经济的发展。哥伦比亚麦德林鲜花节始于 1957 年，其创办初衷是给当地花农提供展销平台。如今，鲜花节已成为哥伦比亚的文化遗产，是当地最重要的文化活动，也帮助哥伦比亚打开了国际市场。目前哥伦比亚花卉产品已出口到 100 多个国家和地区。2021 年，哥伦比亚共出口 30 万吨鲜花，出口额达 17.3 亿美元，两者均创历史新高①。

（二）国内花主题旅游发展现状

对于我国而言，花主题旅游的发展经历了四个阶段。第一阶段是"实用价值导向的花卉旅游"。中国赏花传统由来已久，最早可追溯到商周时期。汉朝以前人们关注花卉的食用和药用价值，所发生的旅游活动大多是采摘，对花色美景持有物质利益为上的审美心态。第二阶段是"观赏寄情为主的花卉旅游"。汉朝以后，人们外出踏青赏花，寄情于景，以花比德、以美储善，花卉的文化象征和民族精神逐渐凸显，文人墨客也创造了不少与花卉有关的诗词歌赋。第三阶段是"以休闲消遣为目的的花卉旅游"。宋朝以后，随着休闲思潮的兴起，人们非常注重物质和精神方面的消遣娱乐，将观赏花卉与其他休闲方式结合，形成"赏花三品"，即所谓"茗赏上、谈赏次、酒赏下"，旅游活动呈现出更为雅逸的面貌。花卉游赏也逐渐流行于民间，开始举办花卉节庆活动，如洛阳的牡丹花会。到明清时期，花卉栽培和引进已有多年历史，花卉种植区遍布全国，花市兴起，产生了诸多花卉名产区和赏花目的地。此时的花卉节庆活动也繁荣起来，如始于隋唐、兴盛于明清的花朝节和起于隋唐、盛于宋朝的洛阳牡丹花会。由此可见，我国的赏花活动有着深厚传统，但具有规模小、发展粗放的特点。第四阶段是"多目的融合的现代花卉旅游"。这一阶段自中华人民共和国成立后萌芽，至今已步入强劲生长期②。

在改革开放以后，全国各地展开市花评选，浙江、河南、广东等地将丰富的花卉资源转化为地区旅游发展优势，进行设计和开发。2009 年以后，旅游成为国民经济战略性支柱产业，花卉旅游景区蓬勃兴起。如今，随着人们生活水平的提高和旅游业的深度发展，在民众休闲旅游需求差异化和产业融合的推动下，国内花主题旅游得到了快速发展，在地方经济建设与发展中发

① 每周国际花讯. 哥伦比亚 2021 年花卉出口 17.3 亿美元 创历史纪录 [EB/OL]. (2022-06-11) [2023-03-22]. https://www.sohu.com/a/556134443_120075915.

② 徐媛媛，周之澄，周武忠. 中国花卉旅游发展轨迹研究 [J]. 中国园林，2016，32 (3)：43-46.

挥着重要作用。其主要表现在：

（1）花主题旅游公园和景区种类多样，形成了如婺源油菜花田（江西）、成都三圣花乡（四川）、伊犁河谷薰衣草花田（新疆）等众多知名的旅游胜地，花主题旅游活动从单一赏花发展为多样化活动，丰富了旅游的内容。

（2）花主题旅游的相关政策规范逐渐增多。2013 年发布《全国花卉产业发展规划 2011—2020》，要求推动现代花卉产业科学发展。2014 年《国家重点花文化基地认定管理办法》颁布实施。2016 年 3 月，中国花卉协会确定了第一批国家重点花文化基地。2018 年《花卉休闲区建设与服务规范》发布。花主题旅游行业准入标准、相关管理规范等在逐步建立，旅游目的地的基础设施和配套服务逐渐向标准化目标迈进①。2021 年 7 月，国家林业和草原局发布《"十四五"林业草原保护发展规划纲要》，提出要发展花卉产业，做强花卉种植业，发展花卉加工业，培育花卉服务业②。为指导我国花卉业高质量发展，2023 年 5 月 5 日，国家林业和草原局、农业农村部联合印发《全国花卉业发展规划（2022—2035 年）》，提出到 2035 年，我国基本实现花卉业现代化、力争花卉年销售额超过 7 000 亿元的目标③。

（3）花主题旅游节庆活动开展得丰富多彩。《中国旅游年鉴（1991）》中列出了 88 个中国旅游节庆，其中关于花主题的旅游节庆有 10 个，约占 11%④。国内花主题节庆规模从国际级、国家级、省级至地市级，节庆活动每个月都有开展，节庆主题多种多样。

（5）国内花主题旅游人数有一定规模。据媒体报道，2016 年，山东青州市接待花卉观光游客逾 100 万人次；2018 年春季，湖北省 150 多个赏花区（点）接待游客超过 4 500 万人次，旅游消费突破 300 亿元；2021 年清明节假期，新疆赏花旅游吸引国内游客约 180 万人次；2022 年上半年，云南昆明斗南花市共接待游客约 135 万人次。这些数据均表明花卉旅游已成为当今旅游的热点之一。

---

① 徐媛媛，周之澄，周武忠. 中国花卉旅游发展轨迹研究［J］. 中国园林，2016，32（3）：43-46.

② 国家林业和草原局."十四五"时期做优做强林草产业 推动乡村振兴［EB/OL］.（2022-08-31）［2023-05-12］. http://www.forestry.gov.cn/main/61/20210922/120607120684452.html.

③ 林业和草原局. 2035 年花卉年销售额将超 7 000 亿元［EB/OL］.（2023-05-08）［2023-05-12］. http://www.forestry.gov.cn/main/586/20230508/082717174269606.html.

④ 裴蓓. 中外花卉节事活动研究［D］. 上海：华东师范大学，2005.

第二节　国外花主题旅游产品研究

一、花主题公园和景区

（一）概述

花主题旅游迅速发展，受到游客的喜爱，其中花主题公园和景区作为旅游开展的重要场景之一也受到社会各界的关注。花主题公园是以花卉为主题，开发花主题景观，营造公园式游览环境，满足游客娱乐休闲的各种需求，运用现代科学技术手段，塑造丰富的花主题景观，设置丰富多样的花文化主题活动、具备相应服务与接待设施，以营利为目的的人造旅游空间①。花主题景区与花主题公园相似，以花卉为主题，融合当地文化，以休闲度假、科普观光、特色餐饮、观光农业、婚礼庆典等为主要功能，是传统花卉产业经营的新模式。

为了促进花卉产业的发展，花卉产业发达的国家率先开始发展花主题公园和景区，经过上百年的实践，呈现出多样化发展的趋势。荷兰是世界上第一个出现花主题公园的国家，其丰富的花卉资源以及深厚的花文化积淀形成发展花主题公园的优势②。荷兰的库肯霍夫公园是世界上最有名的球茎花卉公园，公园以郁金香为主题，品种丰富。除郁金香外，还有水仙花、百合花、风信子等，大片的花田形成了花的海洋。迪拜的奇迹花园被称为世界上最美的花园，花园中共有4 500万株鲜花，种类繁多，色彩丰富，主题多样，有着鲜花制成的城堡、倾斜的鲜花桶等，独具创意。保加利亚的玫瑰谷占地面积近4 000公顷，有着玫瑰花海，从玫瑰中提取出的玫瑰精油也深受欢迎。加拿大布查特花园错落设计的景观层次和立体化的游憩空间，打造出"一园一风情、多园多组团"的主题花园，全年不断举办节庆活动，四季都有特色项目，弥补花园淡季空缺。位于法国南部的普罗旺斯薰衣草庄园是世界著名

---

　① 凯奇集团. 凯奇分享｜花卉主题公园：主题公园与休闲农业发展结合的新业态［EB/OL］.（2021－04－27）［2023－03－22］. https://baijiahao. baidu. com/s？id＝1698177917769342558&wfr＝spider&for＝pc.

　② 凯奇集团. 凯奇分享｜花卉主题公园：主题公园与休闲农业发展结合的新业态［EB/OL］.（2021－04－27）［2023－03－22］. https://baijiahao. baidu. com/s？id＝1698177917769342558&wfr＝spider&for＝pc.

的薰衣草故乡，有着面积极大的薰衣草花田，吸引着来自世界各地的度假人群前往。普罗旺斯薰衣草庄园除了观赏景观之外，还有葡萄酒酒坊参观和葡萄酒酿造、香水和香皂作坊参观等体验活动①。法国莫奈花园是法国著名印象派画家克劳德·莫奈的故居，他在这里完成了《睡莲》和《日本桥》两个著名的系列作品。莫奈花园保持着莫奈当年生活的原样，花园中可以看到郁金香、睡莲等各色花卉，也可以在此发现莫奈画中的作品原型。由此可见，世界各国的花主题公园和景点各具特色，利用大体量的花卉形成花卉景观，融合当地的风土人情、文化底蕴，进行合理的规划布局，结合各式体验活动，吸引游客参观，满足游客多样化需求。

（二）著名花主题公园和景区②

1. 苏格兰：宇宙思考花园

宇宙思考花园位于苏格兰西南部的邓弗里斯，于 1990 年建成，是著名建筑评论家查尔斯·詹克斯的私家花园。花园的建造设计源自科学和数学的灵感，建造者充分利用地形来表现这些主题，如黑洞、分形等，展现着设计者独特的思考，让人感到非常震撼。尽管它是私家花园，但是它通过苏格兰花园计划每年开放一天，为慈善团体麦琪癌症中心筹款。它被评为世界十大花园之首，是世界最美花园之一。

2. 加拿大：布查特花园

布查特花园位于加拿大不列颠哥伦比亚省的维多利亚市，是座家族花园，为布查特家族所有。始建于 1904 年，在以后的 110 年时间里，花园被不断增建扩大，从最初占地 12 公顷到如今占地 22 公顷，包括日式庭院、下沉花园、玫瑰花园、意大利花园以及地中海式花园等多个景观。如今，这座花园仍由布查特家族拥有并经营，每年前来参观的游客将近 100 万人。2004年，在布查特花园建园 100 周年之际，布查特花园被认定为"加拿大国家历史遗址"。

3. 法国：凡尔赛花园

法国凡尔赛花园始建于 17 世纪初，位于巴黎西南郊，曾是法国皇家宫殿，现存面积 100 公顷，由安德烈·勒诺特设计，是法式经典园林，也是世

---

① 创艺园. 花卉主题景区如何在众多花卉旅游市场脱颖而出？［EB/OL］. (2020-11-23)［2023-03-22］. https://baijiahao.baidu.com/s? id=1684138412974796033&wfr=spider&for=pc.

② 佚名. 世界十大最美花园盘点 全球最美的花园排行 你知道中国占几个吗［EB/OL］. (2022-05-19)［2023-03-01］. https://www.maigoo.com/top/417329.html.

界园林艺术的圣殿、世界十大花园之一。花园内包含了 2 000 座水池和喷泉、35 万棵树木，以及每年种植的 30 万株鲜花。树木和花草的塑造与修剪具有巧妙构思，让人感到目不暇接。凡尔赛花园也是世界上最大的露天雕塑博物馆，共有 221 件以青铜、铅及大理石为材料的雕塑艺术品。1979 年，凡尔赛花园与宫殿被一起列入联合国教科文组织世界遗产名录。

4. 荷兰：库肯霍夫公园

库肯霍夫公园位于盛产球茎花田的中心城市利瑟，是每年花卉游行的必经之处。公园占地 28 公顷，是世界上最大的郁金香花园，拥有 1 000 多种郁金香品种，郁金香的品种、数量、质量和布置手法都居世界前列，享有"欧洲最美丽的春季花园"的美称，是世界上最漂亮的花园之一。

5. 意大利：波波里花园

波波里花园位于皮蒂宫后方，是 16 世纪典型的意大利式宫廷花园风格的代表，这一设计和布局也成了很多欧洲宫廷花园设计的蓝本。波波里花园是整个佛罗伦萨最著名的花园，许多 16 世纪到 18 世纪的著名雕塑藏品都被珍藏于此。花园沿着皮蒂宫后方斜坡丘陵而建，具有极为工整的对称分布。它不仅是花园，更是一件让人惊叹的艺术品。2013 年 6 月，波波里花园和其他 13 座美第奇家族的花园及别墅被列入了世界遗产名录中。

6. 摩洛哥：马若雷勒花园

马若雷勒花园坐落在麦地的巴布杜卡拉，建造于 1924 年，由法国艺术家雅克·马若雷勒用毕生精力建成。这个花园被称为 20 世纪最神秘的花园。花园中的大多数植物是从世界各地引进的，具有独特的造型，让人眼前一亮。花园中还有一座博物馆，展示出了花园第二任主人伊夫·圣罗兰先生个人珍藏的北美纺织品，以及大量的陶瓷、珠宝和绘画作品。

7. 法国：莫奈花园

莫奈花园位于法国巴黎以西 70 千米的吉维尼小镇上，占地约 1 公顷，是法国著名画家莫奈的故居。"印象派画家领导者"莫奈在买下房子后进行了设计和大规模改造。1883 年，莫奈坐火车经过这里时被美景吸引，于是定居在这儿，直至 1926 年逝世。43 年的时间里，莫奈在这里创作了《睡莲》系列和《日本桥》系列等著名作品。花园分为水园和花园两部分，从花园的景观中可以找到莫奈画中的原型和色彩。

8. 英国：特雷斯科修道院花园

特雷斯科修道院花园是建造在建于 12 世纪的圣尼古拉斯修道院的废墟

上的英国皇家植物园，位于英国西南部的特雷斯科岛上，占地面积 17 英亩（1 英亩≈4 046.86 平方米），于 1834 年创立，由奥古斯都·史密斯先生设计建造。花园是典型的亚热带园林，有来自 80 个国家的超过 20 000 株植物，即使是在冬天，这里仍然会有超过 300 种植物开花。特雷斯科修道院花园被誉为世界十大海岛花园之一。

9. 沙特：迪拜奇迹花园

迪拜奇迹花园位于迪拜郊区、巴沙南部，是迪拜最大的户外休闲度假胜地，占地面积 72 000 平方米。这座花园的建造耗费了 4 500 万株鲜花，花卉总量超过了 1.09 亿朵，有着长长的花墙和长达 4 千米的花道，每个季节的花卉展示都有所不同。2013 年，花园获得吉尼斯世界纪录认证，成为"世界最大垂直立体花园"。2015 年，花园被授予了摩泽尔奖，被称为"世界上最美的花园"。

10. 泰国：侬律花园

侬律花园也称"兰园"，位于泰国春武里府芭堤雅西南 18 千米处，占地面积约为 680 英亩，是东南亚最美的花园。它由泰国侬律夫人建造而成。侬律夫人受到法国凡尔赛宫景观设计启发，在原本的水果种植园内倾力打造法国式花园。花园里面的植物被修剪成为大小不一的各种形象，有树冠被修剪成球形、伞形、塔形的篱树，有形象逼真的猛虎、雄狮、孔雀开屏等造型，有攀藤植物组成的绿廊，整个花园好似一幅美丽的图画。

二、花主题节庆

（一）概述

在世界各地，每个季节都有着很多的花卉节，活动丰富。如 2 月的第一个周末，泰国清迈会举办鲜花节，这被认为是世界上最丰富多彩的花卉庆典之一；3 月下旬，在奥地利有举办"水仙花节"，节日期间会选出当年的"水仙公主"；4 月中旬的一个周末，是华盛顿的美国国家樱花节，当地会举行艺术展览、游艇比赛等活动；最接近 5 月 15 日的那个星期三，是荷兰的"郁金香节"，人们会用鲜花扎成各式各样的游行花车，花车上还会坐着"郁金香女王"；6 月的第一个星期日，是保加利亚的"玫瑰节"，活动包括评选"玫瑰王后"、表演民间歌舞等；8 月，斐济首都苏瓦市有举办"红花节"，节日以化装游行拉开序幕；农历的九月初九，是中国的传统节日重阳节，节日期间各地都会举办菊花展览。

国外的花主题节庆活动经过上百年的发展，呈现出一定的特点。从空间上来看，在洲际分布上，欧洲和北美地区所举办的花主题节庆活动最多，非洲最少。在国家分布上，英国和美国数量最多，其次是意大利、法国、日本等国家。从时间上来看，花主题节庆活动时间长度以 3 天为主，举办月份大多集中在春季和初夏时节。花主题节庆活动呈现出综合化、多样化、品牌化、专业化、宣传强化等趋势①。

国外花主题节庆活动数量较多，总的来说可以分为以下几类：一是以深厚花文化为底蕴的传统民俗型，如日本樱花节；二是现代休闲娱乐型，如有着丰富活动内容的美国玫瑰花节；三是园艺行业型，如创办于 1862 年的英国切尔西花展；四是产业经济型，如始于 1945 年的荷兰库肯霍夫花展②。

（二）著名花主题节庆

1. 日本樱花节

日本自古以来就有赏樱花的习俗。一到 3 月份，日本樱花在日本由南往北依次盛开，因此日本的赏樱名胜分布在日本各地。在樱花盛开的时候，社会各界会为樱花节推出各种各样的活动，这些赏樱名胜也会举行各种传统歌舞表演、庆典仪式等庆祝活动，形式多样，具有浓郁的民族性和乡土气息。除此以外，为赏樱花，日本还会做樱前线预测、樱花报道、开通赏樱旅游专线、开设樱花列车、制作樱花饮食、进行夜樱照明等③。

2. 美国玫瑰花节

美国玫瑰花节源于 1890 年，起始事件是在帕萨迪纳的峡谷狩猎俱乐部组织了他们的第一次新年巡游。在一个多世纪的发展过程中，在最开始花车巡游项目的基础上，增加了骑士巡游、乐队巡游、花车评选、玫瑰碗比赛、选举"玫瑰皇后"等项目。经过上百年的发展，玫瑰花节在传播方式、活动内容以及活动形式等方面不断创新与完善。而它之所以能传承上百年，源于它具有深厚的文化内涵、专业化的管理队伍、市场化的运作机制④。

3. 英国切尔西花展

英国伦敦切尔西花展始于 1862 年，由英国皇家园艺学会举办，是世界

① 裴蓓. 中外花卉节事活动研究［D］. 上海：华东师范大学，2005.
② 裴蓓. 中外花卉节事活动研究［D］. 上海：华东师范大学，2005.
③ 裴蓓. 中外花卉节事活动研究［D］. 上海：华东师范大学，2005.
④ 袁玉琴. 美国玫瑰花节对我国花卉节庆开发的启示［C］// 中国花卉协会，扬州市人民政府. 2008 中国花文化学术研讨会论文集. 南京：东南大学出版社，2008：4.

上最著名、最盛大、历史最悠久的园艺展览会之一。切尔西花展每年5月开展，为期5天，展出面积4万平方米左右，参加者主要为全球知名的园艺工匠、英国王室成员、名人明星、英国民众等。切尔西花展不仅展示鲜花，还是一个集花卉新品种、花园景观设计、花卉装饰、先进园艺设计理念于一体的园艺界大秀场，其中的花园设计展示内容最受欢迎①。

三、花主题旅游模式

（一）概述

我国的花主题旅游还处在初级发展阶段，与国外相比还有一定的差距，因此有必要对国内外花主题旅游模式进行总结归纳，吸取其经验与教训。部分学者也进行了相关的研究。在向宏桥看来，国外花卉旅游发展模式主要是花卉旅游产业发展模式。花卉产业与旅游业结合较紧密，花卉旅游已经呈现出产业化发展特征，具体如荷兰郁金香的"花卉—文化—旅游"产业发展模式，以其先进而发达的花卉产业体系为基础，以丰富的花文化为灵魂，是荷兰花卉产业发展的衍生品，已成为花卉产业发展的助推器。日本樱花的"文化—花卉—旅游"产业发展模式，以其源远流长的花文化为基础，日本樱花文化推动了日本花卉产业的发展，从而形成全球性的樱花旅游品牌②。发达国家花主题旅游发展迅速，处于产业化发展阶段，而大多数发展中国家则处于初级发展阶段，通过花卉节庆营销模式，利用花主题节庆吸引游客，推动旅游业的发展。如越南通过组织大叻花卉节吸引游客前往。节日的主题是鲜花，与花卉相关的活动被组织为主要景点，如花卉竞赛、花卉游行和花卉展览，还举办了农产品促销活动，包括茶会和丝绸时装秀。节日期间，这些活动吸引了数十万国内游客参与③。

总的来说，国外花主题旅游的开发模式多样，在旅游发展到一定程度的情况下，将花卉产业与旅游业相结合，深入挖掘花文化内涵，延长产业链，打开知名度，以产促旅，以旅带销，促进国家经济发展。

---

① 佚名. 伦敦切尔西花展 [J]. 景观设计, 2015（1）：2.

② 向宏桥. 国内外花卉旅游发展模式研究 [J]. 旅游论坛, 2014, 7（1）：5.

③ NGHIÊM-PHÚ B, KIÊ U T H, HOÀNG T T T. Tourists' satisfaction with and intentions toward a nature-themed festival: The contribution of destination attributes, festival events, place attachment and life satisfaction [J]. Journal of Convention & Event Tourism. Routledge, 2021, 22（3）：221-241.

（二）模式

1. 以保护自然资源为前提的花主题旅游模式

运用该模式的前提是当地有着丰富的动植物资源，建立了保护区或者国家公园。在某个时间段，这一区域内有着丰富的花卉资源，可以吸引游客前往，进行花主题旅游。该模式具有明显的时效性。

案例：南非纳马夸兰国家公园

南非纳马夸兰国家公园位于南非偏远的西北角，包含了异常多样的植物、昆虫和爬行动物，是国际公认的生物多样性"热点"的一部分。该地区冬末和春季有着壮观的花卉展览。这些花卉展览吸引了大量游客①。但是如此重要且热门的国家公园并没有进行大规模的旅游开发，仅仅是修了一条供游客进入的公路，沿途也没有进行任何修建。能让人们休息、进行餐饮的地方只有保护区中心的一个简单的小餐厅。这里只雇用了极少的工作人员，人行步道上的指引牌也是木质材料的。纳马夸兰的花海只能维持不到两个月的时间，其余时间只是荒芜一片②。

2. 人工塑造花卉场景进行花主题旅游模式

运用该模式的前提是在公园场景中，塑造造型不一的花卉场景，进行合理规划，并在其中开展丰富的体验活动。

案例：新加坡滨海湾花园

滨海湾花园是新加坡的城市地标，位于新加坡滨海湾亲水黄金位置，占地 101 公顷，是新加坡为打造"花园城市"而建设的重要项目。滨海湾花园第一期于 2012 年建成，并于当年获得了 2012 年世界建筑节（WAF）年度最佳建筑奖，提升了新加坡的国际形象。滨海湾花园包括滨海南花园、滨海中花园和滨海东花园三个水岸花园，滨海南花园是整个园区的中心，其中"花之穹顶""云之森林"两座生物群落冷室和遍布花园的 18 棵"擎天大树"是最吸引人的景观场所。滨海湾花园的艺术表现形式具有独特的创造性，还采用了现代的高新技术手段，坚持可持续发展的理念，对未来公园的设计和建

---

① JAMES I, HOFFMAN T, MUNRO A, et al. The economic value of flower tourism at the Namaqua National Park, South Africa [J]. South African Journal of Economic and Management Sciences, 2014, 10 (4): 442-456.

② 周立新. 野花王国：纳马夸兰 [J]. 花卉, 2019 (3): 49-52.

设有着重要的影响①。

3. 依靠花卉产业发展花主题旅游模式

运用该模式的前提是当地已经形成了大规模的花卉种植产业和加工业。花主题旅游是花卉产业发展的衍生品，可以助推花卉产业的进一步发展。在大面积的花卉农田场景中，结合当地花卉产业，吸引游客前往体验，购买相关花主题旅游产品。

案例：保加利亚玫瑰谷

保加利亚玫瑰谷位于巴尔干山和中部森林山之间的总面积约 800 平方千米的谷地。玫瑰谷是保加利亚最大的玫瑰生产基地，玫瑰油产量占保加利亚玫瑰油产量的 80% 以上，是保加利亚主要的外汇来源。1996 年，保加利亚把该国盛产玫瑰的玫瑰谷辟为"玫瑰谷公园"，将玫瑰盛开的 6 月的第一个星期定为玫瑰节，举办选美竞赛等活动。玫瑰谷以产业发展旅游，以产品打品牌，是保加利亚的第一旅游胜地②。

4. 以文化为底蕴发展花主题旅游模式

运用该模式的前提是依靠当地的文化习俗，以文化为基础，如传统花文化、独特的艺术文化等，结合花卉景观，发展花主题旅游。

案例：日本樱花文化

日本有着悠久的花文化。在《万叶集》和《古今和歌集》中，收录了170 多首观赏吟咏樱花的和歌；《古事记》《日本书记》等古书中也多有对樱花的描述和赞美。在江户时代以前，赏樱活动主要在上层贵族中流行，之后才普及到平民百姓，成为春季的民间活动③。日本樱花文化推动了日本樱花和其他各类花卉的种植，从而促进了日本花卉产业的发展，使日本成为花卉的主要生产国和消费大国。日本以日本樱花文化为底蕴，依靠国家花卉资源，形成了具有世界影响力的樱花旅游品牌。日本的樱花节如今已发展成为世界著名的花主题旅游节，为日本吸引来大量的游客，提高了国家知名度和经济收入④。

---

① 范长越，张洋洋. 新加坡滨海湾花园设计分析 [J]. 山东林业科技，2016，46（1）：98-102，83.

② 余秉全. 保加利亚的玫瑰谷公园 [J]. 园林，1998（5）：34-35.

③ 裴蓓. 中外花卉节事活动研究 [D]. 上海：华东师范大学，2005.

④ 向宏桥. 国内外花卉旅游发展模式研究 [J]. 旅游论坛，2014，7（1）：5.

第三节　国内花主题旅游产品研究

一、花主题公园和景区

（一）概述

近些年来，我国花主题公园和景区从经济较为发达城市的近郊率先兴起，如在北京、上海和广州等大城市的近郊，迅速发展，数量不断增加，从单一的观光型转为综合型，创新传统花卉产业发展模式，发展至今，形式多样，各具特色。西双版纳热带花卉园集科研、科普、爱国主义教育、旅游观光和休闲度假于一体，以"科研的内容、园林的外貌"为规划原则，将热带花卉和热带经济植物进行分类展示，可以体会人与自然的和谐相处[①]。佛山市陈村花卉世界景区布局以花卉为主题，以现代农业、观光、旅游为中心构思，是集花卉生产、销售、科研、花卉展览、花卉观光旅游于一体的大型花卉交易中心和花文化主题公园[②]。成都三圣花乡将花主题与乡村农业、农庄相结合，形成一个集休闲度假、观光旅游、餐饮娱乐、商务会议等于一体的休闲度假胜地，促进了乡村振兴和共同富裕。

（二）著名花主题公园和景区

1. 格萨拉生态旅游区

格萨拉生态旅游区位于四川省攀枝花市盐边县格萨拉乡，占地面积595平方千米，森林覆盖率68.6%。旅游区共拥有六个功能区，包括跑马坪生态旅游区、索玛格泽湿地生态观光区、天然园林风景区、九道竹林原始森林旅游区、日都尼西高山牧场旅游区、立石火普野营区。格萨拉生态旅游区以攀西大裂谷为背景，以生态观光为主题，以万亩杜鹃、万亩盘松及湿地、原始森林、天然园林、大地盆景、高山草甸、地下溶洞、天坑地漏等为主要景观，融合浓郁的彝家风情，是一处类型多样、特色鲜明、价值极高的自然生

---

① 佚名. 西双版纳热带花卉园 [EB/OL]. (2022-12-10) [2023-03-01]. https://www.maigoo.com/citiao/115104.html.

② 佚名. 佛山市（顺德区）陈村花卉世界 [EB/OL]. (2019-03-19) [2023-03-01]. https://www.maigoo.com/citiao/3905.html.

态旅游区①。

2. 西双版纳热带花卉园

西双版纳热带花卉园位于西双版纳州景洪市的云南省热带作物科学研究所内，占地面积 120 公顷。花卉园内保存了 300 多个品种的热带花卉，以及 600 多个热带经济植物种类的近 7 000 份种质。花卉园建设有包括红豆园、叶子花园、热带水果种质园、科技陈列馆、滨水花卉区、空中花园、周总理纪念碑群、五树六花园、棕榈之家等众多景点。花卉园是国家 4A 级旅游景区、全国科普教育基地、全国爱国主义教育基地、国家级大学生野外实践基地及云南省文明风景旅游区，同时也是农业部景洪橡胶树种质资源圃、云南省最重要的热带作物种质资源库和热带生物资源应用研发基地。花卉园是集旅游观光、科学研究、物种推广、爱国主义教育等多功能于一体的大型植物景区②。

3. 毕节百里杜鹃风景名胜区

毕节百里杜鹃风景名胜区位于贵州省西北部，总面积约 125.8 平方千米。景区旅游业开始于 1984 年，1987 年被列入省级风景名胜区名录，2013 年被评为"国家 5A 级景区"，是世界上最大的天然花园，拥有"地球的彩带、世界的花园"的美称。百里杜鹃景区有着丰富的旅游资源，包括自然资源、红色资源和民族文化资源，其中杜鹃花品种有 5 个亚属，60 余种，总面积 10 万余亩。花卉旅游产品主要有观赏类花卉旅游产品（杜鹃花卉旅游产品和彝山花鼓花卉旅游产品）、饮食类花卉旅游产品（百里杜鹃花果茶、彝家鲜花蜜饯、火草粑粑、核桃软糖等）、节庆类花卉旅游产品（"祭花神"、国际彝族火把节、插花节等）和制品类花卉旅游产品（刺绣、蜡染、手工肥皂等）③。

4. 峨眉山风景区

峨眉山位于北纬 30°附近，矗立在四川盆地的西南边缘，海拔 3 000 多米，有着"普贤者，佛之长子；峨眉者，山之领袖"之称。峨眉山自然遗产极其丰富，有着超过 1 600 种的药用植物、3 000 种高等植物、2 300 种动物，

① 黄旭，李一平，杜成勋，等.格萨拉百里生态旅游长廊及气候特征［J］.四川气象，2006（3）：20-22，29.

② 尹世香.西双版纳热带花卉园的优劣势分析［J］.学园，2015（9）：192-193.

③ 万幸.百里杜鹃景区花卉旅游产品开发研究［D］.贵阳：贵州大学，2020.

因而有"天然植物王国""动物乐园""地质博物馆"的美誉。峨眉山以其"雄、秀、神、奇、灵"的自然景观和深厚的佛教文化，被联合国教科文组织列入世界文化与自然遗产名录①。峨眉山四大名花分别是兰花、报春花、杜鹃花、珙桐花。兰花清香幽远，其高洁的品质与佛教精神相通，因此兰花文化成为峨眉山佛教文化的重要组成部分。峨眉山中兰花种类繁多，每到春秋两季，峨眉山僧人都会在报国寺、万年寺等地举办兰花展或在佛前供奉兰花②。报春花通常在初春开花，在峨眉山共有包括藏报春、川南报春、峨眉报春等在内的 10 个品种，主要分布在龙门洞、雷洞坪、金顶等地③。杜鹃花有着"花中西施"的美称，花期为每年 4 月至 6 月。峨眉山有杜鹃花约 30 种，包括美容杜鹃、树生杜鹃、金顶杜鹃、皱皮杜鹃等名贵品种，面积约 18 万亩，主要分布在峨眉山海拔 2 000 米以上的高山区。为保护好和利用好杜鹃花资源，深化文旅融合，峨眉山风景区划定杜鹃花保护区、推动杜鹃花苗木培育、打造中国杜鹃花保育和观赏中心，开展"峨眉金顶　佛国花海"杜鹃花节、推出"一十百千万"赏花体验，即"一径芳华"（雷洞坪—洗象池）、"十里花境"（双水井—接引殿）、"百花深处"（金顶—千佛顶—万佛顶）三条赏花线路，以及"千佛禅院""万佛钟声""襄花谷""山客居"四个观景点位④。珙桐花是峨眉山最名贵的观赏植物。有"植物活化石"之称的珙桐是我国特有的一种珍稀植物，被列入国家一级重点保护野生植物，峨眉山是其主要分布地之一。野生珙桐面积约 450 亩，主要分布于峨眉山仙峰寺、九老洞、遇仙寺、洗象池等海拔 1 400～2 000 米处，1980 年后经人工培育，被逐步迁移至低山区，如万年寺、报国寺，其中仙峰寺一带是峨眉山珙桐树最为集中的区域，可步行或坐直升机前往观赏。每年 3 月至 5 月，初夏将至，珙桐花开，形如鸽翼，微风吹拂，轻轻飘扬⑤。

---

① 佚名. 峨眉山简介 [EB/OL]. (2012 - 09 - 28) [2023 - 03 - 22]. http://www.ems517.com/article/208.html.

② 牟雯静. 峨眉市民，你心目中的峨眉"市花""市树"是什么呢？[EB/OL]. (2021-08-30) [2023-03-22]. https://view.inews.qq.com/k/20210830A0DTR300? web_channel＝wap&openApp＝false.

③ 佚名. 峨眉山报春花 [EB/OL]. (2017-10-17) [2023-03-01]. http://www.ems517.com/article/161/654.html.

④ 杨心梅. 赏峨眉山杜鹃 悠游"十里花境" [EB/OL]. (2021-05-09) [2023-03-22]. https://baijiahao.baidu.com/s? id=1699238167165888322&wfr=spider&for=pc.

⑤ 峨眉山景区. 峨眉山仙峰寺直升机通航，飞着去看珙桐盛放 [EB/OL]. (2016-05-23) [2023-03-22]. https://m.sohu.com/a/76816554_355516? ivk_sa=1024320u.

二、花主题节庆

（一）概述

1. 我国花主题节庆的时空分布

我国幅员辽阔，花卉资源丰富，赏花历史悠久，相关节庆活动众多。我国各地部分花卉节日时间分布如表 3-1 所示。

表 3-1　中国各地部分花卉节日①

时间	花主题节庆活动
1 月	福建漳州"中国水仙花节"，云南昆明、丽江等地"茶花节"
2 月	江西"梅花节"，云南大理"兰花博览会"，南京"国际梅花节"
3 月	云南、贵州"油菜花节"，浙江金华"国际茶花节"，绍兴"兰花节"，成都"郁金香节"，南京"夫子庙花会"，上海、无锡、成都、湖南桃源"桃花节"，昆明"杜鹃花节"，四川绵竹"梨花节"
4 月	无锡"杜鹃花节"，贵州省黔西金坡百花坪"杜鹃花节"，山东菏泽、安徽巢湖"牡丹花节"，河北顺平、山东肥城、北京"桃花节"，山东莱阳"梨花节"
5 月	青海"郁金香节"，江苏扬州"琼花节"，山东莱州"月季花节"，天津"月季花节"，山东平阴"玫瑰文化节"
6 月	天津"月季花节"，郑州、常州"月季花节"，山东枣庄"石榴花节"，武汉、杭州、合肥、深圳、澳门"荷花节"，四川新都"桂湖荷花展节"
7 月	山东济南大明湖、河北白洋淀"荷花节"，四川新都"桂湖荷花展节"
8 月	四川新都"桂湖荷花展节"
9 月	上海"桂花节"，杭州"西湖桂花节"，广西桂林"桂花节"，南京灵谷"桂花节"
10 月	北京、开封、广州、浙江余杭"菊花节"
11 月	北京"红叶节"，浙江桐乡、河南内乡"菊花节"
12 月	成都、广州从化流溪"梅花节"

---

① 王鹏翔. 我国各地的花卉节日 [EB/OL]. (2015-05-19) [2023-03-22]. http://hhxh.whit. edu.cn/info/1008/1014.htm.

从空间分布上来看，我国各省、自治区、直辖市都有举办花主题节庆活动，但数量不均，呈现3个集中区域：长三角、环渤海及泛珠三角地区，西南地区近些年来花卉节庆活动也较多。在时间分布上，四季皆有节庆活动开展，但大多集中于春季，其中以3~4月份举办的花卉节事活动最多。在节期长度分布上，平均为13天。多数节期介于8至20天之间。在节事届期分布上，数据记载届期最长的是洛阳牡丹花会，自1983年创办到现在已经成功举办40届。在花卉节事主题上，最常见的是梨花、桃花、杜鹃、菊花、荷花、梅花等花卉种类①。总的来说，我国花主题节庆活动数量多，一年四季都有开展，但是主题相似，同质化严重，且大部分节庆活动开展年份较短，还处于低水平发展阶段。我国部分花卉节庆活动地理区位分布如表3-2所示。

表3-2　中国花卉节庆活动地理区位分布

地理分区	花主题节庆活动
华东地区	中国南京国际梅花节（江苏）、菏泽国际牡丹文化旅游节（山东）、上海国际花卉节（上海）、中国扬州万花会（江苏）
华南地区	广州花卉节（广东）、中国永春北溪桃花文化旅游节（福建）、中国横县茉莉花文化节（广西）
华北地区	中国曹庄花卉生态旅游节（天津）、平谷桃花节（北京）、
华中地区	中国开封菊花文化节（河南）、中国洛阳牡丹文化节（河南）、中国井冈山国际杜鹃花节（江西）
西南地区	中国成都国际桃花节（四川）、大理国际茶花博览会（云南）、中国贵州百里杜鹃国际杜鹃花节（贵州）、罗平国际油菜花节（云南）
西北地区	青海郁金香节（青海）、新疆塔城裕民山花节（新疆）
东北地区	龙湾野生杜鹃花卉旅游节（吉林）、哈尔滨太阳岛花卉节（黑龙江）

2. 我国花主题节庆的等级

我国花主题节庆在活动等级上主要分为国家级、省级和市县级。国家级花主题节庆活动主要由国家级机构部门如文化和旅游部、住房和城乡建设部或省级政府主办，如中国洛阳牡丹文化节由国家文旅部和河南省人民政府主办。省级花主题节庆活动主要由当地省级政府或某些省级行政部门以及省花

---

① 裴蓓. 中外花卉节事活动研究［D］. 上海：华东师范大学，2005.

卉协会等主办，如青海郁金香节由青海省人民政府主办。市县级花主题节庆活动主要由市县级地方政府或市县级行政部门与当地花卉协会举办[①]，如枣庄国际石榴节由枣庄市人民政府主办。部分国家级（省级）花主题节庆活动如表 3-3 所示，部分地市级花主题节庆活动如表 3-4 所示。

表 3-3 国家级（省级）花主题节庆活动[②]

省级地区	节庆名称	举办时间	主要活动
吉林	龙湾野生杜鹃花卉旅游节	5 月	地方文艺演出、地方文化艺术作品展、龙湾特产展示、龙湾风光摄影作品展、省内外旅行社和旅游企业的业务洽谈会等
天津	中国曹庄花卉生态旅游节	3 月—10 月	开幕式、风筝展、风筝文化节、清明节主题活动、母亲节主题活动、儿童节主题活动、花卉展、摸你黑—佤族狂欢节、风筝扎制表演、中秋国庆盛典等
江苏	中国南京国际梅花节	2 月中旬—3 月中旬	开幕式、摄影展、梅花蜡梅展、旅游交易会、梅花拉美主题书画艺术展、文创产品展、美食汇等
青海	青海郁金香节	5 月	开幕式、文艺演出、青海民族服饰展、青藏高原药品展、青海地方名优特色产品展销会、地方风味小吃展、群众摄影展、画展等
四川	中国·成都国际桃花节	3 月	美术展、写生活动、戏曲演出、诗词大会、书画作品展、文物展、音乐会、风筝节、服装设计时尚秀、自行车骑行赛等
云南	大理国际兰花茶花博览会	2 月中旬	开幕式、兰花茶花等花卉展、盆景展、茶花评选、国际茶花大会等
云南	中国昆明国际花卉展	不定期	知名花卉展销、主宾国活动、行业专业论坛、国际花艺大师讲堂、拍卖会、新技术和流行趋势发布、花卉新品种展示等
贵州	中国·贵州百里杜鹃国际杜鹃花节	3 月 28 日—5 月	开幕式、民族歌舞晚会、国际杜鹃花论坛、国际山地自行车赛、汉服秀、美食节、音乐节、彝族"祭花神"等

① 裴蓓. 中外花卉节事活动研究［D］. 上海：华东师范大学，2005.
② 奇创旅游规划设计咨询机构. 态势研究：又是一年赏花季［EB/OL］.（2013-01-14）［2023-03-01］. https://www.kchance.com/LandingPage/Flower1.html#time1.

表3-3（续）

省级地区	节庆名称	举办时间	主要活动
江西	中国井冈山国际杜鹃花节	4月中旬—6月中旬	旅游营销论坛、自驾游活动、民俗文化展演、茶艺表演、书画展、美食小吃品尝、开幕式、"云赏"杜鹃等
福建	中国（永春）北溪桃花文化旅游节	1月底—3月底	摄影大赛、旅游纪念品和农特产品展销、放许愿荷花灯、文艺汇演、美食品尝、桃花游园、书院名师讲座、森林音乐会等
	海峡两岸（福建漳州）花卉博览会	11月中下旬	精品花卉展、中国蘑菇节、艺术插花比赛、食品博览会、海峡两岸花卉理论研讨会、海峡两岸龙舟赛、书画展、摄影展、拍卖会等
河南	中国（开封）菊花文化节	10月—11月	菊花展、诗歌吟诵文艺晚会、菊花插花艺术展、中华菊王争霸赛、盆景艺菊竞秀赛、菊茶文化研讨会等
	中国洛阳牡丹文化节	4月初—5月初	开幕式、牡丹赏花系列活动、牡丹插花花艺展、书画名家作品展、河洛文化民俗庙会、农产品展销会、音乐会、投资贸易洽谈会等
	许昌中原花木交易博览会	9月底	花卉展销、苗木展销、盆景大赛、园林机械展、插花花艺大赛、专家报告会、文化论坛、评比颁奖等
山东	中国（青州）花卉博览交易会	9月底—10月初	花卉生产展示、花卉展销、盆栽植物评选、组合盆栽展、花卉基地赏游等
	中国泰山国际兰花节	12月底—次年1月底	兰花特装展示、展品交易、泰山苗木花卉论坛、插花艺术展示、兰花文化展示、兰花繁育生产展示等
	菏泽国际牡丹文化旅游节	4月—5月	开（闭）幕式、论坛峰会、旅游观光、文化艺术展览、专家报告会、水上实景演出、灯光秀等

表3-4　地市级花主题节庆活动①

省级地区	节庆名称	举办时间	主要活动
北京	香山红叶文化节	10月中旬—11月	赏红叶

① 奇创旅游规划设计咨询机构.态势研究：又是一年赏花季［EB/OL］.（2013-01-14）［2023-03-01］. https://www.kchance.com/LandingPage/Flower1.html#time1.

表3-4（续）

省级地区	节庆名称	举办时间	主要活动
天津	天津月季花节	5月	游园健身活动、书画展、精品花卉展、研讨观摩活动、文艺表演等
河北	中国（唐山）国际郁金香花卉文化旅游节	1月底—2月	花卉展
山东	中国（平阴）阿胶玫瑰文化旅游节	5月	摄影书画采风活动、国内外玫瑰产品展、玫瑰加工设备展、玫瑰花木展、玫瑰艺术品展、产业合作洽谈会、招商推介等
	枣庄国际石榴节	9月中旬	投资贸易洽谈、游园、商品展销、摄影书画作品展等
上海	上海南汇桃花节	3月—4月	踏青赏花、购物、泛舟、美食品尝等
宁夏	六盘山山花旅游节	4月	赏花海、房车巡游、歌会演出、国学诗歌朗诵会、摄影采风、旅游产品展销、文艺晚会等
新疆	新疆（昌吉）菊花节	9月中旬—10月中旬	赏菊、民族文化表演、新疆美食品尝、蔬菜水果采摘、农产品展销、艺术盆栽体验等
西藏	西藏林芝桃花节	3月下旬	开幕式、观赏桃花、"桃花仙子"选拔赛、竞技表演、藏民族歌舞表演、藏家特色宴、摄影作品展等
陕西	陕西·礼泉桃花节	4月	赏桃花、特色小吃品尝、关中民俗风情体验、博物馆看文物、游园观光等
	汉阴油菜花旅游节	3月—4月	游梯田、游园赏花、美食大赛、摄影比赛、书画展、登山活动、体验民俗文化、投资招商洽谈会等
四川	四川绵竹梨花节	3月中旬—4月底	开幕式、文艺体育活动、经贸洽谈会、专题经济论坛、品尝美食美酒、摄影大赛等
湖北	中国武汉东湖梅花节	1月底—3月	赏梅游园、书画摄影民俗展、梅花科普展、文化表演等
云南	中国云南罗平国际油菜花文化旅游节	2月—4月中旬	民俗活动、美食品尝、招商引资、文化演出、旅游论坛、焰火晚会、赛歌会等

表3-4(续)

省级地区	节庆名称	举办时间	主要活动
广西	广西药用植物园药用花卉节	3月	赏花、插花比赛、品花、泡花等
	南宁赏花旅游节	3月	赏花、花卉知识宣传、百家宴、品花、采摘果菜、主题园艺展等
湖南	中国·常德桃花源旅游节	不定期	非遗文创展、歌舞秀、品美食、桃花源民俗风情表演、民俗文化活动体验等
浙江	西湖国际桂花节	9月中旬—10月中旬	开幕式、文艺演出、摄影比赛、桂花风味小吃、庙会、赏花、体验桂文化等
	中国奉化桃花节	3月下旬	赏花、文艺汇演、当地小吃品尝等

(二) 著名花卉节庆

1. 洛阳牡丹文化节

中国洛阳牡丹文化节的前身为始于隋代、盛于宋代的洛阳牡丹花会，已有1 400多年历史。1983年，洛阳市政府牵头筹办了官方性质的赏花节会"牡丹花会"，2008年入选国家级非物质文化遗产名录。2010年11月，洛阳"牡丹花会"经国务院、国家文化部正式批准，升格为国家级节会，更名为"中国洛阳牡丹文化节"，至今已举办40届。40年来，洛阳市委、市政府坚持贯彻"以花为媒，广交朋友，宣传洛阳，扩大开放"的指导思想，"洛阳搭台，全省唱戏"，将牡丹花会办成一个融赏花观灯、旅游观光、经贸合作与交流于一体的大型综合性经济文化活动[①]。牡丹文化节每年4月5日前后至5月5日前后举办，节庆持续一个月的时间。节庆期间举办赏花、插花花艺展、民俗庙会、农产品展销会、书画名家作品展等活动，吸引超过千万名游客前往。如今，洛阳牡丹文化节已成为展示城市形象、体现企业实力、提高企业知名度的重要平台。

2. 开封菊花文化节

中国开封菊花文化节的前身为"中国开封菊花花会"，始于1983年，

---

① 佚名. 中国洛阳牡丹文化节 [EB/OL]. (2022-04-01) [2023-03-22]. https://www.suitangyizhi.com/luoyangmudan/597.html.

2013 年升格为国家级节会，更名为"中国开封菊花文化节"，由国家住房和城乡建设部与河南省人民政府主办。中国开封菊花文化节在每年 10 月份举办，是一个融赏花观灯、旅游观光、经贸合作与交流于一体的大型综合性经济文化活动。如今，开封菊花文化节旅游活动越发丰富多彩，已成为推动文化、旅游、经贸深度融合的节会品牌，在展示开封城市形象的同时成了开封发展文化旅游产业、扩大对外开放的重要平台①。

3. 北京平谷桃花节

北京平谷国际桃花节始于 1999 年，已经连续举办 24 届，已成为京津冀地区著名的春季旅游活动，也是平谷地区对外展示的重要窗口。每年 4 月中旬左右（4 月 15 日—25 日），平谷桃花盛开之时，数万亩花的海洋都会吸引无数市民和游客前去观赏，实现了经济效益和社会效益的双丰收②。

4. 中国南京国际梅花节

中国南京国际梅花节始于 1996 年，初名为"南京梅花节"，1997 年起正式定名为"中国南京国际梅花节"。每年的 3 月间该活动定期举办，是南京市人民政府举办的开春第一个国家级大型旅游节庆活动，在海内外享有盛誉。经过多年的打造与完善，它已由单纯的踏青赏梅活动发展成为融探花赏景、休闲娱乐、歌舞演出、文化展览、商贸交流等于一体的全市性的狂欢盛会。

四大花卉节庆最新活动开展如表 3-5 所示。

表 3-5　四大花卉节庆最新活动

序号	花卉节庆	节庆活动
1	2022 年第 40 届洛阳牡丹文化节	共安排 4 大板块 38 项活动，涵盖文化交流、赏花旅游、经贸会展、体育休闲等领域，举办包括赏花文艺演出、牡丹插花艺术展、牡丹园艺大赛、牡丹灯会、河洛民俗庙会等在内的多项活动，提高游客的参与度③

---

① 佚名. 开封第 35 届菊花文化节下月举办 菊展造型抢先看［EB/OL］.（2017-09-25）［2023-03-22］. https://www.sohu.com/a/194452749_348738.

② 新京报. 北京平谷第 24 届国际桃花节开幕［EB/OL］.（2022-04-14）［2023-03-22］. https://xw.qq.com/cmsid/20220414A0C90V00.

③ 佚名. 洛阳牡丹花会 2022（时间+赏花地点+门票价格+观赏攻略）［EB/OL］.（2022-04-09）［2023-03-22］. https://www.dahepiao.com/lvyounews1/20220405263970.html.

表3-5(续)

序号	花卉节庆	节庆活动
2	2022年第39届开封菊花文化节	以庆祝中国共产党成立100周年为主线、以"风华百年·菊香中国"为主题,围绕彰显大宋文化这一焦点,突出文旅融合这一重点,策划第十届国际菊花展、插花大赛精品展、夜游赏菊等活动①
3	2022年第24届北京平谷桃花节	主题为"桃醉平谷·花海休闲",打造云上桃花节开幕式、平谷桃花慢直播等活动②
4	2022年第27届中国南京国际梅花节	赏花活动

三、花主题旅游模式

(一)概述

　　部分学者对国内花主题旅游模式进行了相关的研究。在向宏桥看来,国内花卉旅游发展模式可以分为两大类,一类是花卉旅游产业发展模式,花卉产业与旅游业结合较紧密,花卉旅游已经呈现出产业化发展特征,具体如中国河南的"旅游—文化—花卉"产业发展模式;另一类是花卉旅游节庆营销发展模式,包括纯宣传措施的花卉节庆营销、纯促销措施的花卉节庆营销和纯市场交易的花卉节庆营销,花卉产业与旅游业结合不够紧密,花卉旅游仅表现为旅游营销措施,产业化特征不明显③。田旗按照花卉旅游产品主题分类和目标人群的不同,将其分为以花卉观赏为目的的旅游观光型、以花卉农庄为载体的民宿度假型、在传统花卉消费市场基础上增加玩赏节点的花卉逛购型和主题活动型④。也有学者认为开展"花卉+旅游"共有六大模式,包括以赏花经济为主导,以特色节庆为引领的"景观休闲型";以科技观光为引领,以四季花卉为特色,以考察、科普为主导的"科普观光型";兼顾花卉的特色观光和优美环境功能,以花造景、依景度假的"生态度假型";以

――――――――――――

　　① 赵惜辰. 中国开封第39届菊花文化节来啦![EB/OL]. (2021-10-18)[2023-03-22].
https://baijiahao.baidu.com/s? id=1713949743758056032&wfr=spider&for=pc.
　　② 新京报. 北京平谷第24届国际桃花节开幕[EB/OL]. (2022-04-14)[2023-03-22].
https://baijiahao.baidu.com/s? id=1730089914414019299&wfr=spider&for=pc.
　　③ 向宏桥. 国内外花卉旅游发展模式研究[J]. 旅游论坛, 2014, 7(1): 5.
　　④ 田旗. "花卉+旅游"产业的跨界模式和机遇挑战[EB/OL]. (2021-08-27)[2023-03-22].
https://new.qq.com/rain/a/20210827A0BSF000.

花卉景观为环境特色，以花田游乐为主导的"主题游乐型"；集花卉苗木种植、交易、展览、观光休闲等于一体的"产业博览型"；以花田为背景，以"农家乐"为主要载体的"农家花乡型"①。

总的来说，花主题旅游的开发模式多样，以花卉和花文化为核心，通过以"花卉+N"的多元文旅融合发展模式，横向联动旅游目的地范围内与周边环境的旅游资源，纵向延伸花卉产业链发展，横向与纵向结合，促进当地产业可持续发展。

（二）模式

1. 结合乡村体验型花主题旅游模式

结合乡村体验型花主题旅游模式利用当地丰富的花卉资源，以"农家乐"为主要载体，凸显乡村风貌，融入乡村民俗，因地制宜打造主题文化景观，设置手工艺、民俗、农家美食、休闲垂钓、农事体验等活动，以花引客，以闲留客②。

案例：成都三圣花乡

成都三圣花乡位于四川省成都市锦江区，面积为 12 平方千米。按照城乡统筹发展的要求，在地方政府支持下，三圣花乡打造了"花乡农居""幸福梅林""江家菜地""荷塘月色""东篱菊园"五个主题景点。三圣花乡立足自身实际，以种植花卉为主要旅游资源，因地制宜，以花为媒，打造"花乡农居"等五朵金花，实现农房改造景观化，基础设施城市化、现代化，景观打造生态化、田园化，土地开发集约化，开发资本多样化，变单一的农业生产为吸引市民体验、休闲的文化旅游活动。三圣花乡通过开展以精品花卉旅游为主题的吃喝玩游购娱综合体项目，用沉浸式、互动式新方式吸引了大量游客③。

2. 花文化与产业紧密结合型花主题旅游模式

花文化与产业紧密结合型花主题旅游模式以花文化为支撑，开展各项活动，如花卉展、花博会、花卉节等，发展花主题旅游。

---

① 武汉花卉博览园．"花卉+旅游"六大开发模式及其成功案例［EB/OL］.（2016-01-06）［2023-03-22］. http://www.itaomiao.com/news/newsInfo? id=227.

② 白墨. 古往今来再话花卉旅游之借鉴和发展［EB/OL］.（2019-06-05）［2023-03-22］. https://mp.weixin.qq.com/s? __biz=MzI3OTE1MTY1Ng==&mid=2247487693&idx=3&sn=44d823f8e8f9fad7b4e14537797d4ff5&chksm=eb4d458adc3acc9c7eea74d0ffcfddd75ef373c9b85609dc7b963e04e4999f4252bafdad681d&scene=27.

③ 邱晓稳. 成都三圣乡："花卉之乡"的美丽建成之路［J］. 中华建设，2018（2）：36-39.

案例：河南洛阳牡丹文化

洛阳有着丰富的牡丹资源，牡丹文化在洛阳有着悠久的传播历史和深厚的人文积淀，已成为洛阳市城市形象和城市文化的核心要素，是洛阳市城市形象的代言者。洛阳市将牡丹文化作为连接元素，加强其他旅游资源、不同旅游业态之间的联系，融入全域旅游整体布局，推动洛阳市社会经济的发展。在经济全球化背景下，在政府支持和民间力量的自发支撑下，大力挖掘花文化，充分利用好洛阳牡丹文化节这一旅游推介平台和文化交流传播平台，塑造洛阳牡丹品牌，开拓洛阳市的国际旅游市场，开发洛阳牡丹文化旅游衍生品，如牡丹瓷、牡丹书画、牡丹食品等，满足游客多元化的旅游产品需要。洛阳以牡丹文化为核心，以花卉产业助推旅游发展[1]。

3. 人造景观型花主题旅游模式

人造景观型花主题旅游模式有两种类型。

（1）在赏花经济的背景下，打造大规模的花卉景观，举办特色花卉节庆，推出独特节庆活动，进行营销宣传，吸引游客前往，增加旅游目的地的知名度和旅游收益，促进当地旅游业的发展。

案例：罗平国际油菜花节

罗平国际油菜花节自1999年开始举办，至今已有24年。罗平油菜花节的成功举办，使得80万亩油菜花海由传统的生态农业转化成为现代观赏农业。2015年，罗平油菜花海被授予世界"最大的自然天成花园"称号。节庆期间开展山歌对唱、篝火晚会、舞龙表演、书画摄影展等多项活动。除此以外，罗平油菜花节的宣传工作也初见成效。中央和全国多个省会城市、地区和昆明电视台播出罗平风光主题电影，多家重要报纸也经常介绍罗平旅游业，发行相关风景明信片和导游图，大力开展促销活动，日本、新加坡等国家和地区的新闻媒体的推广以及游客的自发宣传等，都极大地提高了罗平油菜花的知名度，每年都吸引了大量游客前往观光游览，发展了当地的旅游业市场，带来了明显的经济效益[2]。

（2）在公园场景中，塑造多样的花卉场景，进行合理规划，并在其中开展丰富的体验活动，如科普教育、婚礼庆典、主题活动等多项活动，满足游客多种需求。

---

[1] 方伟洁. 牡丹文化对洛阳市旅游业发展作用机制研究 [J]. 中国集体经济, 2017 (34)：93-94.
[2] 李俊蓉. 云南罗平油菜花节旅游产业的发展与思考 [J]. 中国民族博览, 2019 (2)：51-52.

案例：世界花卉大观园

世界花卉大观园位于北京市丰台区，占地面积41.8公顷。世界花卉大观园由7大温室（花卉科研试验室、蔬菜瓜果园、精品花卉厅、热带植物馆、沙生植物馆、茗赏百花厅、花卉科普活动室）和15个花园广场（百花广场、花之广场、凡尔赛花园、牡丹园、奥地利风情园、荷兰式花园等）组成。整个花园的造景将花乡草桥地域传统文化特色融入景观，使造景在具有人文内涵的同时富有艺术性和观赏性。世界花卉大观园是集观光旅游、科普文化、购物餐饮、形象艺术等各项活动于一体的独具花卉特色的大型植物园①。

4. 产业博览型花主题旅游模式

产业博览型花主题旅游模式整合产业资源，基于花卉产业种植基础，集种植、交易、展览、观光等于一体，延长产业链，在功能组合和空间布局上兼顾产业要求和旅游要求，是既不影响种植销售，又能满足游客体验的旅游模式。

案例：北京鲜花港

北京鲜花港园区位于北京市顺义区，总体规划面积4平方千米，于2009年开始对外开放，是国家4A级旅游景区，是北京市唯一一个以花卉作为主导产业的国际农业科技园区，也是国家科技部与北京市人民政府共建的"国家现代农业科技城"一城多元的重要先行试点②。鲜花港以"生态、科技、节约、集约及可持续发展"为理念，将景观、生态、花卉巧妙结合，集花卉生产、研发、展示、交易、旅游休闲和文化创意六大功能于一体。园区景观设计在大片的花田中融入了非常有创意的马术体验、萌宠乐园、观光游船、帐篷酒店、户外婚礼、儿童世界等项目，满足了不同年龄段人群的不同需求，提升了游客旅游体验。鲜花港还举办了以郁金香、月季和菊花为主题的文化节，承办多项大型国家级和市级花事盛会，每年吸引游客上百万，促进了国内外花卉业界的交流合作，带动了周边区域多产业融合发展，促进了乡村振兴③。

---

① 高寒钰. 基于耦合法的花卉主题公园景观生成策略研究：以江苏南京市花卉公园为例 [D]. 南京：东南大学，2018.

② 卢凤君，刘晴，王庆革. 北京国际鲜花港高档花卉产业链服务模式构建与运营实践 [J]. 中国农村科技，2015，241（6）：78-79.

③ 北京国际鲜花港. 鲜花港介绍 [EB/OL]. (2021-03-29) [2023-03-01]. https://www.bjifp. com/about/jj/.

四、花主题旅游空间格局

（一）地区格局

我国东、中、西部地区主要花主题景区如表3-6所示。通过统计我国东、中、西部地区主要花主题景区，我们发现我国花主题旅游的地理分布格局呈现以下特征：

（1）我国的花主题旅游景点在空间分布上存在着显著差异，总体呈现出"南多北少，东多西少"的特征。从全国层面上来看，东部的花主题旅游景区多于西部，南方地区的花主题旅游景区多于北方地区。从东、中、西部三大地区来看，东部最多，中部与西部次之。若以胡焕庸线为界，主要集中在东南地区，西北地区较少。

（2）花主题旅游在某些特定区域呈现集聚分布的特征，出现了几个核心区域：京津冀地区、长江中下游地区、珠三角地区、成都平原和云南省。花主题旅游是近年来的旅游热点之一，它的开展是为了满足人们休闲娱乐的多元化需求，因此花主题旅游景区主要分布在社会经济条件较好、旅游发展有一定水平、交通便捷、基础设施相对完善的地区。京津冀地区、长江中下游地区、珠三角地区和成都平原等几个地区都是我国经济发达地区，人口密集，旅游发展水平较高，因此花主题旅游景区在这几个地区形成集聚状态。云南省是花卉资源非常丰富的地区，较早将花卉资源作为地方优势资源加以利用，且旅游发展水平较高，因此也是核心地区之一。

（3）花主题旅游目的地的分布与花卉资源丰富的地区有着较高的一致性。在花主题旅游中，不论是结合乡村体验的花主题旅游模式、产业博览型的花主题旅游模式，还是花文化与产业紧密结合的花主题旅游模式，或是人造景观的花主题旅游模式，都以花和花文化为核心，受到花卉资源的影响，因此我国花主题旅游最早也是从云南、河南、广东等一些花卉资源较丰富的地区发展起来的。

（4）花主题旅游景区在城乡格局分布上存在差异。花主题旅游景点如主题公园、花主题节庆地点等，对经济发展条件和旅游发展水平有一定要求，因此大多出现在经济较发达的城市地区。近年来，为了提高地方知名度，吸引游客前往，一些农村地区在利用农田营造花海景观的同时也会举办花主题节庆进行营销宣传。除城乡之间存在差异外，城市之间也存在差异。东部地区的上海、北京等城市的花主题旅游景区大多分布在城市内和城郊，中西部地区的洛阳、成都等城市的花主题旅游景区分布在乡村的较多。

（5）花主题旅游景区的开发与经营方式存在地区差异。东部地区的花主题旅游景区以花为核心，活化花文化，加强行业互动，延长产业链，多样化进行发展，使得景区旅游活动丰富多样，包括采摘活动、婚礼庆典和灯光秀、各项比赛、各类文化节和艺术展等，盈利方式多种多样，包括门票、花卉销售和游客参与各类活动的收入。而中、西部地区的大多数花主题旅游景区只是单纯地以花卉景观作为旅游产品，旅游活动主要以观赏花卉为主，景区盈利也主要以门票收入为主。

表 3-6　国内东、中、西部主要花主题景区概况

景区所在地区	景区名称	景区等级	所在城市	面积	主要旅游活动	盈利方式
东部地区	上海鲜花港	4A	上海市	0.28 km²	1. 采摘荷兰水果、蔬菜 2. 新人在此举办浪漫婚礼 3. 观赏"千人旗袍秀" 4. 享受荷兰美食 5. 观赏郁金香花展	1. 景区门票 2. 花卉种植、销售
	上海浦江玫瑰园	无	上海市	0.4 km²	1. 参与创意农艺节活动 2. 观赏梦幻灯光秀 3. 房车露营节 4. 体验亲子采摘活动 5. 体验露营篝火活动 6. 观赏玫瑰花田 7. 体验垂钓乐趣	1. 玫瑰集市:玫瑰花卉及玫瑰主题系列产品销售 2. 景区门票
	北京世界花卉大观园	4A	北京市	0.42 km²	1. 北京市月季文化展 2. 欣赏景区春雪美景 3. "康乃馨之约"母亲节赠花活动 4. 水仙花迎春文化艺术展 5. 新春文化游园会 6. 斗菊活动 7. "格林童话·梦幻浪漫"高山杜鹃展 8. 迷你花车巡游活动 9. 2019北京首届地景艺术节	景区门票
	北京国际鲜花港	4A	北京市	4 km²	1. 冰雪文化节 2. 郁金香文化节 3. 菊花文化节 4. 赏菊、采摘火龙果	1. 景区门票 2. 花卉种植、销售

表3-6（续）

景区所在地区	景区名称	景区等级	所在城市	面积	主要旅游活动	盈利方式
	北京蓝调庄园	3A	北京市	0.8 km²	1. "蓝调·情定薰衣草"免费主题摄影活动 2. "普罗旺斯的秘密暨夏日烧烤节""田野的旋律"艺术展等 3. 亲子文化活动："翻滚吧鸡蛋""水果大作战""果实滑行赛"等活动 4. 四季庄园：瓜果采摘活动	1. 花卉深加工：开发"shmily"（香爱）品牌商品、特色餐饮 2. 景区门票 3. 水果采摘活动、盆栽销售
	江苏兴化千垛菜花景区	无	兴化市	4.27 km²	1. 听名嘴讲兴化故事 2. 兴化市茅山文化旅游节 3. 沙沟彩妆游走灯会 4. 中国·兴化花海森林半程马拉松比赛 5. 春季观赏油菜花	1. 景区门票 2. 其他服务业收益：娱乐、住宿、饮食、消费品等销售
	福建漳州东南花都	4A	漳州市	6.67 km²	1. 提子品尝不限量、捉鲤鱼游景区 2. 参加茶会，观看摄影展、书法展、才艺表演 3. 体验自制全球最火鲜花冰品 4. 观赏百万株郁金香	1. 景区门票 2. 婚纱摄影基地 3. 花卉种植、销售
	深圳荷兰花卉小镇	无	深圳市	0.04 km²	1. 狂欢节 2. "乐响南方"音乐啤酒节 3. "幸福人生"婚庆文化展 4. 赏花、摄影之旅 5. 让孩子体验"梦想之旅"	花卉种植、销售
	江苏大丰荷兰花海	4A	盐城市	1.33 km²	1. 百合花文化月 2. 郁金香文化月 3. 花海摄影活动 4. 爱情海集体婚礼 5. 亲子活动：体验加勒比海盗的奇妙之旅	1. 景区门票 2. 花卉产业：以郁金香为主的花卉销售 3. 其他产业：餐饮、住宿、婚庆等

表3-6(续)

景区所在地区	景区名称	景区等级	所在城市	面积	主要旅游活动	盈利方式
	广州番禺百万葵园	4A	广州市	0.26 km²	1. 番禺葵花园三八妇女节活动 2. 首届中国郁金香花博秀 3. 百万葵园母亲节活动 4. 漫步春天花海世界一天活动 5. 体验"音乐戏水嘉年华"项目 6. 体验从九又四分之三站台出发：穿越英伦·玫瑰	1. 景区门票 2. 百万葵园"花之恋"城堡酒店
	亚龙湾国际玫瑰谷	3A	三亚市	1.84 km²	1. 亚龙湾国际玫瑰谷七夕节活动 2. 春游亲子专题活动 3. 玫瑰灯光秀 4. 赏花主题游	1. 花卉深加工：食品、化妆品等 2. 花卉产业链：服饰等 3. 花卉种植、销售 4. 景区门票
中部地区	洛阳神州牡丹园	无	洛阳市	0.4 km²	1.《花开中国》实景演出 2. 优秀剧目展演 3. 广场文化狂欢月活动 4. 牡丹花卉赏花游	1. 景区门票 2. 花卉种植、销售
	洛阳国家牡丹园	3A	洛阳市	0.47 km²	1. "王城之春"牡丹插花花艺展 2. 中国国花园蝴蝶展 3. 郁金香展 4. 洛阳兰花展 5. 武则天游春表演	1. 牡丹花卉种植、销售 2. 景区门票
	武汉花海乐园	3A	武汉市	1 km²	1. 观赏七彩梯田生态花海景观 2. 户外婚纱摄影 3. 木兰古战场马战表演 4. 大型机械游乐、儿童乐园 5. 水上嘉年华 6. 农家动物表演 7. 瓜果采摘	1. 景区门票 2. 婚纱摄影基地

表3-6(续)

景区所在地区	景区名称	景区等级	所在城市	面积	主要旅游活动	盈利方式
西部地区	西双版纳热带花卉园	4A	景洪市	1.2 km²	1. 泼水节 2. 科普教育活动 3. 观赏五彩缤纷的植物世界热带花卉	景区门票
	成都石象湖	4A	成都市	0.53 km²	1. 百合花旅游节 2. 郁金香节 3. 森湖亲水摘蜜桃,端午相约石象湖 4. 观赏欧美花卉 5. 赏百合花,参加亲子活动 6. 体验采茶、美食等活动	景区门票
	成都三圣花乡	4A	成都市	2 km²	1. 梅花节 2. 菊花节 3. 观赏荷塘月色彩灯	1. 花卉种植、销售 2. 以"花文化"为主题的文化旅游商品:花卉明信片、梅花酒、江家蔬菜、花卉展销等

(二) 城乡格局①

我国花主题旅游城乡格局分布存在着以下特点:

(1)国内花卉资源丰富的地区和景点成为传统花主题旅游区域。花主题旅游以花为核心,北京、云南昆明、河南洛阳、江西婺源、湖北武汉等地都有着丰富的花卉资源,因此这些地区的花主题旅游相继兴起,北京植物园、武汉大学、婺源油菜花田等成为热门景点。

(2)花主题旅游主要发生在大都市近郊,具有短途、短期的特点。城市居民是花主题旅游的主要客源市场,在花主题旅游目的地停留时间以一天、两天居多,大多只接受距离都市最长3小时的车程,因此花主题旅游是发生在都市近郊的短途游。

(3)高铁沿线出现花主题旅游的新兴区域。随着我国高铁线路的加快建

---

① 奇创旅游规划设计咨询机构. 态势研究:又是一年赏花季 [EB/OL]. (2013-01-14) [2023-03-01]. https://www.kchance.com/LandingPage/Flower1.html#time1.

设，一些相对封闭的村镇与外界有了联系。2013 年，中国高铁旅游媒体联盟成立并专门推出关于花主题旅游的"五个一工程"，通过评选奖项、预告高铁沿线花期、举办"沿着高铁看花漾中国"主题活动、创建高铁旅游电子商务平台等，带动国内赏花潮流。高铁在连接各个知名赏花城市的同时，也催生了一些赏花新热点。

五、花主题旅游商品

旅游商品是指在旅游过程中游客购买的实物商品。国内花主题旅游商品已经有了快速的发展，具有以下几个发展趋势：

（1）旅游商品生活化、实用化趋势明显。国内花主题旅游景区过去主要以纪念品、农副产品、当地特产等为主要的旅游商品。如今，为了引起游客购买欲，一些旅游景区开发了一些既具有本土文化韵味，又能彰显地方特色的产品。如 2012 年，陕西汉中推出的"把油菜花海带回家"系列商品具有实用性，油菜花主题的丝巾、水杯、餐具等纪念品独具特色。

（2）旅游商品设计与文化深度结合，极具创意性和趣味性。"花卉+文化"，跨界融合，进行文创产品的设计与开发，有的在传统造型上融合现代时尚元素，有的饮食融入花卉元素，花卉变美食，景观变商品，极具创意性和趣味性，满足年轻游客的独特需求。如湖北武汉的东湖樱花园推出了"鹿凤争樱""楚樱""夜樱""赏樱女孩""汉味"5 个系列近 40 款樱花主题特色文创产品，包括樱花香皂、樱花丝巾、樱花饼干、樱花冰箱贴等特色商品旅游商品。这些特色旅游文创产品将樱花与楚文化结合起来，深受游客喜爱。

（3）旅游商品与"游"深度结合。在国内旅游景区，购买旅游商品大多时候需要前往专门的旅游购物店或普通门店，体现了"购"这一需求。现在花主题旅游景区将"购"与"游"相结合，通过设置旅游购物街、游览打卡店等方式，让游客在游览过程中还可以选购旅游商品。如武汉东湖樱花园 2022 年设置了樱花集市，白天摆摊贩卖各类文创产品，夜晚霓虹灯闪亮，商品也在发光，让游客感受到新鲜有趣的情调。

（4）旅游商品开发向多种类发展。中国花主题旅游商品种类丰富，包括服装、食品、玩具、日用品、美妆用品等多种类型，有小而精致的钥匙扣、冰箱贴、折扇、团扇、信封、风铃等，有具有实用价值的防晒衣、马克杯、发夹、书包、帽子、头箍、水杯等，如玉渊潭公园的樱花 T 恤等；有极具纪念价值的纪念币、花与当地文化结合制成的工艺品等，如北京植物园的"拈花名"红楼酒令、南京明孝陵第 27 届国际梅花节数字纪念徽章等；有具有当地特色或时尚品味（位）的酒类、菜肴、面膜、精油、花茶等产品，如藏红花与其他天然材料配合生产出的日化美妆产品、玫瑰花茶等。这些商品将"花"与当地特色资源相结合，多种类、全方位进行设计开发，让其或具有本土文化韵味，或彰显地方特色，或融合时尚风潮，兼具实用性、观赏性和创意性。

总的来说，虽然我国花主题旅游发展迅速，相关旅游商品的设计开发也有了一定的实践经验，但是仍存在商品同质化、品种少、特色不足、主题不鲜明的缺点，还具有极大的发展空间。

第四章
花主题旅游景区景观评价研究

第一节　花主题旅游景区景观评价标准体系

一、景观特征评价

　　景观特征评价（landscape character assessment）又译"风景特质评估"，最早起源于英国，是英国乡村事务局（The Countryside Agency）为应对乡村景观的持续变化而提出的用于景观管理的评估工具。在实践应用中，被英国各界赞誉的风景特质评估体系已经在英国范围内广泛应用了将近 20 年。英国规划管理者文森特·古德斯塔德评价说："风景特质从不理会行政规定。正因为如此，风景特质才能在区域总体规划中占据重要的地位，它有助于在不同地区之间构建起统一的背景，而风景特质评估恰好为此提供了最基本的支持。"① 全世界不同地方的人对"景观"（landscape）有多种不同的理解。在英国，"景观"这个词既被用来表示理想的场所，也用来表示受自然和人

---

　　① 朱杰. 基于英国风景特质评估体系的吉首市风景特质评估研究 [D]. 武汉：华中农业大学，2013.

类影响而形成的具有独特性质的场所和区域①。《欧洲风景公约》明确阐述了景观的定义，凝聚了对景观的广博的视野："景观是一片被人们所感知的区域，该区域的特征是人与自然的活动或互动的结果。"②《英格兰和苏格兰景观特征评估导则》（*Landscape Character Assessment Guidance for England and Scotland*）③ 将其定义为人与地方之间形成的关系，它为人们的生活提供环境，是自然（地质、土壤、气候、动植物）和文化（土地利用、定居、用地和其他人类干预的历史和当前影响）之间相互作用的结果。其共同点都认为"景观"是自然与文化相互作用的结果，同时强调了人的感知作用。美国的景观特征评价主要分3类：基于都市景观规划的评价、基于景观视觉效果资源的管理和基于生态学理论的景观清单④。

本书综合学者们的前期研究，根据我们的理解，将 landscape 译为"景观"。而景观特征评价主要评判依据为地质、地形、土壤、植物、土地利用、场地形式和人类建筑等要素，并据此进行景观特征分类。

二、乡村景观评价探索

自 2005 年开展新农村建设以来，我国乡村建设便迈进了快速发展时期，其中，在经济政策、城镇化等因素的影响下，乡村景观发生了显著的转型。然而在我国还没有形成规范的乡村景观整治体系的背景下，国家对于乡村建设往往侧重于宏观战略引导，微观的乡村建设往往由地方政府主持。政府对乡村景观内涵的认识往往不到位，普遍以经济效益为导向的开发模式，使得乡村景观出现环境失衡、乡村特色遗失、乡村宜居性下降、"空心化"等问题⑤。目前我国乡村景观建设已成为国家重点关注对象之一。范建红等人在《乡村景观的概念内涵与发展研究》⑥ 中提到，我国在乡村景观研究方面已

---

① ROE M. Landscape Sustainability: An Overview [M] //BENSON J F, ROE M. Landscape and Sustainability. 2nd Edn. London: Routledge, 2007.

② COUNCIL OF EUROPE. European Landscape Convention [EB/OL]. (2007-09-13) [2022-07-20]. http://www.coe.int/t/e/Cultural_Co-operation/Environment/Landscape.

③ THE COUNTRYSIDE AGENCY. Landscape Character Assessment Guidance for England and Scotland [EB/OL]. www.countryside.gov.uk.

④ 宋峰，宋蕾蕾.英美景观评估方法评述及借鉴 [J].开发研究，2016 (5)：69-74.

⑤ 胡蓝予.基于景观特征评估的韶山村景观整治策略研究 [D].北京：北京林业大学，2017.

⑥ 范建红，魏成，李松志.乡村景观的概念内涵与发展研究 [J].热带地理，2009，29 (3)：285-289，306.

取得丰富的理论成果，包括乡村景观分类、乡村景观评价、乡村景观演变、乡村景观规划等。其中与乡村景观建设直接相关的有乡村景观分类、乡村景观评价以及乡村景观规划。乡村景观分类与评价通常是乡村景观规划前期研究的重要部分，能为我国目前乡村建设热潮提供坚实的技术支持。然而目前国内关于乡村景观评价的研究仍集中在对其经济、社会、自然、美学、生态等方面价值通过定量打分进行优劣判断，并依据评价结果确定乡村景观的规划设计方式，即分值低的景观被认为不美或不好而需要改造，分值高的景观被认为美和好并且适宜继续发展。但这一过程极有可能将乡村最有特色的聚落形态、空间格局等淘汰，并不利于乡村传承地域文化和特色发展。景观特征评估本身强调的是找出可区别于其他地域的典型特征并加以优化和提升，评估的结果是地域自身特点的转化，符合当前乡村发展的总体方向，因此可以有效弥补景观评价体系中这部分不足①。虽然我国已有部分学者将国外景观特征评估方法运用于我国乡村景观的评价研究，但仍然停留在区域的研究尺度。

三、景观竞争力评价理论

（一）风景特征评估步骤

根据《英格兰和苏格兰景观特征评估导则》，景观特征评估步骤如图4-1所示。该评价体系适用于各类尺度的景观评价，其评估方式有很高的借鉴价值。

---

① 唐艺林. 基于乡村景观特征评估的公园规划设计研究：以宜昌市窑湾乡沙河公园为例［D］.北京：北京林业大学，2020.

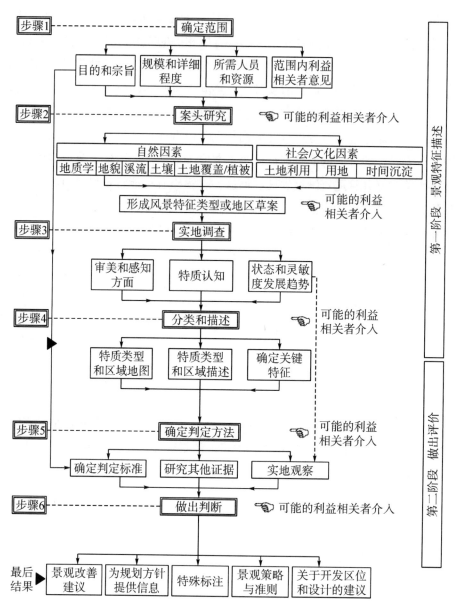

注：利益相关者的贡献在所有阶段都是存在的。
　　整个过程可能是迭代推进的。

图 4-1　风景特质评估体系评估步骤

图片来源：笔者翻译并改绘自《英格兰和苏格兰景观特征评估导则》

（二）适应性改良

本研究引入风景特质评估体系景观特征评价法，试图探索一条适合于小尺度乡村景观特征的景观特征评估方法，对国内花景观主题景区景观特征进行评价，再通过横向对比，评判其景观特征竞争力。

风景特质评估体系评价方式并不完全适用于本书研究目标的竞争力评价，由此，根据实际需求，本书在研究中进行适应性改良，来探索花主题景区景观特征竞争力评价方法，具体见图4-2。

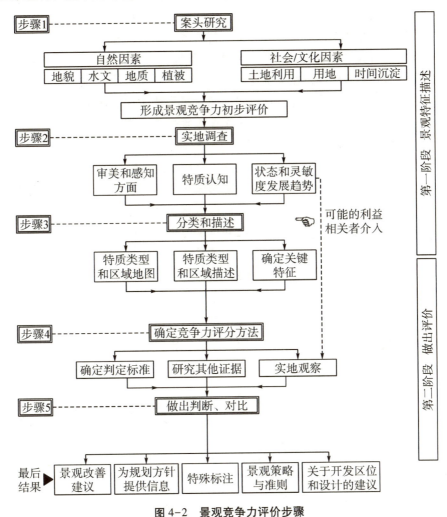

图4-2　景观竞争力评价步骤

图片来源：笔者翻译并改绘自《英格兰和苏格兰景观特征评估导则》

本竞争力评价方法各步骤根据风景特质评估体系改良而来。因为是针对已经形成的园区进行评价，省略了风景特质评估体系的第一步，即确定范围。

第一步从案头研究开始，主要是分析园区原址的自然因素和社会因素，自然因素包括地貌、水文、地质、植被；社会因素则有土地利用、用地、时间沉淀三个方面。根据国内的情况，地质地貌可以合体评价，水文在这里指的是原基址的水文情况，植被同理。在社会因素方面，土地利用指的是原有用地分析，用地表示占地面积与边界，时间沉淀则是历史背景。这一步骤主要是根据园区建成前的背景来形成一个景观特征初步描述。

第二步是实地调查。这一步骤在园区规划方案形成后开始进行，根据规划方案所呈现的效果，从审美和感知、特质认知、状态和发展趋势三个维度来评价各类园区景观特征组成部分。最好是能在方案落地之前做好相应评价，可以为方案落地提供相关优化建议。

第三步则是分类和描述。这一步骤源自风景特质评估体系。在实际操作中，应根据项目设计和落实情况，运用此维度进行分析。从园区的实际情况入手，以景观园林设计六要素为区分，分析各有何特色、其核心竞争力等，再运用此三维度对每一个要素进行描述，得出相关结论。

第四步是确定竞争力评分方法。如第三步所示，在有限的参考数据中进行竞争力评价，需要对所有参评对象数据进行梳理，才能够得出相应判定标准与评分策略，而这一研究方法得出的竞争力指数，仅代表目标园林在所有参评园林当中的竞争力，因此，所选取的参评园林越多越好。这一步骤还可以重新梳理第二步、第三步中的研究材料，如果有所缺失，再进行实地调研、调查补充。此后才能进行最后一步。

第五步是最后一步，得出竞争力评价的结果。当然，在评价结果得出的过程中，相应可能出现一些附加产物，如优化建议等，可以对第二步中用到的规划方案进行反馈。

(三) 制定评价标准

鉴于本书研究对象的竞争力评价始于项目落地之后，上文提到的步骤一案头研究部分，在进行相关规划设计前已经做出了较为充分的研究，所以在实际对比中省略，直接从步骤二开始实地调查部分，提炼出需要运用到的评价指标。

1. 步骤二：实地调查

（1）审美和感知，即景区概念设计，如是否符合现阶段主流消费取向、审美倾向，项目概念的创新度（与其他国内项目比较），项目概念的完整度，用户感知如何。

（2）特质认知：在千篇一律的乡村景观设计中，其独有的文化内涵是重要特质。所以，与所依托城市在文化富集程度上具有一致性，能够在景观设计上体现其独特的文化内涵（包括城市文化内涵和设计文化内涵、植物文化内涵），表现出园林独有特质被列入这一指标。同时，这一部分还可以在步骤三的景观构成要素中分类细化，在要素设计中突出其特色。

（3）状态和发展趋势：其设计现状，有无创新设计，新科技与景观的结合成效，是否吸引游客，包括有科技含量的声、光、电景观等，夜景等创新主题的表达。同时还包括是否符合时代发展潮流，即其现阶段的创新设计未来可见的发展性如何。

2. 步骤三：分类和措施

如上文步骤表所示，在进行步骤三分类和描述时，应该根据景观要素分类，再进行每一类要素的区域地图（地理位置）、区域描述（现状阐述），确定关键特征（最突出的特点）。在本评价标准中，被列入评价的指标有：

（1）山水地形：地形与功能是否融洽，山水比例、位置是否合理，地形的可达性、趣味性、可游性。水域的可亲性，水质，水生植物动物是否丰富，有无突出特点。

（2）道路分区：功能分区位置、道路所占地，功能分区成熟度包括丰富程度以及交通组织的合理性。景区主入口设计是否合理，是否有突出特点。

（3）建筑风貌：建筑占地面积、所处位置，是否满足使用需要，功能如何，与景区整体设计是否协调一致，是否美观，是否具有独特性，是否上镜（可以从颜色来评判）。

（4）植物造景：作为以花类植物为核心打造的田园综合体，其植物配置可从植物美学维度、生命维度、空间维度等出发进行评判，同时可评价植物文化内涵的体现形式、程度、被使用者接受的程度。应在评价中描述绿地区域、绿地位置、绿地率、特色植物造景等。

（5）景观小品：所处位置、数量如何，可达性，与建筑风貌、植物造景是否和谐美观。是否有景区独特形貌。是否上镜，拍照点设置合理与否。

（6）重点区划：整个园区最重要的节点设计，立足于功能，从内涵、空间、植景、建筑角度出发，其主观吸引能力，是否独特等。

（7）外环境氛围：包括周边用地类型、周边原住民的安置，周边非景区的景观与景区内景观的有机结合程度。

3. 步骤四：确定竞争力评分方法

关于竞争力评价标准，如上文所说，通过对参评对象的对比研究，来进行一个量化评分。以上述评价指标为依据，以参评对象中做得最好的为优秀，按照 10 分制分成 5 个等级，如表 4-1 所示进行评价。

表 4-1 竞争力评分

差	较差	一般	良好	优秀
1~2	3~4	5~6	7~8	9~10

根据步骤二和步骤三，按照景观评价要素分类，本书归纳出下列要素来匹配竞争力得分，共九项评价项目，每个 10 分，共 90 分，见表 4-2。

表 4-2 景观竞争力评价

评价项目	一 概念设计	二 文化内涵	三 创新设计	四 山水地形	五 道路分区	六 建筑风貌	七 植物造景	八 景观小品	九 重点区划	总分	百分制
得分	10	10	10	10	10	10	10	10	10	90	100
评价项目标准											

概念设计：包括项目概念的创新度（与其他国内项目比较），项目概念的完整度，是否符合现阶段主流消费取向、审美倾向

文化内涵：是否与所依托城市在文化富集程度上具有一致性，是否能够在景观设计上体现文化内涵（包括城市文化内涵和设计文化内涵、植物文化内涵）

创新设计：新科技与景观的结合成效，是否吸引游客，包括有科技含量的声、光、电景观等，夜景等创新主题的表达

山水地形：地形与功能是否融洽，山水比例、位置是否合理，地形的可达性、趣味性、可游性，水域的可亲性，水质，水生植物动物是否丰富

道路分区：功能分区的成熟度，包括丰富程度，以及交通组织的合理性，景区主入口设计是否合理、有无特点

建筑风貌：与景区整体设计是否协调一致，是否美观，是否具有独特性，是否上镜（可以从颜色来评判）

植物造景：作为以花类植物为核心打造的田园综合体，其植物配置可从植物美学维度、生命维度、空间维度等出发进行评判，同时可评价植物文化内涵的体现形式、程度、被使用者接受的程度以及绿地覆盖率

景观小品：可达性，与建筑风貌、植物造景是否和谐美观，是否有景区独特形貌，是否上镜，拍照点设置合理与否

重点区划：整个园区最重要的节点设计，立足于功能，从内涵、空间、植景、建筑角度出发，其主观吸引能力，是否独特等

第二节 国内花主题旅游景区景观竞争力评价

一、参评景区概况

本书选取了国内 14 个花主题景区，通过实地调研和景区官方微博图片进行景观竞争力描述评价，并对评价结果进行横向对比。这 14 个景区按照花主题分为两类：综合鲜花主题景区和单一鲜花主题景区。综合鲜花主题景区有：上海鲜花港、世界花卉大观园、福建漳州东南花都（花博园）、北京国际鲜花港、西双版纳热带花卉园、成都石象湖、成都三圣花乡、武汉木兰花乡、深圳荷兰花卉小镇。单一花主题景区有江苏兴化千垛菜花景区（油菜花）、洛阳神州牡丹园（牡丹）、江苏大丰荷兰花海（郁金香）、海南三亚亚龙湾国际玫瑰谷（玫瑰）、北京蓝调庄园（薰衣草）。在这些鲜花主题景区中，有以旅游为定位建设的，如各个单一花主题景区，也有随花业生产销售逐步发展壮大的，如上海鲜花港、福建漳州东南花都。这些景区分布于北京、上海、深圳、武汉、成都、三亚等地，横跨我国东、中、西部三大地区。

二、景观竞争力综合评价

（一）参评景区评分和评价

1. 上海鲜花港

评分项目一：审美与感知——概念设计。

得分：6 分。

评价：概念不明。定位上是一个面向全国、服务全国，以花农培训、花卉种植种苗出口为主的农业园区。整体是符合大趋势的。

评分项目二：特质认知——文化内涵。

得分：3 分。

评价：在各种游记、官网中没有看见景区对于文化内涵的挖掘，当然和郁金香本身也有关系，属于外来物种，缺乏中华文化的积累。

评分项目三：状态与趋势——创新设计。

得分：7 分。

评价：有官网 https://www.shflowerport.com/，官网内容较为丰富，展示了太阳能科普区域，包括：太阳能航母（仿航母建筑上铺满了太阳能板，为现代温室制造绿色能源，内部已经成为特色巡展与表演的集中地，历年来成功地举办了芭比巡展、"郁金香之韵"主题演出、魔术、杂技演出等）；太阳能科普岛（航母后方的太阳能光伏板岛，辅助仿航母上的太阳能板供太阳能温室制造绿色能源）；太阳能温室（全部电力来自太阳能的绿色温室中，有许多代表上海鲜花港花卉高科技的鲜切和盆栽花卉。）

评分项目四：山水地形。

得分：7分。

评价：地形整体微有起伏，适宜游览。水域主要为两个区域，分别是小西湖、大东湖。亲水性较好，可以划船。驳岸设计简单，行走游览观水路径较为单一（紧密绕水）。

评分项目五：道路分区。

得分：8分。

评价：建有现代化温室群30公顷，花卉新品展示和科普休闲园50公顷，花卉新品科技研发中心3 200平方米。主园区功能分区相对简单明晰。路网组织合理。入口空间打造符合道路入口需求。

评分项目六：建筑风貌。

得分：6分。

评价：区内建造了形态各异的中国传统木桥、木屋等。来去亭：中式命名。凯旋门：法国风情；现代风格桥；中式小桥流水。

评分项目七：植物造景。

得分：8分。

评价：以大面积的郁金香种植园为主，注重郁金香的配色，呈现花毯式观赏效果。观赏性佳。偶见植物雕塑。

评分项目八：景观小品。

得分：6分。

评价：展示区的东侧耸立着三架荷兰经典风格的风车，展示出了浓浓的田园风情。

评分项目九：重点区划。

得分：7分。

评价：核心面积100公顷（占总面积的10%），主要由四部分构成：自控温室生产区60公顷；花卉新品种展示区28公顷；教育研发推广区7公顷；配套服务区3公顷。其余2公顷为辅助设施区域。

郁金香花卉新品展示区占地面积为 28 公顷，园内种植了 320 万株郁金香，品种达 300 多种。

整体景观竞争力评价：

本项目以郁金香为主题，依托郁金香的展示、科技，立足农业，大力发展，且目前来看发展势头良好。浅丘陵地形，山环水抱格局，利用合理，与世界茉莉博览园项目相似。主入口明确，功能齐备，路网结构合理。但是整体文化底蕴呈现空白，功能分区不够明确。建筑风格也不突出。景观小品设置较为混乱，所谓的中式风格并未在游记、展示照片中看见。荷兰风车配合郁金香无可厚非，园中设有凯旋门连接东、西两园，但是在整体园内规划中使得主题不明，风格略显混乱。

2. 江苏兴化千垛菜花景区

评分项目一：审美与感知——概念设计。

得分：2 分。

评价：概念不明。

评分项目二：特质认知——文化内涵。

得分：7 分。

评价：历史文化底蕴丰富，也挖掘了文化内涵，做了很多与之相联系的景区。但是据游记和大众点评景点评分评述，文化与景区的结合并不是很好。

历史传说（两个截然相反，本书认为围绕②打造更好）：①1 200 多年前，宋、金战争时期，金国元帅金兀术就在这离岳飞大营（昭阳）9 千米的草地上安营扎寨。为了抵抗岳家军，金军就在中军帐四周开挖八卦形战壕，逐渐向外围开挖，把开挖的泥土堆成土丘、土圩，作为防御屏障。②传说千垛是当年泰州知州岳飞大战金兵摆设的八卦阵。兴化海拔平均不足 2 米，农田易受洪涝灾害，于是当地百姓每当枯水季节，就将低洼地区水中的泥土挖上来，堆积到较高的地方，造成一块块水中小岛式的垛田。垛田大小不等，形态不一，互不相连，非船不能行。"垛"是里下河地区独有的一种农业景观，据史料记载，最早形成于 750 年前（没有找到出处）。沼泽、草地、古战场已不存在，却还有一些遗迹可以证明，如今的"八卦田"就是当时的中军帐，"关沟"是中军帐的关口，"增塘"是中军帐用水的塘（原名"深塘"），"边沟"是外围的第一道防线，与金兀术"金"字有关，如"金家沟""大金沟""小金沟"等。作为一座建成已有 2 300 多年历史的古城，兴化有着深厚的文化积淀和独特的水乡美景：李中镇的水上森林公园，以"树在水中长，鸟在枝头唱"而闻名；郑板桥故居，不仅完整保存着郑板桥生前的生活用品，更有郑板桥手迹及历代文人名士的墨宝。此外，还有《水浒传》作者施耐庵的陵园、为明朝状元宰相李春芳所立的"状元坊"等一批文化景点。

评分项目三：状态与趋势——创新设计。

得分：3 分。

评价：在高科技创新、夜间景观打造上比较薄弱。没有官网，查找资料困难。

评分项目四：山水地形。

得分：7 分。

评价：非船不能通行的景区整体都在水上，非常有自身特色，但是地形上比较平整，没有起伏。

评分项目五：道路分区。

得分：6 分。

评价：景区几乎没有分区，都是"水路+陆路"的组合。通常是从水路坐船进去然后在陆路步行回来。陆路比较狭窄。

评分项目六：建筑风貌。

得分：8 分。

评价：几乎纯中式风格，整体建筑风貌一致，也与景区主题文化氛围相当，还有 20 米高的瞭望塔。

评分项目七：植物造景。

得分：8 分。

评价：最主要的植物是每年春天开花的油菜花，同时还有夏日荷塘绿意、秋日万寿菊花、冬季芦花飞雪。春天的油菜花是景区主要植被，一年四季都有花可以看。配置合宜。

评分项目八：景观小品。

得分：5 分。

评价：少见，以自然景观为主。路标路牌普通。

评分项目九：重点区划。

得分：8 分。

评价：雾色千垛景区和洞天福地寿字田。前者是通过自然原有景色吸引游客，后者具有历史文化底蕴。

整体景观竞争力评价：

概念规划几乎空白。先天自然资源非常优越，运用得当。历史文化背景丰厚，并且有意识地做了相应的景观规划，但是实际来看兼容性比较差。充分利用了自身自然地理条件，采用"水路+陆路"结合的模式，别有风情。建筑风貌和谐统一，并且符合景区的大环境格调。植物配置上着重利用了原有的油菜花，搭配四季花种，使得花开不断。现代化景观、科技含量低，景区甚至没有官方网站。

3. 世界花卉大观园

评分项目一：审美与感知——概念设计。

得分：8分。

评价：全园41.8公顷，是北京市四环以内最大的植物园，2005年被评为"精品公园"，2008年被评为国家"4A"级旅游景区。主题定位明确，发展年代比较久远。其建园宗旨是：揽天下奇花异草，聚世界经典园林。世界花卉大观园汇聚中外各国的奇花异草、珍稀树木和经典风景园林，是集观光旅游、科普文化、购物餐饮等活动于一体的独具花卉特色的大型植物园。

评分项目二：特质认知——文化内涵。

得分：7分。

评价：注重文化内涵。园区内有中国插花艺术博物馆，是国内目前唯一以插花艺术为主题的专业场所。传统插花已被国务院批准为中国非物质文化遗产。世界花卉大观园弘扬花文化，为市民提供鲜花知识，为培养更多的花艺人才搭建了理论结合实践的平台。世界花卉大观园还结合花文化打造各类节日，如2023年4月5日至9日，园区举办了花朝汉服节，官方微博也在大力宣传，实时跟进。

评分项目三：状态与趋势——创新设计。

得分：7分。

评价：园区建设较为现代化，官网制作精美，信息更新及时（http://www.gowf.cn/index.aspx）；官方微博也及时更新。景区内部设置各种电子设备、电子触摸屏，介绍丰富多彩的各国花卉知识。花园中体现了高科技技术，如荷兰风情园发达的装饰植物的栽培技术和风力资源开发技术。

评分项目四：山水地形。

得分：7分。

评价：园区地形微有起伏，入口处建有人工湖。整体配置较为合理。

评分项目五：道路分区。

得分：9分。

评价：世界花卉大观园景观由7大温室和15个花园广场组成。主入口清楚明晰。道路设置合理。分区明确。东部南北走向，主要为游客观赏区域。西部东西走向，是园内的商务区。

评分项目六：建筑风貌。

得分：8分。

评价：通过世界各个国家的园林展示各国的建筑风貌特色，如凡尔赛花园是依据法国的凡尔赛花园而建造的，其中有充满罗马建筑风情的欧式廊架；俄罗斯城堡花园有俄罗斯式木屋；中国园林采用我国南方传统建筑风格的白墙、灰瓦和花窗，极富江南韵味。

评分项目七：植物造景。

得分：8分。

评价：整体有规划、有意识种植。各个园林用不同的植物体现其国家特色。德国式花园种植德国矢车菊、飞燕草、胡椒木等。荷兰式花园重在体现荷兰传统的风俗、发达的装饰植物的栽培技术和风力资源开发技术。宽度达6米的大风车蔚为壮观，房屋四周白色的篱笆与外界隔开，园中种植了大量的荷兰郁金香，显得光彩夺目。日本式花园种植了日本最有代表性的樱花。北侧牡丹园颇有中国风格，其中建有四角亭、涌泉和小溪。配合花卉节日如赏菊，还专门设计了植物小景。

评分项目八：景观小品。

得分：7分。

评价：荷兰式花园重在体现荷兰传统的风俗，宽度达6米的大风车蔚为壮观，还有多处适宜室外拍照的景观小品。

评分项目九：重点区划。

得分：7分。

评价：没有特别突出某一个景点。室外景观有各具特色的百花广场、凡尔赛花园、水花园、夜花园、花之广场、花之谷、牡丹园等园中之园；颇具异国风情的荷兰、俄罗斯、德国、奥地利花园让世界花文化和精美的园林艺术在这里交相辉映，巧妙和谐地融合在一起。

整体景观竞争力评价：

园区定位明确，概念清晰，主打鲜花和园林两个主题。在鲜花上，品种多样，规模宏大；在园林上，引入了多国园林，并且在建筑外观风貌、植被种植上与各国园林相协调。整体分区明确，功能合理。注重花文化，博物馆的存在提升了园区整体内涵。园区设计现代化，官网也及时更新。同时注重细节设计，园林中很多小品与之协调。整体而言，这是个各方面均衡发展的花园。

4. 福建漳州东南花都（花博园）

评分项目一：审美与感知——概念设计。

得分：6分。

评价：出发点、定位较高，是国家批准的第一批"海峡两岸农业合作实验区"、国家科技部授予的"现代农业园区"和历届"海峡两岸（福建·漳州）花卉博览会"的主会场。但是仔细解读的话，没有特殊的突破口。网络上有个定位规划，不知道花园是否按照此执行，能查到的资料甚少。

东南花都"花博园"景区自1998年创建至今，已从最初占地500亩的小景点，发展为占地近万亩的国家4A级旅游景区和全国农业旅游示范点、4星级乡村旅游景区。现有各种花卉苗木2 800多种，年培育各种花卉苗木1 000多万株，已建设成为集花卉生产、销售、展示、出口、旅游观光、科普教育、生态休闲、会展培训、健身娱乐于一体的综合性旅游度假区。进入东南花都，就如同走进海峡两岸最具生态美的科普教育之园。

评分项目二：特质认知——文化内涵。

得分：8分。

评价：园区内有由福建漳龙集团与闽南师范大学闽南文化研究院共同建设的全国首个全方位介绍闽南文化的特色馆——闽南文化展示馆。每年11月18日在园区举办"海峡两岸现代农业博览会·海峡两岸花卉博览会"，游客可以体验闽台风俗民情，了解现代农业及现代花卉最新发展成果。

评分项目三：状态与趋势——创新设计。

得分：7分。

评价：有一个一直打不开的官网，能从官方查到的资料很少。

我们根据百度等一些网站得知，园内有梦幻科技馆（https://www.shejiben.com/sjs/267209/case-886716-1.html）、现代农业展示馆、生态渔业馆等展馆，我们揣测园区未来在科技手段创新运用上可能会有些突破。

评分项目四：山水地形。

得分：5分。

评价：天然水域分割。地形较为平缓。整体形象中规中矩。

评分项目五：道路分区。

得分：7分。

评价：位于漳浦县的花博园，离市区较远，跨龙海，是每年举办海峡两岸花卉博览会的地方。花博会每年11月只开展一个星期左右，平时就是一个游览区，人气不旺。整体园子分为两个部分，被天然河流分割，有三座大桥连接。

评分项目六：建筑风貌。

得分：5分。

主园区建筑较少。从资料来看，建筑是欧式风格，这一点上与园区弘扬的闽南文化稍有出入。有花园别墅式大酒店"阳光山庄"。"策士溪乡村俱乐部"拥有19幢独立的欧式别墅群。

评分项目七：植物造景。

得分：8分。

从资料来看，花木以多取胜。不重造景。偶见植物雕塑等。

评分项目八：景观小品。

得分：5分。

评价：资料较少。在一些游记中可见一些。

评分项目九：重点区划。

得分：7分。

评价：整个园区面积为320公顷，花博园内共设9园12馆。有现代农业示范园、洋兰（蝴蝶兰）培育中心、韩国仙人球与多肉植物培育中心及台湾花果培育中心。室内展馆：设有花卉馆、梦幻科技馆、现代农业展示馆、生态渔业馆、阴生植物馆、沙漠植物馆、药用植物馆、吸味植物馆、闽台文化展示馆、奇石馆、根艺馆、艺霖轩书画苑等12个专业馆。

整体景观竞争力评价：

立足农业旅游，建设集花卉生产、销售、展示、出口、旅游观光、科普教育、生态休闲、会展培训、健身娱乐于一体的综合性旅游度假区。整体定位与世界茉莉博览园相似，值得学习。官方网站出现问题，官方资料较少。景区依靠花博会发展迅猛，但是据报道，除了花博会期间外，其余时间都是淡季。在植物造景上不太重视。园区希望弘扬的是闽南文化，但是从园林风貌、植物造景、建筑外观等方面都少见和闽南文化相关的因素。

5. 北京国际鲜花港

评分项目一：审美与感知——概念设计。

得分：7分。

评价：定位明晰，但整体设计概念没有找到。北京国际鲜花港地处顺义区杨镇，总体规划4平方千米。自成立至今，先后被确立为"国家现代农业科技城"先行示范园区、"国家农业科技园区"和"国家4A级旅游景区"，是集花卉生产、研发、展示、交易、旅游休闲和花文化创意六大功能于一体的创新型农业科技园区。

评分项目二：特质认知——文化内涵。

得分：9分。

评价：作为花主题公园，鲜花港每年都会如期举办以郁金香、菊花、百合和月季等花卉为主题的大型花卉活动，同时举办一些花文化节，从现有资料来看，园区注重花文化的打造，但是不知道其成果如何。

2018年郁金香文化节（http://bj.bendibao.com/tour/2017412/239750.shtm）"21世纪海上丝绸之路"的设计理念，在保证原有自然景观不受破坏的前提下，将"一带一路"互联互通的精神融合在一起，通过造型别致的郁金香花海图案展示出来。整个园区以"欧洲北海地区"为起点，途经"地中海地区""红海地区""东南亚地区"，最后在"东亚地区"收尾，共有5大地区。

评分项目三：状态与趋势——创新设计。

得分：7分。

评价：经营特色较为突出，包括马术体验、萌宠喂养、帐篷酒店、观光游船、户外婚礼、大学生课堂等丰富多彩的内容。官网（http://www.bjifp.com/index.aspx）更新及时，但是官网对园区本身的展示还是有所缺失。

评分项目四：山水地形。

得分：6分。

评价：平坦。水域在园林中间。

评分项目五：道路分区。

得分：7分。

评价：分区清楚明确，入口空间组织合理。

评分项目六：建筑风貌。

得分：8分。

评价：比较符合设计理念。在中式小园林中建有中式建筑，且建筑风格精细。

评分项目七：植物造景。

得分：9分。

评价：注重植物造景。根据园区全景图来看，园中有以各城市为名的小园，如重庆园、西安园等。各自利用植物，塑造了文化情态。相应的花文化节也与鲜花文化匹配进行植物造景。

评分项目八：景观小品。

得分：7分。

评价：景观小品以花形式展示，整体结合较好。在郁金香风情区有与郁金香风情匹配的荷兰风车小品。

评分项目九：重点区划。

得分：8分。

评价：每年的鲜花节是其重点区划（本书认为，没有发现官方资料）。对于鲜花节的设计很用心（http://bj.bendibao.com/tour/2017412/239750.shtm）。

室外展区：设计遵循"师法自然，道法自然"的设计理念，划分为五个区域，分别在百花田、大地花海、樱花大道等区域展示各国家的风情特色，把各国元素和文化通过优美的郁金香花海图案造景展示出来，充分体现异国风情。

室内展区：以"国际花立方"为主题，场馆内分为"拼图与花立方""澳洲风情""心跳天空""热带兰花立方""水中的花立方""白桦林与花立方"六大主要展区，搭配12个国际小品，芬芳的花香和多彩的花景完美交融。

整体景观竞争力评价：

这是一个比较成熟的综合花卉景区，定位明确，发展合理。在活动打造上较为成熟，景观整体配置也与内部规划相协调。注重文化的打造，几乎每年都有花文化节，且在设计上推陈出新。建筑打造精细，中式风格与定位园区相衔接。整体的植物造景、景观小品都和景区文化相辅相成，是一个比较值得借鉴的案例。

6. 洛阳神州牡丹园

评分项目一：审美与感知——概念设计。

得分：3 分。

评价：神州牡丹园位于佛教传入中国的起点洛阳白马寺对面，占地面积 600 亩，盛唐建筑风格，山水园林景观，汇集国内外名优牡丹品种 1 021 个共 40 余万株。但是有诸多评论游记提到该园为山寨景点，不知具体是什么原因，而且其评论中提到的国家牡丹园，我们所能搜到的相关资料也不多。

评分项目二：特质认知——文化内涵。

得分：6 分。

评价：据称有专门的牡丹文化区"盛唐牡丹文化区"，系统展示牡丹千年发展的辉煌历程及"洛阳牡丹甲天下"的历史渊源。

评分项目三：状态与趋势——创新设计。

得分：3 分。

评价：就目前评论来看，游客对于"山寨"景点并不买账，发展前景并不乐观。

评分项目四：山水地形。

得分：4 分。

评价：平原，没有水景。高科技四季牡丹展示区有天天盛开的四季牡丹。

评分项目五：道路分区。

得分：5 分。

评价：没有官方平面图。从百度地图上来看园区结构简单。

评分项目六：建筑风貌。

得分：8 分。

评价：仿盛唐建筑风格，山水园林景观。

评分项目七：植物造景。

得分：6 分。

评价：主要突出牡丹的种类。花朵繁茂是其造景重点。

评分项目八：景观小品。

得分：4 分。

评价：没有资料，基础得分。

评分项目九：重点区划。

得分：4 分。

评价：无资料，基础得分。

整体景观竞争力评价：

该园区坐落在洛阳，因此以牡丹花为重点打造。作为洛阳本地花园来说，其实该园区竞争力并不突出，随处可见各类牡丹园，没有明显优势。建筑设计号称盛唐风格，各类游记中却说只看见大门模仿唐朝样式。园区分成几个类别，号称有文化展示、科技展示，但是详细信息不多。从资料搜集来看，给人言过其实之感。在网络上能查到的图片几乎都是单一的牡丹花本身，在植物造景、景观小品上没有实例。整体感觉借鉴价值不高。

7. 江苏大丰荷兰花海

评分项目一：审美与感知——概念设计。

得分：7 分。

评价：立足有迹可循。荷兰花海深度挖掘"民国村镇规划第一镇"的历史底蕴，以 1919 年荷兰水利专家特莱克规划新丰农田水利网为渊源，秉持"立足盐城、承接上海、辐射长三角"的功能定位，围绕"地上长花""湖中生花""树上开花"的整体规划，全力打造中国集中连片种植郁金香面积最大、种类最多的"中国郁金香第一花海"。

评分项目二：特质认知——文化内涵。

得分：8 分。

评价：有讲究。到处都在发展荷兰风情郁金香。这里有历史文化渊源存在："荷兰花海"的取名源于民国时期新丰镇与荷兰结下的一段渊源。1919年，张謇从世界上围海造田、改良盐土经验最丰富、技术最先进的荷兰聘请了年轻的水利专家特莱克来新丰规划农田水利工程，建立了区、匡、排、条四级排灌水系，充分利用雨水淋浇土壤脱盐技术克服水患危害，新丰在当年获得了"民国村镇规划第一镇"的美誉。时光流逝百余年，他所修建的水利工程至今仍在发挥作用。2012 年，新丰镇为了加强文化产业建设，为了纪念荷兰水利专家特莱克和 50 万为改变这片土地而付出的人们，深度挖掘"民国村镇规划第一镇"的历史底蕴，同时结合新丰镇气候与土壤环境皆适宜郁金香生长这样一个有利条件，在荷兰花海种下了这些象征荷兰的郁金香，倾力打造荷兰花海。配合郁金香文化，相应开展郁金香文化节日。如 2023 年3 月至 5 月园区开展郁金香文化月，官方微博也在积极宣传，宣传视频观看人数较为可观。

评分项目三：状态与趋势——创新设计。

得分：7分。

评价：官网（http://www.dfhlhh.com）做得非常到位。以智慧旅游与电子商务同步发展的思路，加强与同程、阿里巴巴等平台的合作。项目内还有郁金香科研中心。在景点的现代化科技手段创新运用上没有找到相关资料。

评分项目四：山水地形。

得分：8分。

评价：平原。重视水景环绕和水上活动。有专门的水上活动区，亲水性好。

评分项目五：道路分区。

得分：6分。

评价：没有找到规划设计图。旅游地图上可以看到交通组织清晰明了。游览区组织合理。

评分项目六：建筑风貌。

得分：9分。

评价：建筑风格与整体规划、中心思想非常贴切。如圣劳伦斯文化中心以荷兰著名的鹿特丹圣劳伦斯大教堂为范本，融入其他典型哥特式教堂的建筑元素，还有羊角村餐厅，整座木屋外观为墨绿色，兼具荷兰情调。

评分项目七：植物造景。

得分：8分。

评价：花朵繁茂，同时注重造景，重视花朵的色彩搭配，有刺绣地摊风格设计。

评分项目八：景观小品。

得分：8分。

评价：景观小品与设计相辅相成，如荷兰风车、薰衣草、热气球等。

评分项目九：重点区划。

得分：8分。

评价：重视活动引导。荷兰花海坚持"景点为王，活动主导"的理念，围绕春、夏、秋、冬四季的节点，打造"荷兰花海"系列旅游品牌，先后成功举办多届"情系郁金香　缘定爱情海"集体婚典、千人相亲会、全国摄影大展、风情大巡游、主题快闪、郁金香音乐节等丰富多彩的活动。先后数十次被中央电视台、《中国花卉报》等知名媒体报道，全方位展现了荷兰花海"最美花园"形象。

整体景观竞争力评价：

立足一种花卉，大力发展。本案例项目还有一个优势是有历史文化底蕴奠基，有荷兰专家当年的例证，和"民国村镇规划第一镇"的历史底蕴。规划概念上能查到的资料较少，但是整体分区、道路从能查到的图来看都是合理清晰的。植物造景品种多样，造景合宜，建筑外观与自身设计非常吻合，小品配置也是如此。从官网来看，此景区已经做得很完善，重点发展的活动部分也很到位。借鉴意义较大。

8. 西双版纳热带花卉园

评分项目一：审美与感知——概念设计。

得分：8分。

评价：目前看到的比较特别的是"科研的内容、园林的外貌"规划原则。对"科研"这一项提得很多，还是全国科普教育基地、全国爱国主义教育基地及云南省文明风景旅游区，同时也是农业部景洪橡胶树种质资源圃、云南省最重要的"热带作物种质资源库"和热带生物资源应用研发基地。热带花卉园保存了热带花卉100多个种质300多个品种以及600多个热带经济植物种类的近7 000份种质，是集科研、科普、爱国主义教育、旅游观光、休闲度假等多功能于一体的主题植物公园。

评分项目二：特质认知——文化内涵。

得分：6分。

评价：爱国、科普。官方微博上有主题党日活动等的宣传。

评分项目三：状态与趋势——创新设计。

得分：4分。

评价：不见资料，基础得分。

评分项目四：山水地形。

得分：6分。

评价：从平面图可见有平地、水域。官方微博上贴图有滨水浅滩，且亲水性较好，游人可亲水游玩。还有帆板等水上运动项目。但是从较少的图片来看，滨水游览道路不明。

评分项目五：道路分区。

得分：7分。

评价：简单明了。

评分项目六：建筑风貌。

得分：6分。

评价：官方微博上少见建筑相关图片，偶见单一建筑，较为符合热带特色。

评分项目七：植物造景。

得分：6分。

评价：有一些园林做了一些植物造景。整体还是比较粗放的。空中花园是本园的一个重要景点，以乔木、灌木、草本相间搭配，包括热带水果、经济林木及各种热带花卉，各得其所，组成了一个多层次的立体景观，是热带地区得天独厚的自然条件造就的，虽由人作，宛如天成。但是整体来看资料不多。官方微博上的植物图片多是展示单一植物本身的特点，科普性质较强。

评分项目八：景观小品。

得分：6分。

评价：以上三点都没有明确资料，基础得分。

评分项目九：重点区划。

得分：6分。

评价：热带花卉园主要体现了热带植物花卉、热带橡胶和热带水果及周总理纪念碑群文物区四大主题。开放的景点有叶子花园、稀树草坪区、周总理纪念碑群、热带棕榈区、空中花园、观鱼、热带水果种质园、五树六花园、科技陈列馆、巴西橡胶种质资源库等景点。

整体景观竞争力评价：

这是一个比较老牌的景点。和国家各类科研、爱国主义教育挂钩，植物优势得天独厚，但是在景观设计、建筑设计等各方面都比较粗放。有官方网站，运营较差，没有很强的可用性。整体而言借鉴价值不高。

9. 成都石象湖

评分项目一：审美与感知——概念设计。

得分：8分。

评价：项目找准成都远郊度假市场空白，应对度假市场快速增长的需求，提出创建国家级旅游度假区的总体定位。规划上，总体布局，分步实施。以石象湖花博园为起点，呈现一个集花卉观光、商业小镇、水上运动休憩、森林露营、素质拓展、生态农业观光、生态茶园观光、佛学文化、国学文化、禅修文化于一体，并结合妙音湖度假酒店集群、休闲地产社区等高端休闲旅游度假区的复合型旅游度假综合体。

评分项目二：特质认知——文化内涵。

得分：9分。

评价：石象湖因湖区古刹石象寺而得名，相传为三国大将严颜骑象升天之地。湖内有石象寺，寺内有坐姿15米高的"川西大佛"。景区注重宣扬佛文化、禅文化。景区在运营上以自身和周边优质资源为基础，以花文化为主题，研发花卉产品，并自主建成花卉育苗基地，结合蒲江深厚的茶文化历史，开发了手工茶和雀舌系列产品；景区针对贯穿景区的象文化，设计了系列化产品。景区根据蒲江得天独厚的生态农业资源，开发了鲜花饼、蜂蜜、时令鲜果等产品，满足了市场对天然、健康、高品质旅游产品的需求。下一步，景区还将深入研发旅游产品，力争形成产业化发展，依托底蕴深厚的本地文化，涵盖花文化、古城历史文化、佛教文化、道教文化、茶乡文化。

评分项目三：状态与趋势——创新设计。

得分：7分。

评价：有观景直升机。体验区比较有特色。有官网。

评分项目四：山水地形。

得分：7分。

评价：天然湖光山色，非常有优势。同时开发游船等项目，适合水体游览。

评分项目五：道路分区。

得分：8分。

评价：大型山水生态景区。功能分区和道路分割上较各种花主题景区粗放一些。整体而言还是能满足景区基本功能需要的。

评分项目六：建筑风貌。

得分：8分。

评价：因为文化定位，佛教、禅意，整体建筑风格是中式的，有很多与之相关联的建筑、景点。度假酒店是欧式建筑。

评分项目七：植物造景。

得分：7分。

评价：以花取胜，同时完整保留了园区内所有的古木。园区内，湿地生态系统保护良好。湿地可净化水源，防洪抗旱，促淤保滩，为野生动植物提供了一个良好的栖息环境。

评分项目八：景观小品。

得分：5 分。

评价：配合景区象文化，有相应的大象雕塑。郁金香田有相应的荷兰式风车，还有人物塑像等。

评分项目九：重点区划。

得分：8 分。

评价：2002 年 3 月，石象湖以亚洲最大规模的郁金香花展面世，作为西南地区花主题旅游景区，在市场中赢得了良好的口碑。景区开发了春、夏、秋、冬四季花卉产品，全年花期不断档。2015 年，二期花博园投入运营，完善了景区的配套功能。

整体景观竞争力评价：

园区是以天然山水为依托的景点，天然山水优势明显。同时因为石象、大佛而拥有了禅文化、佛文化背景。景区文化底蕴丰厚，也依托于此做了相应开发。同时自然资源丰富，植物优势明显。景区抓住这一优势，着重打造了花博园，挖掘花文化、茶文化的文化内涵，对文化的重视程度值得借鉴。有郁金香花节等活动打造（虽然国内郁金香花节已经屡见不鲜），在小品配置上也能够融入景区打造。建筑风格有两个派系，景区为中式，住宿区为西式。

10. 成都三圣花乡

评分项目一：审美与感知——概念设计。

得分：5 分。

评价：三圣花乡是一个以观光休闲农业和乡村旅游为主题，集休闲度假、观光旅游、餐饮娱乐、商务会议等于一体的城市近郊生态休闲度假胜地。

评分项目二：特质认知——文化内涵。

得分：7 分。

评价：注重中国传统文化（这是一个放之四海而皆准的文化内涵体现，与基址本身关系不大）：幸福梅林区域建有"梅花知识长廊""照壁""吟梅诗廊""精品梅园""梅花博物馆"等人文景观，这些人文景观分布于"赏梅路""探梅路""醉香路"，在幽静雅致的环境中透出浓郁的文化色彩，充分展现出我国梅文化的博大精深；"名花园""川西照壁""君子乐""岁寒三友"四大景点贯穿于梅林之中，衬托出梅林的秀丽与典雅。"东篱菊园"的名字源于东晋诗人陶渊明在《饮酒》中的诗句"采菊东篱下，悠然见南山"。"荷塘月色"得名来自朱自清的散文《荷塘月色》。2023 年 2 月，三圣花乡举办花文化活动"九朝花卉暨十二花神评选"，推动弘扬汉服文化，活动和场地有机结合，综合来说也是文化应用较好的例子。

评分项目三：状态与趋势——创新设计。

得分：4 分。

评价：在高科技创新运用、夜间景观打造上薄弱。没有官网，查找资料困难。

评分项目四：山水地形。

得分：6 分。

评价：平原，有部分水景。主要是观赏性风景。水上活动少，亲水性较差。

评分项目五：道路分区。

得分：6 分。

评价：分区较为明显，主要以植物为名。

评分项目六：建筑风貌。

得分：7 分。

评价：整体建筑和设计相得益彰。幸福梅林区域内共涉及农户 600 余户，农居建筑风格充分借鉴了川西民居青瓦白墙的特点。还有"荷塘月色"也修建了中国风格的建筑。园区正在进行转型升级，修建和开设了不少特色店面。

评分项目七：植物造景。

得分：6 分。

评价：采用原生植被，景区内林木葱茏，竹树掩映。整体上不太强调造景，只求与景区协调。

评分项目八：景观小品。

得分：5 分。

评价：少见，有一些特色路标。景观小品不多。

评分项目九：重点区划。

得分：7 分。

评价：以花为重点。三圣花乡主要景点有：花乡农居、罗家花园、王家花园、荷塘月色、幸福梅林，并称为成都"五朵金花"。景区内有蜀中茉莉花故里的茉莉园、具有农耕社会图腾崇拜性质的牛王庙、百亩玫瑰主题风情园、维生花卉园艺等众多景点，拥有科技示范区、苗木种植区、精品盆花区、鲜切花展示区、川派盆景区、彩色植物区六大花卉生产、观光片区，以及形形色色、林林总总近百余家休闲娱乐场所，成为成都近郊著名的休闲度假胜地。花乡农居是景区的规划重点，内有"白泽婚礼记""轻欢小满""不苦民宿""明德肆"等配套活动、住宿、餐饮服务点。

整体景观竞争力评价：

这是一个经典的农业经营转型案例。核心规划概念缺乏。以花多取胜，在景区规划上没有突出自身特色，植物造景也没有独特内涵，但是植物造景与景区规划、建筑类别是协调的。并且景区正在努力转型，从各类新增建筑中可以看出景区正逐步调整战略。平原地形和水体配置，但是亲水性比较差。活动规划逐步走上轨道，可以借鉴学习。

11. 武汉木兰花乡

评分项目一：审美与感知——概念设计。

得分：6分。

评价：这是武汉市最具综合性的花主题乐园，是一个新兴的"全域赏花"的好去处，是集紫薇花、玫瑰花、薰衣草等组成的七彩梯田花海、户外婚纱摄影基地、木兰古战场马战表演、水上嘉年华、农家动物表演、瓜果采摘、大型马戏团表演、大型机械游乐、儿童乐园等众多娱乐项目于一体的综合性生态旅游景区。

评分项目二：特质认知——文化内涵。

得分：6分。

评价：景区依托木兰生态区优良的休闲环境，以花木兰文化为主题（但是在设计的花木兰细节较少，只看到木兰古战场马战表演），以一年四季独具特色的梯田生态花卉景观及婚纱摄影为特色，辅以刺激、惊险的互动体验式游乐项目和精彩绝伦的特技表演，组成了一片坡地七彩花田和五大游玩主题区。

评分项目三：状态与趋势——创新设计。

得分：7分。

评价：官网（http://www.whmlhx.com/）设计比较到位，各种资料清楚（现暂停服务）。和其他以花卉为主题的园林相比，本景区最有创意特色的是鸟语林，分为有网区、无网区，有多种鸟类和其他动物。

评分项目四：山水地形。

得分：9分。

评价：依山体地形营造梯田。整体山水地貌优越。有黑天鹅湖，亲水性良好，黑天鹅也是园区一大特色。

评分项目五：道路分区。

得分：8分。

评价：道路组织合理，交通方便。

评分项目六：建筑风貌。

得分：9分。

评价：各种建筑与功能配合得体，各有侧重。花园建筑风格是鲜艳童话风格，适合拍照，与景区花海也很协调。

评分项目七：植物造景。

得分：7分。

评价：用了一些植物营造较好的观赏效果，但是整体还是以花朵的颜色拼成图案为主。

评分项目八：景观小品。

得分：7分。

评价：常见的风车、花朵廊道等。

评分项目九：重点区划。

得分：7分。

评价：重点是建成梯田生态花卉景观及婚纱摄影基地，并辅以互动体验式游乐项目和特技表演，组成了一片浪漫的七彩花田和五大游玩主题区，构成了一幅生动而美丽的七色彩虹图，让游客在花中去赏、花中去玩、花中去乐、花中去疯狂。由韩国顶尖景观设计团队倾力打造的婚纱摄影基地，占地面积7万余平方米，是华中地区最大的婚纱摄影基地。

整体景观竞争力评价：

山地资源，有天然的梯田优势，利用花海大力发展婚纱摄影。定位上比较全面，既有游乐竞技又有婚纱摄影等内容，在婚庆基地上大力投入，栽植多种花卉，没有突出的植物造景。在文化内涵挖掘上不够充分，整体规模较大，在建筑风格上与景区非常协调，对于花朵种植的打造非常重视。在特色打造上与其他以花为主题的园林相比，有可观赏鸟类和其他动物的明显优势。

12. 海南三亚亚龙湾国际玫瑰谷

评分项目一：审美与感知——概念设计。

得分：8分。

评价：定位清晰：景区以"美丽·浪漫·爱"为主题，以五彩缤纷的玫瑰花为载体，是集玫瑰种植、玫瑰文化展示、旅游休闲度假于一体的亚洲规模最大的玫瑰谷。

（1）突出玫瑰文化，打造国际浪漫风情休闲度假地，助推海南走向"世界蜜月岛"，让玫瑰成为未来海南走向世界顶级度假胜地的一张新名片；

（2）完善玫瑰产业链，打造产业集群，通过举办"第五届中国月季花展暨三亚首届国际玫瑰节"让中国玫瑰走向世界，打造亚洲最大的玫瑰产业示范基地；

（3）通过改变农民收入模式、产业、生活方式三大转型，打造海南城乡统筹示范地。

评分项目二：特质认知——文化内涵。

得分：6分。

评价：以玫瑰文化、黎族文化、创意文化为底蕴，但是在景区的呈现上所见较少。有自己的玫瑰精油产品品牌（比景区官网做得更好）。

评分项目三：状态与趋势——创新设计。

得分：4分。

评价：官网（http://www.sanyarose.com/）信息更新不算频繁。首页还可以看到2014年的活动宣传资料。

评分项目四：山水地形。

得分：7分。

评价：没有找到景区官方地形图。从百度地图上来看，景区内部应该有水域，但是否为游人可达区域尚不确定，同时在亲水性上，水体游乐部分也不可见。

评分项目五：道路分区。

得分：5分。

评价：基础得分，在官网上有按照花卉进行的分区预览。

评分项目六：建筑风貌。

得分：4分。

评价：从各种图片中来看，建筑较为少见，官网宣传中也鲜见。

评分项目七：植物造景。

得分：7分。

评价：热带植物优势得天独厚，围绕玫瑰种植展开。如国际玫瑰精品园区（以玫瑰为主，向日葵、郁金香、马蹄莲、勿忘我等其他花卉为辅）。但是从游客评价来看，在植物花期与配置上不是很好。

评分项目八：景观小品。

得分：7分。

评价：小品建设突出玫瑰、爱情主题，花博园结合各地区做了相应小品展示。

评分项目九：重点区划。

得分：6分。

评价：目前来看，二期建设重点还是围绕玫瑰展开的。如婚纱摄影基地、国际玫瑰精品园区、玫瑰茶文化区等。

整体景观竞争力评价：

官网缺失，大量资料来自各种游记评论。本评价可能有较大误差。评分项目以下内容根据所查资料得出：整体定位概念规划上清晰明了，即玫瑰+爱情，并且以此为主题做了很多相应建设。在文化内涵上面，除了玫瑰文化，还有海南的少数民族文化，但是从所得资料来看景观设计与此并不相关。很多游记都提到可游览部分较少，重点区划也不突出。在植被种植上，不见植物造景，且所查资料中多处提到非玫瑰花花期就无花可看。但是园中有花博园（不算什么特殊的景区，类似的很多），景观小品打造还是和其相应的。从各种游记来看，没有什么主打活动。整体而言参考意义不大。

13. 北京蓝调庄园

评分项目一：审美与感知——概念设计。

得分：7分。

评价："蓝调薰衣草庄园"被誉为中国最浪漫的田园，又称"紫香漫境—爱的伊甸园"。庄园位于北京市朝阳区金盏乡楼梓庄内，距离国贸大厦18千米，驾车约半小时。庄园整体占地面积1 000亩，其中薰衣草田500亩，是亚洲面积最大的香草观光主题景区，打造了真正一望无际的紫色花海。

庄园在规划及建设阶段聘请法国普罗旺斯香草专家进行指导，完整地继承了法式农庄的风格。庄园规划中包含10余个创意十足的爱情主题景观。

评分项目二：特质认知——文化内涵。

得分：5分。

评价：爱情。文化底蕴缺乏。

评分项目三：状态与趋势——创新设计。

得分：4分。

评价：在高科技手段创新运用、夜间景观打造上薄弱。官网（http://www.landzy.com/）主推婚礼策划，看起来与其说是庄园官网，不如说是销售网站。

评分项目四：山水地形。

得分：6分。

评价：平原。水景少且仅供观赏。

评分项目五：道路分区。

得分：7分。

评价：简单直接的分区方式。

评分项目六：建筑风貌。

得分：7分。

评价：部分木质建筑，简约式。还有与薰衣草匹配的符合园内定位与设计景观的建筑。

评分项目七：植物造景。

得分：7分。

评价：重点景区薰衣草园区内种植了各种香草植物，如薰衣草、马鞭草、翠菊、紫苏、百里香、紫枝玫瑰、四季薰衣草、球茎茴香、快乐鼠尾草、雪英子、芸香、穿心莲、猫薄荷、千日红、红花鼠尾草、迷迭香兰花鼠尾草，都是和薰衣草比较相配的植物。

评分项目八：景观小品。

得分：8分。

评价：有各种与爱情相关的景观小品如"爱之门""爱之泉"雕塑，还有相应的相知相恋路牌。

评分项目九：重点区划。

得分：8分。

评价：蓝调薰衣草园占地近500亩，是蓝调庄园的主打景观，适合拍照。其中有欧式造型的喷泉。

整体景观竞争力评价：

这是又一个爱情定位的主题花园。和前一案例一样，文化内涵挖掘缺乏，平原地形，水景主要用于观赏。建筑风格和整体要打造的爱情、婚庆主题相符，主要为欧式风格，实用性好。植物种植注意色彩和形态的搭配，比较能满足各季节赏花需要。景观小品也很协调。

14. 深圳荷兰花卉小镇

评分项目一：审美与感知——概念设计。

得分：6分。

评价：荷兰花卉小镇的前身叫"南山花卉世界"，主打花文化，是一个集休闲、科普、展览和商业于一体的公园，后来改建成了颇具荷兰风情的特色街区。这里的建筑参照荷兰小镇的建筑样式，色彩艳丽，很有独特风情。

评分项目二：特质认知——文化内涵。

得分：5分。

评价：文化挖掘少见，但是据说有个花卉博览馆，有世界各地有名的花，还有很多花卉知识介绍。

评分项目三：状态与趋势——创新设计。

得分：4分。

评价：在高科技手段创新运用、夜间景观打造上薄弱。没有官网，查找资料困难。

评分项目四：山水地形。

得分：5分。

评价：小镇整体不见专门的水体设计。但是旁边有前海花卉公园，联动性较好，且前海花卉公园有较宽阔水域。

评分项目五：道路分区。

得分：6分。

评价：景区几乎没有分区，简单明晰。

评分项目六：建筑风貌。

得分：8分。

评价：荷兰花卉小镇的街道、店铺均模仿荷兰小镇的建筑风格，观赏性较强。

评分项目七：植物造景。

得分：7分。

评价：人造景点一般是售卖花卉的地方，所以整体花卉丰富，各种店铺门口可见各类多肉等花卉（植物），没有见到特殊的植物造景，但是和小镇的风格贴近。

评分项目八：景观小品。

得分：5分。

评价：有与荷兰风情相应的小品。

评分项目九：重点区划。

得分：6分。

评价：和其他多数风情小镇相似。荷兰花卉小镇代表性景点有南山区花卉博物馆、前海公园、酱门会、荷兰酒吧、圣艺明堂等。

整体景观竞争力评价：

没有官方网站，官方微博停更于2013年。大量信息来自马蜂窝、微博等游客点评（可见人流量不错）。设计概念上只是对花卉市场进行了荷兰风情改造，但是从游记来看本质上还是以鲜花销售这类活动为主。当然也有各类婚纱摄影。在景观规划方面，基本模仿荷兰风格，做了相应的建筑、小品。园区不收门票，所以在整体运营上没有花大力气，植物造景上也没有专门考虑。整体文化内涵不丰厚，景观设计也没有对此进行挖掘。

（二）国内花主题景区景观整体评价

1. 国内花主题景区评分表

我们针对国内以花为主题的14个项目抽样进行了景观竞争力评价，现将分数汇总如下，并以百分制换算，换算公式：百分制 $= \dfrac{总分}{90} \times 100$（四舍五入）。具体见表4-3。

表4-3　国内14个花主题景区总体评分表

花主题景区	一 概念 设计	二 文化 内涵	三 创新 发展	四 山水 地形	五 道路 分区	六 建筑 风貌	七 植物 造景	八 景观 小品	九 重点 区划	总分	百分制
上海鲜花港	6	3	7	7	8	6	8	6	7	58	64.4
江苏兴化千垛菜花景区	2	6	7	3	7	8	8	5	8	54	60
世界花卉大观园	8	7	7	7	9	7	8	8	7	68	75.6
福建漳州东南花都（花博园）	6	8	7	5	7	5	8	5	7	58	64.4

表4-3(续)

花主题景区	一 概念 设计	二 文化 内涵	三 创新 发展	四 山水 地形	五 道路 分区	六 建筑 风貌	七 植物 造景	八 景观 小品	九 重点 区划	总分	百分制
北京国际鲜花港	7	9	7	6	7	8	9	7	8	68	75.6
洛阳神州牡丹园	3	6	3	4	5	8	6	4	4	43	47.8
江苏大丰荷兰花海	7	8	7	8	6	9	8	8	8	69	76.7
西双版纳热带花卉园	8	6	4	6	7	6	6	6	6	55	61.1
成都石象湖	8	9	5	7	8	9	7	5	8	67	74.4
成都三圣花乡	5	6	5	6	6	7	6	5	7	53	58.9
武汉木兰花乡	6	6	7	9	8	9	7	7	7	66	73.3
海南三亚亚龙湾国际玫瑰谷	8	6	4	6	5	4	7	7	6	54	60
北京蓝调庄园	7	5	4	6	7	7	7	7	9	59	65.6
深圳荷兰花卉小镇	6	5	4	5	6	8	7	5	6	52	57.8
平均	6.2	6.5	5.6	6.1	6.9	7.1	7.3	6.1	6.9	58.9	65.4

（1）总分

对评分进行汇总，14个景区中得分70分以上的景区有5个：世界花卉大观园、北京国际鲜花港、江苏大丰荷兰花海、成都石象湖、武汉木兰花乡。这5个景区皆没有明显弱势，且在某个方面竞争力很强。

（2）平均分

从表格平均分不难看出，14个国内花主题景区，总的来说，在项目六"建筑风貌"上竞争力较强，平均得分达7.1分。这些景区一般位于比较发达的城市近郊，客源较为充足。为了满足游客需求，有较多花主题景区都规划设计了赏心悦目又实用性强的停留性建筑。同时，这14个景区作为花主题景区，在项目七"植物造景"上也具备优势，平均得分7.3分。较有竞争力的项目还有项目五"道路分区"，平均得分6.9分；项目九"重点区划"，平均得分6.9分。但是也存在一些缺乏创新、概念设计不突出的问题：项目一"概念设计"平均得分6.2分，项目三"创新发展"更是只有平均5.6分的低分。

（3）分项目细评

项目一：概念设计

整体来讲，该项目得分较低，没有出现9分以上的景点。得分8分景区有 4 个：世界花卉大观园、西双版纳热带花卉园、成都石象湖、海南三亚亚龙湾玫瑰谷。世界花卉大观园建园宗旨是："揽天下奇花异草，聚世界经典园林"，主题定位明确。西双版纳热带花园是"科研的内容、园林的外貌"规划原则。成都石象湖找准成都远郊度假空白，打造多重复合的旅游综合体。海南三亚亚龙湾玫瑰谷以"美丽·浪漫·爱"为主题，以五彩缤纷的玫瑰花为载体。这几个景区相较于国内其他花主题景区而言有较为明确的主题。但还是有得分 2~3 分的景区：江苏兴化千垛菜花景区，几乎查不到其任何关于概念设计的描述，得分 2 分。洛阳神州牡丹园，被诸多游客点明为山寨景点，得分 3 分。

项目二：文化内涵

同样是得分较低的项目，两个得分 9 分景区较为深入地挖掘了景区文化底蕴。其中，北京国际鲜花港每年都会如期举办以郁金香、菊花、百合和月季等花卉为主题的大型花卉活动，同时举办一些花文化节，在研究景区中属于难得的花文化挖掘景区，但是实际文化节效果有待考证。成都石象湖景区因湖区古刹石象寺而得名，故而注重佛文化、禅文化的挖掘和打造。总的来说，鲜有景区去仔细挖掘主题花卉的植物文化内涵，更何况从植物文化内涵入手去营造景区的花主题。除去几乎不挖掘景区独特文化内涵的花文化景区（如上海鲜花港，得分 3 分），在文化的挖掘上，多数景区更多地偏向注重景区自身文化，忽略了花文化。

项目三：创新发展

该项目是所有 9 个项目中得分最低，是唯一平均得分低于 6 分的项目。整体来说，国内景区最多做到 7 分，在创新发展上还不够，大量 3~4 分段景区出现。得分 3 分的洛阳神州牡丹园，由于其"山寨"性质受到诸多质疑，大多游客认为无新意、不买账。得分 4 分的海南三亚亚龙湾国际玫瑰谷主页设计还停留在建园初期，运营、维护欠佳，至今仍是 2014 年的"七夕节"活动宣传挂在主页上。

项目四：山水地形

该项目得分较高，主要是靠天然地形山水来得分。比如得分 9 分的木兰花乡本身位置较为合适，利用天然山水地形优势，打造了梯田、天鹅湖。得分 7 分的石象湖景区天然湖光山色，非常有优势。当然，也有受制于天然地形条件，缺少地形变化的景区，如得分 3 分的江苏兴化千垛菜花景区，整个景区几乎都建于水面之上，没有山水对比，是特色同时也有一些缺失。

项目五：道路分区

整体而言是设计较好的一项。所有景区该项目得分在 5 分以上，得分 9 分的世界花卉大观园，设计平面图清晰明了，分区明确，道路合理，景观由 7 大温室和 15 个花园广场组成。相较而言，得分 5 分的景区如海南三亚亚龙湾国际玫瑰谷，没有能找到相应的规划分区设计，官网的呈现也较为潦草，同为得分 5 分的景区洛阳神州牡丹园也是如此。

项目六：建筑风貌

这是一个得分较高项目，其中 9 分段有 2 个景区：江苏大丰荷兰花海、武汉木兰花乡。8 分段有 5 个景区：江苏兴化千垛菜花景区、北京国际鲜花港、洛阳神州牡丹园、成都石象湖、深圳荷兰花卉小镇。由于我们选取的景区的区位因素与顾客群体指向，多数景区位于大城市且针对度假顾客群，所以通常会精细设计停留建筑（包括餐饮、住宿等），故而此项目得分普遍较高。

项目七：植物造景

这是一个高分项目，有一个 9 分段景区：北京国际鲜花港，6 个 8 分段景区，且最低得分不低于 6 分。入选评比景区都是花主题景区，所以花主题在花卉质量和数量上均有体现，且多数旅游景区都会结合自身花主题打造相应主题造景，满足游客需求。

项目八：景观小品

目前来看，国内景区不太重视花主题景区的景观小品打造，最高得分 8 分，有 3 个景区：世界花卉大观园、江苏大丰荷兰花海、北京蓝调庄园。以北京蓝调庄园为例，和植物以及景区主旨相配的各种爱情相关景观小品有"爱之门""爱之泉"雕塑，还有相应的相知相恋路牌。但是整体来看还是缺少一些系统性的规划，故而低分景区较多，4~5 分景区有 7 个，这些景区有几乎看不到景观小品设计的洛阳神州牡丹园（4 分），还有成都三圣花乡这类由花卉交易地点而兴起的景区，一开始规划设计没有专门考虑景观小品，后期有门店或自发的设计安排，但是仍然得分不高（5 分）。江苏兴化千垛菜花景区则受限于地形和景区文化底蕴等相关要素，没有过多地进行景观小品设计（5 分）。

项目九：重点区划

该项目平均得分 6.9 分，评分集中在 6 分（4 个）/7 分（5 个）/8 分（4 个）区间。高分景区以江苏兴化千垛菜花景区（8 分）为例，重点打造了雾色千垛景区和洞天福地寿字田。前者通过自然原有景色吸引游客，后者具有历史文化底蕴。同为 8 分的江苏大丰荷兰花海景区则是"景点为王，活动主导"的理念，围绕春、夏、秋、冬的节点，打造"荷兰花海"系列旅游品牌。低分景点洛阳神州牡丹园（4 分）则几乎没有看到有何重点区划。

2. 国内花主题景区景观亮点

在国内，具有接近于世界茉莉博览园景观竞争力的其实不多，具有花主题综合优势的景点也不多。根据总分得分、定位相似性，主要可以借鉴的案例有 4 个：

（1）北京世界花卉大观园：无明显短板，综合优势明显。园区定位明确，概念清晰，主打鲜花和园林两个主题。在鲜花上，品种多样，规模宏大；在园林上，引入了多国园林，并且在建筑外观风貌、植被种植上与各国园林相协调。整体分区明确，功能合理。注重花文化，博物馆的存在提升了园区整体内涵。园区设计现代化，官网也及时更新。同时注重细节设计，园林中很多小品与之相协调。整体而言这是个各方面均衡发展的花园。

（2）福建漳州东南花都：立足定位相似，立足闽南文化。景区立足农业旅游，建设集花卉生产、销售、展示、出口、旅游观光、科普教育、生态休闲、会展培训、健身娱乐于一体的综合性旅游度假区。景区整体定位与世界茉莉博览园相似，值得学习。官方网站出现问题，官方资料较少。景区依靠花博会发展迅猛，弘扬的是闽南文化，有专门的闽南文化研究所。

（3）北京国际鲜花港：文化节日打造，植物造景与景观小品结合。这是一个比较成熟的综合花卉景区，定位明确，发展合理。在活动打造上较为成熟，景观整体配置也与内部规划相协调。注重文化的打造，几乎每年都有花文化节，且在设计上推陈出新。建筑打造精细，中式风格与园区定位相协调。整体的植物造景、景观小品都和景区文化相辅相成，是一个比较值得借鉴的案例。

（4）江苏大丰荷兰花海：爱情定位，重视活动打造和植景建筑。该花园立足一种花卉大力发展。还有一个优势是文化底蕴奠基，有荷兰专家当年的例证，和"民国村镇规划第一镇"的历史底蕴。规划概念上能查到的资料较少，但是整体分区、道路从能查到的图来看都是合理清晰的。植物造景品种多样，造景合宜，建筑外观与自身设计非常吻合，小品配置也是如此。从官网来看，此景区已经做得很完善，重点发展的活动部分也很到位。借鉴意义较大。

三、世界茉莉博览园田园综合体景观分析①

（一）景观竞争力评价

1. 项目评价

评分项目一：审美与感知——概念设计。

得分：8分。

评价内容：

（1）优势：

①立意新。根据案例调研，这是国内首家以茉莉花为主题指导设计的景点，以"茉莉花博览"为核心，在这一点上非常有竞争力。

②类型新。以先进的精深加工为产业价值延伸，通过构建茉莉花深度旅游体验体系，打造"花、产、旅"一体化的田园综合体。田园综合体也是我国目前旅游发展、规划发展的大势，顺应了潮流。

（2）挑战：

立意虽然独特，符合旅游大势，但是茉莉花本身在我国的市场接受度上，受制于植物本身美学价值、文化内涵的接受度，对游客的吸引力如何还不清楚。

评分项目二：特质认知——文化内涵。

得分：6分。

（1）优势：

①茉莉花产量全国第二，茉莉花种植历史悠久，已有300年之久。

②犍为文化较为富集，有犍为文庙、罗城古镇等。

（2）挑战：

①甲方案例，从严要求。世界茉莉博览园之所以选在犍为，除了如今犍为茉莉花产量全国第二之外，在文化内涵上面也值得挖掘，但至今与茉莉花相关的部分仍然少见。还应该在景观规划中表达茉莉花与犍为文化的相辅相成关系。

②对茉莉花文化本身的挖掘也比较缺乏。茉莉花作为《花经》设定的二品八命的中国传统植物，在文人雅客心中的地位是很高的。因此，在景观设计中，可以从中国古典文化内涵中发掘灵感。

---

① 世界茉莉博览园田园综合体项目位于四川省犍为县清溪镇，该景观分析是在项目建设前期，根据项目规划景观进行的。

（3）借鉴：

①做得好的景区比如江苏大丰荷兰花海：历史上有荷兰专家兴建农田水利网，同时对"民国村镇规划第一镇"文化进行挖掘；

②北京国际鲜花港：注重文化的打造，几乎每年都有花文化节，且在设计上推陈出新。

③成都的石象湖景区在这一方面做得较好，利用石象寺，发掘"象"这一文化，同时佛文化、禅文化、花文化、茶文化并行。

（4）建议：

①深入挖掘茉莉花在中国传统文化中的内涵（爱情、仙品）。

②用心打造茉莉花形象——用一种年轻人更容易接受的方式。

③挖掘犍为和茉莉花的渊源。

④在景区命名、建筑设计、植物造景上融入茉莉花文化。

如婚庆基地名为"花田喜事"，在国内很多花主题婚庆基地都叫这个名字，比如上海玫瑰园。"花田喜事"并不能体现茉莉花自身特色。茉莉花在很多国家都象征着爱情。中国有句俗语"赠君茉莉，请君莫离"，正是中国传统文化当中，含蓄又美丽的情感表达，可以以这样的方式来进行景区命名。

除了幽香、净雅，茉莉花在古诗文中还呈现出遗世独立、佛国仙品的文化意象："应是仙娥宴归去，醉来掉下玉搔头。"在打造建筑的时候可以考虑中式建筑，引入佛教元素，同时引入各种仙人文化、仙女造景等。

⑤茉莉花文化节：有先例，如茉莉花音乐节等。

茉莉花汉服节：结合茉莉花的仙女意象，配合茉莉花古风歌曲，推广茉莉花图案、纹样的汉服。研制茉莉花发簪（仙女专用）。

评分项目三：状态与趋势——创新设计。

得分：8分。

（1）优势：

引入夜游体系，包括夜间表演、夜间游乐等。

（2）挑战：

①夜游体系，夜光公园不是首创。国内也有很多做得比较好的。

②忘忧湖面积不大，过分强调水上活动，会使得水面自然景观比例下降，影响山水比例关系。

（3）借鉴：

创新方式各有不同。武汉木兰花海有个特色，就是有各种特色动物，甚至有亲密接触的活动，在全国主题园中很少见也很新颖，在专门的有网区、无网区规划鸟类居住区也很吸引人。

（4）建议：对于忘忧湖上游乐、夜景应该慎重考虑，尤其是大型夜间表演对于周边空间要求较高，可以考虑取消长时间定点观看类型的夜间表演。

评价项目四：山水地形。

得分：9分。

（1）优势：

山水地貌条件优越，浅丘陵地形，非常适合游览观赏，同时注重水域的打造，如特色船坞、游船码头、织锦花田等。

（2）挑战：

①在水生动物、水生植物景点设计规划上还可以有所突破。

②忘忧湖水域面积不大，在整体震撼感、山水格局上显得较为促狭，容易受到周边活动的影响，可能导致山水格局不佳。

（3）建议：

①合理规划夜间水上活动，尽可能少做需要周边驻足观赏的大型水上表演，注重动线设计，移步换景，使游人流动起来。

②适当引入水生动植物。

评分项目五：道路分区。

得分：9分。

（1）优势：

①功能分区成熟，符合项目需求。

②道路设计和节点组织合理，景点丰富，在各大案例对比中属于优秀范畴。

（2）挑战：

景区入口这个部分受固有条件影响有些瑕疵，如主入口较窄，人流缓冲度不够。

（3）建议：

扩建主入口，尽量不要影响忘忧湖目前的形态。

评价项目六：建筑风貌。

得分：7分。

（1）优势：

①整体建筑风格现代化：目前所能看到的建筑风貌都是偏向现代主题风格的。

②做了一些和茉莉花形态有共鸣感的建筑以贴合主题。

（2）挑战：

①茉莉花作为中国传统植物，在文化部分已经提过了，建筑风貌上缺乏文化挖掘，缺乏中国古典文化内涵的意蕴。

②建筑风貌虽然很现代，但是在观赏性上并不突出。

（3）借鉴：

江苏大丰荷兰花海，建筑风格与整体规划、中心思想非常贴切，突出荷兰风情，如圣劳斯文化中心以荷兰著名的鹿特丹圣劳伦斯大教堂为范本，融入其他典型哥特式教堂的建筑元素，还有羊角村餐厅，整座木屋外观为墨绿色，兼具荷兰情调。

（4）建议：

①建筑外观一定要重视其观赏性，作为匹配周边植景的点睛一笔，成为地标性建筑。

②找准各个景区的文化、概念定位，相应设计建筑。

③建议和茉莉花传统文化内涵相对应，补充一些中国传统风格建筑。这样才可以与茉莉花文化节、汉服节等文化宣传活动相衔接。

评分项目七：植物造景。

得分：8分。

（1）优势：

茉莉花主题，花多且丰富，在美观造景上比较好。

（2）挑战：

①茉莉花的花期大致是5个月（6月~10月），因此全年会出现7个月的空当，需要考虑四季花开的问题。

②茶园主基调终年常绿，保持基础色调的同时容易出现审美单调、审美疲劳。

③文化挖掘薄弱导致植景文化和本土关联缺失。

（3）借鉴：

很多景区都有这个问题。成都的石象湖景区在这一方面做得较好，运营上以花文化为主题，研发花卉产品，并自主建成花卉育苗基地，结合蒲江深厚的茶文化历史，开发了手工茶和雀舌系列产品。

（4）建议：

①增加富有文化内涵的茉莉花造景（如佛国仙品、爱情内涵造景）。

②各种花卉配置注重植物的文化内涵搭配，尽量做到四时植景不断，可

以参考江南园林中的植物配置。

评价项目八：景观小品。

得分：8分。

（1）优势：

从规划来看，景区整体景观小品与建筑、植被协调。

（2）挑战：

①缺乏突出的景观小品，和之前所说建筑一样。

②文化内涵体现与景区自身规划结合存在问题。

（3）建议：

①补充和茉莉花传统文化、现代文化、中国传统风格相应的景观小品。

②多设计观赏性佳、方便拍照留念的独特小品。

评分项目九：重点区划。

得分：6分。

（1）优势：

各项指标都比较优秀，没有明显短板，可以说是面面俱到。

（2）挑战：

因为是甲方案例，从严格要求的角度出发，在重点产品上目前就能呈现的部分而言没有找到。不知道突出的点在何处。

（3）借鉴：

此项目各个案例得分都不是优秀水准，但是有做得较好的，如江苏大丰荷兰花海，坚持"景点为王，活动主导"的理念，围绕春、夏、秋、冬的节点，打造"荷兰花海"系列旅游品牌。

（4）建议：

①找到自身发展重点，从重点开始打造。我们建议将世界茉莉博览园和茉莉花茶文化工厂作为重点投入打造对象，博览园可以与后期活动打造相结合，花文化工厂可以和茉莉花延伸产业相链接。

②从大力打造茉莉花本身的形象入手，如茉莉花与仙女、林俊杰《茉莉雨》歌曲、茉莉花与友人等，举办茉莉花节活动，才可以在后期的重点中相应强化植物造景、景观小品。

评价项目十：外部环境。

得分：6分。

（1）挑战：

原有居民安置一直是各田园综合体需要解决的问题，周边环境营造缺失。

（2）借鉴：

田园东方的田园综合体实践：不把原有居民排除在外，修筑了与综合体风格定位相结合的居住安置区，同时让居民融入田园综合体生活。

（3）建议：

①在安置建筑选址上，尽量靠近。同时风格要与世界茉莉博览园的设计融洽。

②设置与原住居民生活相关的硬件设施，在满足居民生活要求的同时，让居民成为田园综合体中重要的"新景观"。

2. 景观竞争力得分（表 4-4）

表 4-4　世界茉莉博览园景观竞争力得分①

评价项目	一概念设计	二文化内涵	三创新发展	四山水地形	五道路分区	六建筑风貌	七植物造景	八景观小品	九重点区划	十外部环境	总分
得分	8	6	8	9	9	7	8	8	6	6	75

由汇总评价分数可见，世界茉莉博览园景观竞争力较强，在天然山水地形上有明显优势，道路分区设计合理，同时概念设计、创新发展、植物造景、景观小品竞争力也较强。但是目前对文化内涵的挖掘还不够，重点区划不太明晰，可以从这两方面去改进和优化。

3. 景观优化建议

（1）文化挖掘

花文化在中国传统文化中拥有着异常丰富的内容及悠久的历史，从生命特质、美学特质中衍生出来的人文风俗不胜枚举，形成了中国特有的赏花文化。其实在中国传统文化中，"赠君茉莉，请君莫离"，茉莉花被用来表达坚贞不移的爱情，但是鲜见花主题景区来营造。在中国传统文化中，还有非常多花文化内涵值得去深度挖掘，有相当广阔的营造空间。

（2）突出重点

目前来看，茉莉花主题景区缺乏一个强有力的核心景点，作为全局带动的引爆点。此处可以与茉莉花文化挖掘相结合，从大力打造茉莉花本身的形象入手，提升游客对茉莉花的观赏性的认知度。可以通过举办茉莉花节等活动，使世界茉莉博览园突出重围。同时，在后期的重点中相应强化植物造景、景观小品。

----

① 由于世界茉莉博览园以十项指标参评，满分 100 分，故不再用百分制替换。

第五章

花主题旅游游客感知研究

第一节　国内外相关研究分析

一、国内旅游感知研究文献计量分析

（一）数据来源与研究方法

为对国内旅游感知研究领域有所了解，我们将从中国知网数据库中搜集到的研究文献信息作为数据源，以篇名"旅游感知"进行检索，检索时间截至 2023 年 3 月 5 日，选取期刊和硕博论文两种文献类型，共得文献 248 篇，包括 181 篇期刊文献、67 篇学位论文，除去无效文献，共得 247 篇。

以 CiteSpace 6.1.R6 软件作为分析工具，我们将从中国知网数据库中搜集到的研究文献信息作为数据源，绘制旅游感知研究的科学知识图谱，通过共现分析和突发性检测分析等，识别国内旅游感知研究中的热点研究和前沿方向，从而建立对旅游感知研究领域的一定认识。

（二）发文量分析

通过对 247 篇旅游感知文献进行统计分析，我们得到国内旅游感知研究领域年度发文情况，如图 5-1 所示。从图 5-1 可知，国内旅游感知研究开展时间在 20 年左右，年度发文数量总体呈现波动上升的趋势，主要分为三个

时间段。2003—2009 年，国内关于旅游感知研究的文章较少，平均每年发文量 5 篇左右，在 2009 年达到顶峰，但也仅有 12 篇，说明虽然国内对旅游感知研究在 21 世纪初已有探索，但学界对其关注不多，研究成果较少。2010—2017 年，年发文量在波动中有了逐步增加，2012 年形成这一时期的第一个小高峰，接下来年发文量稳定，到 2017 年发文量迅速增加，形成第二个小高峰，年发文量较 2009 年增加了一倍以上，达到 28 篇，说明随着国内旅游感知研究的发展，国内学者对旅游感知关注增加，发文量增多。2018—2022 年，旅游感知研究年度发文量呈现减少的趋势，说明国内对旅游感知的研究陷入瓶颈期。在 20 年的旅游感知研究中多次出现波动，说明国内学者在旅游感知领域的研究缺乏持续动力，相关课题没有得到长期且足够的重视。

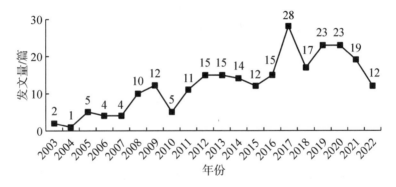

图 5-1　国内旅游感知研究年度发文情况统计

（三）关键词共现分析

1. 基础研究领域分析

我们提取前 20 个高频关键词和高中性关键词如表 5-1 所示。频次较高的关键词在某种程度上能够反映学者们在该研究领域的关注点。从表 5-1 可知，频次最高的关键词是"旅游感知"，这可能与检索方式以"旅游感知"进行篇名检索有关，频次较高的关键词有"感知形象""感知""旅游影响""居民""居民感知""乡村旅游"等。这些高频关键词都出现在 2010 年以前。2010 年以后出现的高频关键词增多，涉及范围更广，出现包括"感知价值""游客满意度""社会居民""感知差异"等关键词，"因子分析"和"网络文本"高频关键词的出现说明研究方法多样化。中心性越高的关键词的影响力越强。中心性超过 0.1 的关键词有"旅游感知""感知""旅游影响""感知价值""游客感知""参与意愿""参照群体"，这些具有重要影响的关键词出现年份分别是 2003 年、2006 年、2012 年和 2013 年，其中 2012 年多次出现，说明 2012 年是重要节点。综合频次和中心性两者，"旅游感知""感知""旅游影响""感知价值""游客感知"等关键词出现频次较高，中心性较高，说明这些关键词在国内旅游感知研究的文献中处于重要地位，是旅游感知研究中的基础领域。

表 5-1　国内旅游感知研究前 20 个高频和高中心性关键词

序号	频次/次	关键词	出现年份	序号	中心性	关键词	出现年份
1	81	旅游感知	2003	1	1	旅游感知	2003
2	17	感知形象	2006	2	0.14	感知	2003
3	16	感知	2003	3	0.11	旅游影响	2006
4	16	旅游影响	2006	4	0.11	感知价值	2012
5	14	居民	2004	5	0.1	游客感知	2013
6	12	居民感知	2005	6	0.1	参与意愿	2012
7	10	乡村旅游	2008	7	0.1	参照群体	2012
8	8	感知价值	2012	8	0.09	感知形象	2006
9	8	游客感知	2013	9	0.08	居民	2004
10	8	旅游	2003	10	0.08	满意度	2012
11	7	满意度	2012	11	0.08	感知风险	2012
12	7	态度	2005	12	0.07	旅游	2003
13	7	投射形象	2015	13	0.06	态度	2005
14	6	感知风险	2012	14	0.06	因子分析	2013
15	6	社区居民	2013	15	0.06	游客	2013
16	5	影响因素	2008	16	0.06	生态旅游	2006
17	5	网络文本	2019	17	0.05	居民感知	2005
18	4	低碳旅游	2011	18	0.05	乡村旅游	2008
19	4	因子分析	2013	19	0.05	低碳旅游	2011
20	4	感知差异	2017	20	0.05	感知差异	2017

2. 研究热点分析

突现词可以帮助研究者进一步了解研究领域以往的研究热点和当前的研究前沿。我们对国内旅游感知研究相关文献进行突现词检测，共检测得到 28 个突现词，如图 5-2 所示。突现率越高，代表这个突现词在某一时期的研究热度越高。从突现率来看，该领域突现词突现率偏低，从大到小依次排序是"旅游影响""游客感知""投射形象""感知形象""网络文本""感知风险"

等，其中"旅游影响"的突现率最高，为 3.54，且持续时间最长，从 2006
年到 2012 年都是关注的热点，表明旅游影响是国内旅游感知的重要研究课
题。从突现词开始时间来看，大部分突现词出现在 2010 年以后，说明在
2010 年以后国内对旅游感知的研究逐渐深入，研究内容拓展。结合图中关键
词的出现时间和突现的起始时间两个因素，可以看出 2012 年以来国内旅游
感知研究主要围绕"感知价值""游客感知""居民感知""感知形象"等热点
展开，"因子分析""双因素""网络文本""扎根理论""网络评论"等突现词
的出现表明旅游感知研究在数据处理和研究方法上有了创新。

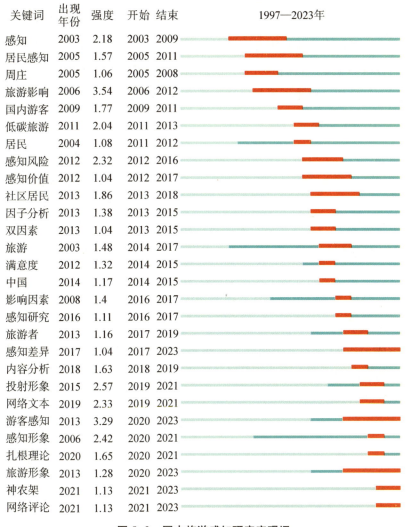

图 5-2　国内旅游感知研究突现词

二、国外旅游感知研究计量分析

（一）数据来源与研究方法

为对国外旅游感知研究领域有所了解，我们选取科学网（Web of Science）核心合集进行检索，检索时间段为 2001—2022 年，检索时间截至 2023 年 3 月 5 日，选择论文、综述论文、会议摘要、在线发表四个文献类型，以 "tourism perception" 为检索主题得到 2 120 篇文献，除去重复文献，共得外文文献 2 114 篇。

以 CiteSpace 6.1.R6 软件作为分析工具，我们将从科学网数据库中搜集到的研究文献信息作为数据源，绘制国外旅游感知研究的科学知识图谱，通过共现分析和突发性检测分析等，识别国外旅游感知研究中的热点研究和前沿方向，从而建立对旅游感知研究领域的一定认识。

（二）发文量分析

根据年发文量可以整体分析国外旅游感知研究领域的研究趋势。国外旅游感知研究年度发文情况如图 5-3 所示。从图 5-3 可知，国外旅游感知研究开始时间与国内接近，都在 21 世纪初，至今 20 年左右。相关文献年度发文总量数量较多，2004 年至今总发文量已超过 2 000 篇，发文量总体呈现显著的逐年增加的趋势。发文时间可大致分为两个时间段：2017 年以前，发文量逐年缓慢增加，增加过程中存在小幅波动；2017 年以后，年发文量突破 100 篇，发文量显著稳步快速增加，说明 2017 年对于国外旅游感知研究领域来说是一个关键时间点。2004 年发文量仅 9 篇，2022 年发文量高达 384 篇，数量增加 41 倍以上，且中间波动不明显。发文量逐年稳步增加，说明国外认识到旅游感知研究对旅游业发展的重要作用，正在不断加强对旅游感知领域的关注和研究。

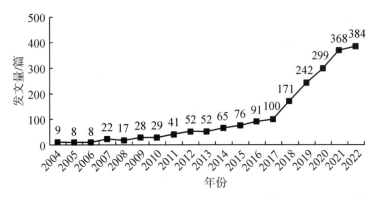

图 5-3 国外旅游感知研究发文数量年度分布

（三）关键词共现分析

1. 基础研究领域分析

共现频次和中心性高的关键词可以帮助学者了解该领域的发展动向。我们提取前 20 个高频关键词和高中心性关键词如表 5-2 所示。从表 5-2 可知，在频次排名前 20 位的关键词频次都较高，大多在 100 次以上，其中"perception"的频次最高，达 694 次，频次较高的关键词还有"tourism""impact""management""management""attitude"等词，可见国外旅游感知研究与旅游影响、旅游管理、感知研究等关系紧密。中心性高于 0.1 的关键词被认为是研究中的关键节点。在国外旅游感知研究文献分析中，中心性高于 0.1 的关键词有"management""perception""tourism"。频次与中心性两者结合来看，"tourism""perception""management"三个关键词不仅频次高，且中心性也较高，说明三者构成了在国外旅游感知研究的基础研究领域，占据了重要地位。

表 5-2 国外旅游感知研究前 20 个高频和高中心性关键词

序号	频次/次	关键词	出现年份	序号	中心性	关键词	出现年份
1	694	perception	2004	1	0.14	management	2005
2	442	tourism	2004	2	0.11	perception	2004
3	374	impact	2004	3	0.11	tourism	2004
4	369	management	2005	4	0.08	impact	2004
5	238	attitude	2005	5	0.08	conservation	2005

表5-2(续)

序号	频次/次	关键词	出现年份	序号	中心性	关键词	出现年份
6	200	conservation	2005	6	0.07	behavior	2008
7	193	model	2009	7	0.06	attitude	2005
8	166	satisfaction	2012	8	0.06	protected area	2007
9	142	climate change	2007	9	0.06	quality	2004
10	141	behavior	2008	10	0.05	climate change	2007
11	139	protected area	2007	11	0.05	environment	2005
12	133	quality	2004	12	0.05	area	2007
13	132	experience	2007	13	0.04	community	2007
14	129	sustainable tourism	2010	14	0.04	biodiversity	2005
15	113	community	2007	15	0.04	knowledge	2012
16	102	national park	2006	16	0.04	information	2008
17	94	destination	2016	17	0.04	island	2004
18	93	support	2009	18	0.03	model	2009
19	89	intention	2017	19	0.03	experience	2007
20	86	ecosystem service	2013	20	0.03	national park	2006

2. 研究热点分析

突现词可以帮助研究者了解该领域研究的热点问题和发展趋势等发展变化情况。国外旅游感知研究的文献分析共得到21个突现词，如图5-4所示。突现率越高，代表这个突现词在某一时期的研究热度越高。突现率排名前列的突现词有"protected area""conservation""tourism""climate change""coral reef"等，其中"protected area"突现率最高，为8.23。这些突现词表明国外旅游感知研究的开展受到环境保护、气候变化的影响，研究内容也与生态环境保护、气候变化、社区管理等相关，涉及海洋、森林等多样环境。突现词呈现时间越长，表示该热点影响力越大。旅游感知研究的突现词平均持续时长为5.5年，其中"coral reef""index""biodiversity""wildlife""contingent valuation"的持续时间均超过10年，说明生物多样性保护是研究中持续关注的热点主题。结合图中关键词的出现时间和突现的起始时间两个因素，可以发现大多数突现词出现于2009年以前，关注生态环境保护、生物多样性，担心旅游对环境生物带来损害；2011年以后，由担心损害转为适当发展，关注"人"的感知。

关键词	出现年份	强度	开始	结束	2004—2023年
index	2004	5.7	2004	2016	
biodiversity	2005	4.94	2005	2015	
coutingent valuation	2005	4.56	2005	2018	
conservation	2005	7.11	2006	2012	
ecotourism	2006	5.53	2006	2012	
protected area	2007	8.23	2007	2012	
coral reef	2007	6.12	2007	2017	
community	2007	5.07	2007	2010	
marine protected area	2007	5.05	2007	2010	
wildlife	2007	4.72	2007	2017	
damage	2007	4.28	2007	2013	
recreation	2008	5.37	2008	2017	
reserve	2008	4.9	2008	2011	
tourism	2004	6.84	2011	2014	
climate change	2007	6.76	2011	2017	
landscape	2004	4.73	2012	2017	
adaptation	2013	5.07	2015	2018	
forest	2005	5.01	2015	2019	
environment	2005	4.42	2016	2017	
word of mouth	2018	4.53	2018	2020	
local community	2020	4.77	2020	2021	

图 5-4　国外旅游感知研究突现词

第二节　基于游记的游客感知研究

一、游记 TOP100 关键词

（一）研究方法和步骤

本书方法以内容分析法为主。

首先，选择景区并采集景区游记数据。在东部地区花主题景区的选择上，遵循规模大、知名度高的原则，选取了上海鲜花港、江苏兴化千垛菜花景区、深圳荷兰花卉小镇、广州百万葵园、北京国际鲜花港和北京世界花卉大观园 6 个景区；网站选取方面，先将旅游网站罗列出来，然后根据游记数量进行筛选，继而筛选出携程、去哪儿、同程旅行、马蜂窝等旅游网站，在遵循信息完整性、游记无重复性的原则下，对每个景区分别搜集 30 篇有效游记，每个阶段的游记建立一个 word 文本，共计 180 篇。

其次，对文本进行预处理。在 word 文档中对一些网络用语，如"灰机""灰常"等进行本意诠释，对文档中存在的错别字进行相应的更正处理，同时对文档中的图片、符号等进行删除处理，只保留相关的文字信息。文本中如存在与所研究的内容无关以及重复的信息时，需对其进行删除处理。还要对一些地名等词汇进行统一和补充，如"北京市"和"北京""千垛菜花"和"千岛菜花"等。另外，在对全文进行意义甄别后，对一些指代同一个事物的词汇进行相应的补充，如文中有些地方"鲜花港""国际鲜花港"指的是"北京国际鲜花港"，这都需要根据游记内容进行统一和完善。

最后，文档格式转化。预处理完成之后，上海鲜花港、江苏兴化千垛菜花景区、深圳荷兰花卉小镇、广州百万葵园、北京国际鲜花港、北京世界花卉大观园等景区的文本文字数量依次是 4.09 万、3.91 万、1.97 万、4.23 万、2.27 万、2.64 万，共计 19.11 万字，并将东部景区的预处理后的游记统一放入一个 word 文档内，然后将该 word 文档转化为".txt"格式，为后面的分析做准备。

（二）数据处理

1. 高频词

我们采用 ROST 软件，对".txt"文件进行分词处理、词频分析，从而获得东部花主题景区网络游记前 100 的高频词，如表 5-3 所示。

表 5-3　东部花主题景区的高频特征词

排序	特征词	频次/次	排序	特征词	频次/次	排序	特征词	频次/次
1	上海鲜花港	637	35	心情	85	69	机场	46
2	百万葵园	486	36	丰台	84	70	免费	45
3	江苏兴化千垛菜花	460	37	出行	84	71	颜色	45
4	郁金香	459	38	室内	79	72	自驾	45
5	北京国际鲜花港	395	39	浦东	78	73	名字	45
6	北京世界花卉大观园	374	40	照片	77	74	百合	45

表5-3(续)

排序	特征词	频次/次	排序	特征词	频次/次	排序	特征词	频次/次
7	油菜花	226	41	朋友	76	75	景观	44
8	向日葵	205	42	酒店	74	76	阳光	44
9	北京	196	43	菊花	73	77	倾城	44
10	荷兰花卉小镇	190	44	公路	73	78	观赏	44
11	花卉	181	45	感受	71	79	风情	44
12	兴化	162	46	牡丹	70	80	游玩	43
13	花海	149	47	植物	70	81	建筑	42
14	游人	148	48	特色	69	82	专线	42
15	广场	135	49	海洋	68	83	欣赏	41
16	公园	131	50	北方	67	84	天气	41
17	荷兰	127	51	春节	67	85	夜花园	40
18	广州	127	52	寒冷	63	86	自然	40
19	门票	124	53	交通	61	87	季节	40
20	花园	122	54	种植	60	88	花香	40
21	美丽	119	55	艺术	60	89	花田	38
22	顺义	118	56	漂亮	59	90	周末	38
23	春游	111	57	薰衣草	59	91	绽放	38
24	深圳	108	58	泰州	54	92	雕塑	37
25	赏花	107	59	景点	54	93	风景	37
26	喜欢	104	60	可爱	53	94	美景	37
27	感觉	103	61	盛开	53	95	清明	37
28	品种	101	62	文化	52	96	景色	37
29	拍照	97	63	公交	52	97	园林	36
30	鲜花	96	64	展示	50	98	地铁站	36
31	温室	96	65	餐厅	50	99	路线	36
32	垛田	89	66	东海	48	100	千垛	36
33	风车	88	67	费用	48			
34	地铁	87	68	太阳	47			

2. 高频词归类

我们从旅游活动、基础设施、景区景观、美食餐饮、旅游时间等五个角度对表 5-4 高频词进行归类，结果如表 5-4 所示。

表 5-4　高频词归类

一级属性	二级属性	高频特征词/次
花主题景区	旅游活动	赏花（107）、拍照（97）、游玩（43）
	基础设施	门票（124）、地铁（87）、酒店（74）、公路（73）、交通（61）、公交（52）、机场（46）、专线（42）、地铁站（36）、路线（36）
	景区景观	上海鲜花港（637）、百万葵园（486）、江苏兴化千垛菜花（460）、郁金香（459）、北京国际鲜花港（395）、北京世界花卉大观园（374）、油菜花（226）、向日葵（205）、荷兰花卉小镇（190）、花卉（181）、花海（149）、广场（135）、公园（131）、花园（122）、品种（101）、鲜花（96）、温室（96）、垛田（89）、风车（88）、室内（79）、菊花（73）、牡丹（70）、植物（70）、薰衣草（59）、景点（54）、颜色（45）、名字（45）、百合（45）、景观（44）、风情（44）、建筑（42）、夜花园（40）、花香（40）、花园（38）、雕塑（37）、园林（36）
	美食餐饮	餐厅（50）
	旅游时间	春雨（111）、春节（63）、季节（40）、周末（38）、清明（37）

二、游客对花主题景区的认知和行为

我们结合高频词并通过追溯游记原文，从旅游活动、基础设施、景区景观、美食餐饮、旅游时间五个角度分析东部花主题景区游客的认知和行为。

（1）旅游活动：旅游活动比较单一，以"赏花""拍照""游玩"为主，且多集中在春季。从表 5-4 可以看出，除景区名称和鲜花名称外，"花海"是出现频率最高的高频词，"赏花"是频率最高的游客行为活动词汇，其次是"拍照"。所以，在花海中赏花和拍照是花主题景区游客最惬意的观光旅游活动，花海对花主题景区有着非凡的意义。

（2）基础设施：交通基础设施较完善、多样，游客可进入性较强。有"地铁""公路""机场""地铁站"等，且设计了旅游"专线""路线"，但有些景区所处的地理位置比较偏，游客在某种程度上会觉得有些不便，如"上海鲜花港和上海滨海森林公园非常遥远，位于浦东最东南方向，虽然开通了地铁 16 号线，总体感觉交通还是不便"；住宿设施相当有"艺术"气息，且将"艺术""浪漫""自然""生活"发挥得淋漓尽致，既增添了景区的人文气息，又丰富了住宿的内涵，使景区更具有吸引力。如广州番禺百万葵园的"花之恋酒店"，游客在游记中这样记载："夜晚入住百万葵园里的'花之恋酒店'郁金香主题的温馨房间，体验自然景观与酒店建筑的完美结合""这是一家有生命力的酒店，各种名贵花卉四季怒放，景色宜人，自然景观与酒店建筑融为一体""一进酒店的大厅就充满了艺术的气息，而'花之恋'最出彩的就是主题花房。建筑一共分为六层，每一层都有着不同主题的花客房，让你依旧沉浸在花海里，草丛旁悠然品味，闲淡时光里徜徉生活"。"温室"的打造，科学技术的运用，打破了时空的限制，不仅缩短了空间距离，而且也能缩短季节与季节之间的距离，不出远门，自可领略异地花卉植物，不等季节，自能观赏他季花卉植物风采，大大丰富了花卉景区的内涵性、观赏性与科学性。有人在北京世界花卉大观园游记中提到，"各温室内植物千奇百怪、花团锦簇，热带植物馆中有数百年的佛肚树、重阳木、古榕树等乔木 1 800 余种"；有人在广州番禺百万葵园游记中提到，"百万葵园的园艺师在数月的努力之下，终于让这种外来的'世界花后'在温室里展现身姿，无论外面是寒风刺骨还是烈日炎炎，展馆里一直保持在 18℃～25℃之间，让郁金香能在温室里绚烂绽放"；有人在上海鲜花港游记中提到，"其实如果时间有余，来东区这边的太阳能温室体验下推出的果蔬采摘项目，既可以了解到现在全新的农业科技的魅力，看看温室培育的小番茄，也能体验自己动手采摘无土栽培的瓜果蔬菜的过程，还是挺不错的"。

（3）景区景观：在花海景观中，自然为基调，文化为灵魂。上海鲜花港、荷兰花卉小镇的郁金香，百万葵园的向日葵，江苏兴化千垛菜花的油菜花，均以花海景观呈现。花海景观的凸显，表现出其对于花主题景区的重要性和意义，游客感知到的各景区花海景观既有普遍性，又有独特性。游客主要从花的色彩、规模、花香等方面感知普遍性，这也是花主题景区的自然基调。有人在北京国际鲜花港游记中提到，"一般提起郁金香，脑海里便浮现一大片五颜六色的花海，刚一进园区，我就被这多彩的郁金香惊艳了，热情似火的红色，平和幸福的粉色，纯纯爱意的白色，神秘诱惑的黑色，高贵执着的紫色，神圣情谊的黄色，没想到这只是冰山一角""从上午 9 点半一直拍到下午 3 点，直到相机没电关机，我也没有感觉到累，可能是壮阔的花海让人陶醉吧""尽情徜徉在缤纷的花海中，嗅着花儿的芳香，心旌摇荡，心花怒放，陶醉在这美妙的花香中"；有人在广州番禺百万葵园游记中提到，"置身金色花海！我陶醉了""在万紫千红的花海中，愈显宁静、朴素""这里有占地一万平方米的超级海棠花海，大片灿烂的海棠均是从德国引进的品种，花瓣比其他海棠花大得多，是海棠花中的佼佼者""从深蓝的天空中感受向日葵的芬芳。这里有一望无际的花海，空气中似乎都多了一丝丝甜甜的味道"；有人在江苏兴化千垛菜花游记中提到，"大家徜徉在一望无际的金色花海中，感受着独特的垛田田园风光""黄色的菜花，成千上万簇拥在一起，成块成亩地连成一片，天地间花海一片，漫天漫地金黄一色。身在花海，美哉""大家都置身于一望无际的千岛菜花间，感受随风而来的醉人菜花香，有心旷神怡之感、美不胜收之慨"；有人在上海鲜花港游记中提到，"鲜花港四季鲜花盛开，置身美丽的鲜花港，会为鲜花的绚丽多彩而惊叹，会为庞大的花卉种植规模所震撼，也会在独特的花文化的熏陶下净化自己的心灵，收获一份城市中难得的宁静""上海鲜花港占地面积大，赶上花季，这里就是姹紫嫣红的花海，在充满花香和田园风情的园内赏花观景，呼吸自然空气，真是一个好去处"。而独特性是景区基于花卉基调下的升华和扩展，是花主题景区的标签，也是景区的灵魂，可增强花主题景区的辨识度和吸引力。游客感知到的花海景观独特性主要在花海氛围多维营造和花海体验活动设计方面。有人在北京国际鲜花港游记中提到，"百合花节期间将花海、花田、花带等大色块景观之美，用大地艺术的表现手法展现得淋漓尽致，呈现出一番壮美中显精致、优雅中见气势的独特效果""构建出坡地、错落花田等烘托花海的设计，使成片的郁金香花在颜色上、品种上、种植上呈现出曲线线条、坡度高低、色块交替的美感，无论是站在高处还是低处，都是美不胜收"；有人在广州番禺百万葵园游记中提到，"花海的浪漫，神话的唯美，所谓的美丽的邂逅，是漫步在四季花田里的相遇""坐着由国外优秀设计师设计的小火车，在花海中穿梭，会有一种穿越科幻电影的错乱美感""在一天的花海的笼罩过后，想到王子和公主的梦，更加难以自持。我们入住到这个从里到外都散发着城堡的味道的'花之恋'百万葵园酒店，它是一个被鲜花簇拥的城堡，让你继续追逐童话般的浪漫""每一层都有着不同主题的花客房，让你依旧沉浸在花海里，草丛旁悠然品味，恬淡时光里徜徉生活""百万葵园有一处藏于花海的动漫港，这里珍藏的全是世界级的珍藏版、限量版动漫手办。破案的柯南、性感冷艳的亚丽莎、《加速世界》里的黑雪姬，还有可爱的八九寺真宵和猫咪老师，三万多款手办，每天都会吸引不少动漫爱好者前来。豪华的阵容搭配万紫千红的花朵，这种别出心裁的展出方式，当属业界首创。散落的蓝紫色花瓣、专业的歌唱团乐队，分分钟会把人带入场景中。在这里，眼前的花海与二次元时空的结合，让人找回心中的美好""这是一家有故事的酒店，重金打造的'6D印象百万葵园'灯光秀，在原始生态的花海之中，营造出顶级且前所未见的视觉体验"；有人在江苏兴化千垛菜花游记中提到，"超喜欢这个黄灿灿花田中的一只红色米奇，给整个花海带来了生气""早上日出时，运气好的话能看到花海里雾气缭绕的美景，所以当时超期待的""从塔上看过去，纵横的河道，缓缓游动的小船，游人在花海中若隐若现，真是令人心旷神怡""田间河道内穿梭着摇橹的小船，别有一番韵味，蓝图，花海，红衣少女，美不胜收"；有人在上海鲜花港游记中提到，"展示园中碧绿的湖水像颗宝石镶嵌在花海中，映着蓝天、白云，群鱼雕塑与参天绿树，秀河与花海，宛如人间仙境""漫步于花海中闻香嬉戏，悠闲地划上小船，游弋在四溢的花香中，情趣无限，真可谓，花港之春，繁花似锦"。

建筑景观极具特色、协调性，不仅增加了观赏性，而且促使商业行为艺术化。有人在广州番禺百万葵园游记中提到，"夜晚入住百万葵园里的'花之恋酒店'郁金香主题的温馨房间，体验自然景观与酒店建筑的完美结合"；有人在荷兰花卉小镇游记中提到，"仿欧式建筑，色调清新自然""这些有特色的建筑群里，通常都卖些花花草草，手工艺品，创意品，当然有的是餐厅或者咖啡厅，总之很惬意"。

雕塑景观灵动、活泼、可爱，有自然意境、人文情怀。有人在广州番禺百万葵园游记中提到，"园区内还有小火车可以巡游，里面还有很多人们熟悉的可爱的动漫雕塑"；有人在上海鲜花港游记中提到，"可爱的雕塑，这里也吸引了很多游人前来观赏""展示园中碧绿的湖水像颗宝石镶嵌在花海中，映着蓝天、白云，群鱼雕塑与参天绿树，秀河与花海，宛如人间仙境"。

园林景观艺术特色明显，有人在北京世界花卉大观园游记中提到，"广场及异国风情建筑让世界花文化和精美的园林艺术在这里交相辉映，巧妙和谐地融合在一起""令人目不暇接的园林景观，为各界游人营造了一个经典时尚、充满绿色和谐的都市园林"；有人在广州番禺百万葵园游记中提到，"百万葵园是国内首个将向日葵作为观赏植物，并设计成超大型主题园林的公园"；有人在深圳荷兰花卉小镇游记中提到，"整个园区以热带园林风光为主，景色与名人雕像相互映衬，鲜花飘香、草地如茵、古木参天"。

夜花园景观主要利用花香与灯光灯饰营造出来，是一种不同于白天的视觉和嗅觉的加强效应，别有一番意境。有人在北京世界花卉大观园游记中提到，"夜花园旁有个大湖，湖水清清，杨柳青青，夜花园的景色很别致，各种灯饰有着自己的风格"。

基于上述分析可以看出，游客认为东部各花主题景区景观极具观赏性、体验性、趣味性和艺术性。这些景区都注重打造花海景观，在花海场景中设计独特有趣的体验活动；注重时空转换，营造异国风情；注重时空组合，营造富有意境的夜花园；各种景观充满艺术气息，到处精雕细琢。

（4）美食餐饮：涉及餐饮的高频词不多，只有"餐厅"一词。我们在花主题景区的实地考察中也没有看见很多特色很突出的餐厅。这与景观自然生态性和游客主要进行观光旅游活动有关。

（5）旅游时间：旅游时间的高频词有"春游""春节""季节""周末"和"清明"等，这说明花主题景区旅游季节性明显。旺季主要在春季，游客出行时间一般会选在"周末"或者"清明""春节"等假期。由此推测，花主题景区旅游主要为短距离旅游，其游客主要来源于景区所在市县或周边市县地区。

三、花主题景区的总体形象及评价

在高频词中，游客的情绪评价积极的较多，如"漂亮""可爱"等，但为更为全面、细致地了解东部花主题景区的整体形象以及游客的正面和负面评价，本书使用扎根理论的方法，对描述整体形象、正面以及负面评价进行样本追踪并概念化，经过编码，得到表5-5、表5-6和表5-7。下面分别从景区总体形象评价、正面评价和负面评价三个方面分析游客的感知和行为。

表5-5　东部花主题景区总体形象逐级编码

一级编码	二级编码
期待下次再来（6），景区风情万种（1），不错的地方（19），值得一去（8），浪漫（3），流连忘返（3），美极了（1），金色世界（1），迷人（1），惊喜、赞叹、惊艳（4），景区独特壮观（2），人间仙境（1），景区漂亮（2），景色很美（4），值了（2），惬意的出行（2），经典时尚且充满绿色（1），恋恋不舍（1），不虚此行（2），拍照好去处（2），干净、舒服（1），世外桃源（1），鸟语花香（1），爱花之人的天堂（1），文艺（1），迷人的地方（1），小资圣地（1）	正面（98.64%）

表5-5（续）

一级编码	二级编码
不是特别推荐（1）	负面 （1.36%）

（一）整体形象

表5-5显示，东部花主题景区的整体形象总体是正面的，如上海鲜花港的"风情万种"；江苏兴化千垛菜花的"金色世界""人间仙境"；北京世界花卉大观园的"都市园林"；广州番禺百万葵园的"世外桃源"；荷兰花卉小镇的"鸟语花香""爱花之人的天堂""小资圣地"等。总之，游记中绝大多数游客认为"值得一去"，并"期待下次再来"。有人在上海鲜花港游记中提到，"那一刻，在这座华东地区规模最大、品种最多、荷兰异域风情最浓的国家4A级景区，遗憾就留到下次弥补吧，期待明年的郁金香展"；有人在江苏兴化千垛菜花游记中提到，"可以的话，我明年再来"；有人在北京国际鲜花港游记中提到，"总结一下就是：鲜花港，值得去！值得去！值得去！重要的事情说三遍"；有人在广州番禺百万葵园游记中提到，"番禺百万葵园虽然是一处人工景点，然而打造得非常精心。里面花团锦簇，色彩鲜艳亮丽，布置处处充满了浪漫热情的元素，绝对是日常生活中非常值得去的一个景点"；有人在荷兰花卉小镇游记中提到，"值得一去，不虚此行"。

整体的负面形象只有一处"不是特别推荐"。这个负面评价主要出现在荷兰花卉小镇，其原因是"位置太偏""交通不便""管理欠缺"等。

以下对游客的正面评价和负面评价进行详细剖析。

（二）正面评价

表5-6显示，东部花主题景区的正面评价主要集中在旅游吸引方面，其次是旅游服务方面，再次是旅游环境方面，最后是旅游管理方面。这说明花主题景区的旅游吸引是游客的核心价值，旅游服务是延伸价值，旅游环境是外围价值，旅游管理是保障价值。

表 5-6　东部花主题景区正面评价的逐级编码

一级编码	二级编码	三级编码
景区花美，品种、种类、颜色多，规模大（125）；田园景观本色展现，有一种乡村自然之美（1）；室外景观各具特色（1）；景区花园颇具异国风情（1）；水景漂亮（1）	景观吸引（37.38%）	旅游吸引（75.93%）
多肉可爱，规模大，视觉冲击（8）；日出漂亮（1）；热带雨林区不错（1）；南瓜可爱（1）；晚景超美（1）；花盆别具匠心（2）；景观大道壮观（2）；雕塑可爱，吸引人（5）；瞭望塔观望震撼（1）；旗袍节旗袍与花交相辉映（1）；油画有美感（2）；室内摆设精美（2）；走廊很有感觉（1）；果实成熟之美（1）；狗狗可爱（2）；广场鸽迷人（1）；喜欢风铃（1）；汇集中外的珍奇花卉和树木，让人大饱眼福（1）；景区设计别致，立体感十足（2）；花的颜色搭配适宜，图案巧妙组合，设计梦幻温暖，规划得当（14）；风车（房）古朴壮观，具有荷兰风情，别有一番风味（10）；动物卡通布置充满童趣（2）；小镇路牌很有个性（2）；河渠与花交织成一幅画卷（4）；夜花园灯饰别具风格（1）；欧式廊棚拍照很浪漫（1）；特色 BUS 很复古（1）；花卉博物馆精致（1）；建筑清新自然，有异域风情（5）；垃圾桶可爱且富有艺术感（5）	视觉审美体验（23.77%）	
花香迷人（14）、植物可爱，值得细细品味（科普）（4）；动物店铺很给人惊喜（1）；寓教于乐了解花等知识（4）；温室采摘不错（3）；划船游弋，情趣无限，田野气息浓（10）；水生花卉休闲园科感强而壮观（1）；能感受到现代农业的神奇（1）；与卡通人物跳舞欢乐多（1）；太阳能科普园索桥等活动充满童真（1）；东区科普园妙趣横生（1）；赏花、花茶、花宴、花编制等"花"主题活动娱乐无限（1）；游览车观景令人陶醉（1）；船家穿梭成风景（1）；花车表演不错（1）；拍照好地方（2）；文艺演出精彩（1）；花海小火车的穿越有科幻美感（3）	文化活动体验（14.78%）	
餐厅装修有特色，花中就餐体验好（6）；老板服务热情（2）；食材新鲜（1）；景区食品性价比高，价格便宜，菜品量足而精致，美味诱人（12）；咖啡馆休憩舒适，美食味道好（4）；小吃味道好（3）	餐饮服务（8.12%）	旅游服务（15.08%）
花海酒店，如世外桃源，体验浪漫（8）	住宿服务（2.32%）	
送精致的礼物，免费食品（4）；玫瑰花价格便宜（1）；花便宜（1）；孩童游乐设施配备完善，游乐项目多，价格便宜而富有童趣（10）	增值服务（4.64%）	

表5-6(续)

一级编码	二级编码	三级编码
空气不错（2）；景区干净（2）；环境清静惬意，优美如仙境（11）	自然因素（4.35%）	旅游环境（7.54%）
多数店铺老板挺友好（1）花店很美且各具特色，艺术与商业的结合（6）；二次元，音乐与花海的结合，展示特别（2）；音乐为风景锦上添花（1）；音乐与花完美契合（浪漫）（1）	人文因素（3.19%）	
服务人员引导好及管理不错（2）	人员管理（0.58%）	旅游管理（1.45%）
基础设施完善（1）；交通方便（2）	设施管理（0.87%）	

1. 旅游吸引

（1）在景观吸引方面：以"花"为中心，游客从品种、颜色、花香、规模等方面感知花海，同时认为花主题景区景观是田园景观本色展现，有一种乡村自然之美，且景观各具特色。

游客在上海鲜花港游记中，对花的描述有："亭亭玉立的郁金香绽放在草丛中，树荫下，河岸边。不管它身处何方，都自信地绽放着属于自己的美丽""色泽娇艳，浓郁欲滴，不管是什么颜色的郁金香，都如花中仙子一般美丽""花卉展厅中，最多的花卉类型就是百合、蝴蝶兰、向日葵、朱顶红、凤梨和红掌，实在是好养眼哦"；游客在江苏兴化千垛菜花游记中，对花的描述有："大家都置身于一望无际的千岛菜花间，感受随风而来的醉人菜花香，有心旷神怡之感、美不胜收之慨""清晨一早杀入景区后，被大片明黄明黄的油菜花擦亮了眼球"；游客在北京世界花卉大观园游记中，对花的描述有："园内许多品种的海棠，喜欢它们的娇美""遍地鲜花锦簇，到底是专业养花的地方，品种与众不同""牡丹园中共栽植100多种牡丹品种，给游客们带来了美的享受"；游客在北京国际鲜花港游记中，对花的描述有："真是花的海洋，非常漂亮""室外花卉面积很大""除了郁金香之外，鲜花港中还有风信子、洋水仙、银莲花等，也是相当的漂亮啊"；游客在广州番禺百万葵园游记中，对花的描述有："园区里面的新春年花美得不得了，品种多，好好看""大片大片的鲜花连绵百亩，且花期错落有序，让游客无论什么时候去，都能看到鲜花，非常壮观""各种各样的花在春天争艳，美得不想走"；

游客在深圳荷兰花卉小镇游记中，对花的描述有："花的种类齐全，风信子、满天星、各色月季花，还有多肉，真的很多"。

（2）在旅游体验方面：旅游体验包括视觉审美体验和文化活动体验。因为花主题景区目前主要是观光旅游，在花海中赏花、拍照是主要的旅游活动，因而视觉审美体验超过文化活动体验。未来发展的方向应该是利用景区花景观的吸引力，开展独具特色的花海环境中的旅游体验活动，增强花主题景区的竞争力，促进花主题景区可持续发展。

从视觉审美体验来看，游客体验感知类型丰富，注重细节。除了关于花的描述，如"花盆别具匠心""汇集中外的珍奇花卉和树木，让人大饱眼福""花的颜色搭配适宜，图案巧妙组合，设计梦幻温暖，规划得当""夜花园灯饰别具风格""花卉博物馆精致"" 河渠与花交织成一幅画卷"等，还有关于其他植物的描述，如"多肉可爱，规模大，视觉冲击" "南瓜可爱""果实成熟之美""热带雨林区不错""汇集中外的珍奇花卉和树木"。从自然美景到人文景观，如"日出漂亮""晚景超美""景观大道壮观""景区设计别致，立体感十足""走廊很有感觉"。从建筑到小品，如"欧式廊棚拍照很浪漫""建筑清新自然，有异域风情""风车（房）古朴壮观，具有荷兰风情，别有一番风味""雕塑可爱，吸引人"。从室内装饰到室外动物，如"室内摆设精美""喜欢风铃""动物卡通布置充满童趣""狗狗可爱""广场鸽迷人"。从路牌到灯饰，如"小镇路牌很有个性""夜花园灯饰别具风格"。还有特色景区观光车，如"特色 BUS 很复古"，甚至还有"垃圾桶可爱且富有艺术感"的感知。

从文化活动体验来看，游客非常关注体验环境，如"花香迷人"。游客尤其钟情于花海中穿行的活动项目，如"划船游弋，情趣无限，田野气息浓""花海小火车的穿越有科幻美感"。科普活动是不同年龄游客都喜欢的项目，如"寓教于乐，了解花等知识""东区科普园妙趣横生"。游客喜欢兼具趣味性和科普性的活动，温室采摘大受欢迎，能感受到现代农业的神奇。有人在上海鲜花港游记中提及，"这里也很适合带着孩子，在湖里划着小船，闻着花香，让孩子了解花的知识，寓教于乐中学习到很多东西""其实如果时间有余的，来东区这边的太阳能温室体验下果蔬采摘项目，既可以了解到现在全新的农业科技的魅力，看看温室培育的小番茄，也能体验自己动手采摘无土栽培的瓜果蔬菜的过程，还是挺不错的""还可以来到盛彩广场和卡通人物一起跳舞欢乐，尽情释放""充满乐趣的'太阳能科普园'：索桥、科普航母、绿化迷宫、趣味桥，足以引发我蠢蠢欲动的好奇和童真，好玩，很好玩"；有人在江苏兴化千垛菜花游记中提及，"景区同样是坐船，这次是老翁用竹篙撑船，在水杉当中缓慢穿行，鸟语花香，耳机里应景地放着'山歌好比春江水'，感觉很惬意，有种归园田居的感觉"；有人在北京世界花卉大观园游记中提及，"在这里你可以在花卉科研实验室内观看技术员在那里进行种植实验，也可观赏到各种蔬菜水果，遛累了这里还有茶饮，坐在餐厅里边休息边观赏着大厅内的各种花卉，伴着小桥流水非常惬意""花车表演挺不错"等；有人在北京国际鲜花港游记中提及，"尤其是在大地花海的'疯狂弹弓赛''插头冲冲冲'还有我们小时候玩的'跳房子''投沙包'，简直太棒了""蹦床价格不贵，还能寻回童年乐趣""而赶着天晴，租个小船游湖也是不错的主意，游弋在四溢的花香中，情趣无限""如果有小朋友的，还可以让小朋友认识一下青椒、小黄瓜、小番茄的生长，可谓是一堂生动的生物课程"；有人在广州番禺百万葵园游记中提及，"这期我们看到的还是以小朋友卡通元素为主，所以小朋友们都很开心，这里还有些小孩子玩的游戏、设施，所以说带小孩来玩，真的不错""设计花海小火车的工作室是曾获五次奥斯卡视觉效果奖的新西兰维塔工作室，坐着由国外优秀设计师设计的小火车，在花海中穿梭，会有一种穿越科幻电影的错乱美感"。

此外，游客还提到"赏花、花茶、花宴、花编制等'花'主题活动娱乐无限""花车表演不错""文艺演出精彩"等文化体验活动。

2. 旅游服务

在旅游服务三项感知中，餐饮服务最多，其次是增值服务，最后是住宿服务。这个排序说明游客重视餐饮体验，看重增值服务。住宿服务排在最后，且选择比例较小，主要是因为目前东部地区花主题景区以短距离观光旅游为主，很少景区有提供住宿服务。在我们研究的典型景区中，只有广州百万葵园景区有酒店住宿服务，江苏兴化千垛菜花景区有"农家乐"。

在餐饮服务方面，游客最感兴趣的是美味佳肴和价格，如"景区食品性价比高，价格便宜，菜品量足而精致，美味诱人""咖啡馆休憩舒适，美食味道好""小吃味道好"。其次关注独特的就餐环境体验，如"餐厅装修有特色，花中就餐体验好"。接着是服务态度，如"老板服务热情"。以下是关于几个景区餐饮服务感知的游记：

有人在上海鲜花港游记中提及，"入口处就是一个咖啡馆，散客的午饭最好是在这里解决，性价比超级高""菜品偏重于上海的农家菜，做得精致，分量也很足""荷兰风车咖啡屋均采用新鲜的食材，由荷兰籍厨师现场加工制作，游客可以品尝到新鲜美味的荷兰特色小吃"；有人在江苏兴化千垛菜花游记中提及，"吃早饭，一碗汤面加俩煎荷包蛋，说什么也不收费。一条鱼我外面吃 20 元，他才收 10 元""游完回去在酒店点了些吃的，虽然是炒菜，30 块也搞定了，味道还不错"；有人在北京国际鲜花港游记中提及，"在万花馆有个咖啡厅，高大上不说，咖啡居然只要 10 块一杯！我的天，真的颠覆了我对景区 shopping 死贵的观念""鲜花港里有一个正儿八经的饭店，炒菜、米饭都不错""每次赏花游园最让我郁闷的莫过于景区里面吃饭的问题，要么巨贵要么口感太差，但是，鲜花港的 'Dining Center' 一定会是那个例外"；有人在广州番禺百万葵园游记中提及，"这里只有供应饮料的地方，还有好吃的姜汁撞奶，我去吃了一碗，很好吃，吃完感到意犹未尽""葵花鸡不仅肉质鲜嫩甜美，还具有十分高的营养价值""除了葵花鸡还有别的美味佳肴，如茉莉花蒸水蛋、霸王花猪骨莲藕汤、咕噜肉、清蒸白花鱼、鸡脚汤等。上菜速度也是杠杠的，味道也很不错哦""最后只点了一个虾米卤水蛋，48 元一份，好大一盘，卖相不太好，但味道还算不错"。

在增值服务方面，游客最看重儿童游乐设施配套，体现了家庭游的趋势。如"孩童游乐设施配备完善，游乐项目多，价格便宜而富有童趣"。其次，游客很乐于接受直接增值服务，如"送精致的礼物、免费食品""玫瑰花价格便宜""花便宜"等，为游客带来好心情。

有人在广州番禺百万葵园游记中提及，"不过园内工作人员热情地为游客准备小礼物，男的送薰衣草香包一个，女的送樱花雪糕一个，小朋友送向日葵鸡腿一个。每个游客收到小礼物后，心情马上好起来，脸上挂满笑容"。有人在北京国际鲜花港游记中提及，"除了赏菊外，还可以体验水上蹦床、花车巡游、数码喷泉等别具特色的游乐项目，寻得一份别样的乐趣"。

在住宿服务方面，游客认为"花海酒店，如世外桃源，体验浪漫"。

广州番禺百万葵园景区对住宿的整体设计和细节进行了精心打造，为游客带来了住在花海中的独特体验，住宿因此成为百万葵园景区的一张靓丽名片和重要的盈利点。广州番禺百万葵园的"花之恋"城堡酒店给游客留下了美好的记忆："在房间中休憩，眼睛看到的，鼻子闻到的，耳朵听到的，全是花香花语，沁人心脾""自然景观与酒店建筑融为一体，走在酒店当中，感受无穷美好的气息""这是一座时尚的酒店，时尚的房间设计，房间当中到处是高科技的结合，各种小饰物的精心搭配，只为表现出简洁的时代美，令人赏心悦目"。

3. 旅游环境

游客对自然环境的体验较为突出，如"环境清静惬意，优美如仙境""空气不错"。游客对自然环境的体验甚至关注到日出。如游客在江苏兴化千垛菜花游记中说："欣赏到一次堪称完美的日出，无法用语言形容。"

游客对人文因素的体验关注环境的艺术性，看重艺术与商业、音乐与花结合的独特体验，认为艺术与音乐对环境的塑造增加了景区魅力。有人在荷兰花卉小镇游记中提及，"花店很美且各具特色，艺术与商业完美结合"；有人在北京国际鲜花港游记中提及，"风景如画，再配上优美的音乐，真是再好不过了""二次元，音乐与花海的结合，展示特别"。有人在广州番禺百万葵园游记中提及，"听着薰衣草背景音乐，触摸着一棵棵紫色海洋中的薰衣草，很是浪漫""音乐为风景锦上添花""音乐与花完美契合"。

在人文因素中，游客还提到了商家的服务态度很热情。

4. 旅游管理

游客从软件、硬件管理两个方面感知景区管理。

在设施管理上，有人在北京世界花卉大观园游记中提及，"旁边还有一些器械，也挺好玩的，秋千啊，独木桥啊什么的"；有人在广州番禺百万葵园游记中提及，"两层楼高的滑梯不错，园区其实蛮适合亲子游的""不过百万葵园的设施还不错的，厕所门口还有给婴儿换尿布的地方"。在人员管理上，江苏兴化千垛菜花景区"游客都是坐免费班车到景区大门口的（出来时也是坐免费班车），坐车点多，服务引导也好，值得大赞"。

（三）负面评价

从表5-7可以看出，负面评价不多，主要集中在旅游吸引、旅游服务和旅游管理方面。

1. 旅游吸引负面评价

（1）在景观吸引方面，游客不满意的景观几乎都是花景观。如"花色不鲜亮""波斯菊品种单一，令人失望""向日葵没有活力、品种不多""玫瑰花数量少且分散""花期过了"。游客对花景观的负面评价角度与正面评价角度一致，包括花的颜色、品种、规模和形态等方面。

表5-7 东部花主题景区负面评价的逐级编码

一级编码	二级编码	三级编码
枝叶枯干，花色不鲜亮（1）；景观间隔分布，给观赏带来遗憾（1）；波斯菊品种单一（1）；向日葵没有活力；品种不多（2）；玫瑰花数量少且分散（1）；花期过了（2）	景观吸引（24.24%）	旅游吸引（30.30%）
坐船嘈杂与快速，让人感到浮躁（1）；拍片毫无特色（1）	旅游体验（6.06%）	
就餐消费贵（1）；小吃难吃（1）；食物味道不好（2）	餐饮服务（12.12%）	旅游服务（24.24%）
新装修的酒店气味重（1）；住宿条件艰苦（1）	住宿服务（6.06%）	
景区门票贵（2）	增值服务（6.06%）	
天气不给力，影响拍照（2）；地方有点偏（1）	自然因素（9.09%）	旅游环境（21.21%）
交通不便（3）；租车贵（1）	人文因素（12.12%）	
景点凌乱，欠缺统一规划（1）；规划太差（1）	规划管理（6.06%）	旅游管理（24.24%）
管理不精心（1）；花儿被踩踏，不宜近观（3）；景区有点脏乱差（1）；婚纱道具与摆设有些不伦不类（1）	景观管理（18.18%）	

（2）在旅游体验方面，游客对体验环境和体验节奏不好带来的体验效果不满，以及对景观单一带来的照片拍摄的特色不满。这两个方面的负面评价都主要出现在江苏兴化千垛菜花景区游记中，如"理想当中的坐船是一两个人在船上划着桨，慢悠悠地用心感受美，而不是在嘈杂与快速中完成任务。也许这是现代旅游业的通病吧，也是现代快节奏社会的弊病，也许因为我们人口太多。我感受到更多的是浮躁""从拍片的角度看不如罗平、婺源。你在平地拍，一片金黄而已，毫无特色"。

2. 旅游服务负面评价

在旅游服务方面，餐饮服务方面负面评价所占比例较大，主要认为菜肴味道不好，价格贵。有人在北京国际鲜花港游记中提及，"我和同学是11点先在顺义区的城里吃了饭才上路的，因为园区内小吃实在难吃"；有人在广州番禺百万葵园游记中提及，"唯一欠缺的是，这里没有供应物美价廉午餐的餐馆。这里的特产葵花鸡要 70 元一只，再怎么美味，也觉得不值"。

在住宿服务方面，主要认为"农家乐"条件艰苦。有游客在江苏兴化千垛菜花景区游记中说："晚上 7 点多到景区内的'农家乐'住下，276 元三人间，事先在'去哪儿'网上预订好的，条件很艰苦。"

3. 旅游管理负面评价

旅游管理中以景观管理的问题最为突出。

（1）在景观管理方面：一是游客管理不好，破坏了花景观。有人在广州番禺百万葵园游记中提及，"有的被踩倒在地，有的被折断了脑袋，有的叶子花瓣掉了一地，蔫头耷脑的，好不令人沮丧""可怜的薰衣草，长在田地边缘的，已被踩得东倒西歪，埋入了泥土中。我看着，心里有着许多难以言语的感受"。二是设施管理不好破坏了景观。有人在广州番禺百万葵园游记中提及，"为了追求经济利益搞起了婚纱拍照，在各个景点摆起了好多不伦不类的道具和摆设，原本美丽的田园风光也变得俗气"。三是卫生管理不好，破坏了景观环境。一些"景区有点脏乱差"。

（2）在规划管理方面：游客认为一些景区的景点布局凌乱，欠缺统一规划；一些景区空间利用不合理。有人在广州百万葵园游记中提及，"游百万葵园，除了向日葵花田与七彩花田比较大气，其他的景点好像小女孩绣花，东一丛西一簇，十分凌乱。园区显然没有经过统一的规划，有点像农民的自留地，什么都种"；有人在上海鲜花港游记中提及，"只能说这里的园林规划太差，这么大块土地，只是资源的浪费，完全没有充分利用空间"。

四、结论与启示

（一）结论

（1）花主题景区旅游季节性明显，主要为短距离观光旅游，其游客主要来源于景区所在市县或周边市县地区。游记中绝大多数游客认为花主题景区"值得一去"，并"期待下次再来"。

（2）花主题景区景观以自然为基调，以文化为灵魂，是田园景观本色展现，有一种乡村自然之美，且景观各具特色。

（3）在花海中赏花和拍照是花主题景区游客最感到惬意的观光旅游活动，花海对花主题景区有着非凡的意义。游客感知到的花海景观既有普遍性，又有独特性。游客主要从花的色彩、花香、品种、规模和形态等方面感知花海景观普遍性。花海景观独特性主要在花海氛围多维营造和花海中体验活动设计方面。游客盛赞无论哪个角度都美不胜收，壮美中显精致，优雅中见气势的独特效果，喜欢在花海中穿梭的小火车，住在被鲜花簇拥的城堡酒店里，心动于万紫千红花海中的动漫。

游客认为建筑景观极具特色、协调性，雕塑景观灵动、活泼、可爱，有自然意境和人文情怀，园林景观艺术特色明显，夜花园景观别有一番意境。

游客认为东部各花主题景区景观极具观赏性、体验性、趣味性和艺术性。这些景区都注重打造壮美雅致的花海景观，在花海场景中设计独特有趣的体验活动；注重时空转换，营造异国风情；注重时空组合，营造富有意境的夜花园；各种景观充满艺术气息，到处精雕细琢。

（4）游客的视觉审美体验感知类型丰富，注重细节。游客的文化活动体验非常关注体验环境，尤其是环境的艺术性，看重艺术与商业、音乐与花结合的独特体验，钟情于花海中穿行的活动项目。游客喜欢兼具趣味性和科普性的活动，温室采摘大受欢迎。此外，游客看重"赏花、花茶、花宴、花编制等'花'主题活动娱乐无限""花车表演不错""文艺演出精彩"等文化体验活动。

（5）游客重视餐饮体验，看重增值服务，很少景区有提供住宿服务。

在餐饮服务方面，游客最感兴趣的是美味佳肴和价格。

在增值服务方面，游客最看重儿童游乐设施配套，很乐于接受直接增值服务，如"送精致的礼物，免费食品"。

在住宿方面，游客认为"花海酒店，如世外桃源，体验浪漫"。广州百万葵园景区的"花之恋"城堡酒店从整体设计和细节上进行精心打造，为游客带来了住在花海中的独特体验，因此成为百万葵园景区的一张靓丽名片和重要的盈利点。

（6）在设施方面，游客强调交通设施较完善、多样，可进入性较强，关注设计了旅游"专线"和"路线"的景区。"温室"的打造缩短了空间距离，克服了季节性，大大丰富了花卉景区的内涵性、观赏性与科学性。游客喜欢太阳能温室体验下推出的果蔬采摘项目，了解全新的农业科技，观赏温室培育的果蔬，体验自己动手采摘无土栽培瓜果蔬菜过程的乐趣。

（7）在不多的负面评价中，游客不满意的景观几乎都是在色彩、品种、规模和形态上有问题的花景观，对景观单一带来的照片拍摄效果不满，对体验环境和体验节奏不好带来的体验效果不满。在餐饮服务方面的负面评价主要是菜肴味道不好价格贵。在住宿服务方面，主要认为"农家乐"条件艰苦。在旅游管理方面的负面评价以景观管理问题最为突出。一是游客管理不好，破坏了花景观；二是设施管理不好破坏了景观品味；三是卫生管理不好，破坏了景观环境。在规划管理方面，游客认为一些景区的景点布局凌乱，欠缺统一规划；一些景区空间利用不合理。

（二）启示

（1）要吸引长距离游客，花主题景区需要打造适合长距离游客的专门吸引力。

（2）结合音乐、艺术和文化，花主题景区需要在乡村自然基底上为游客赏花拍照打造壮观、雅致、有意蕴的爽心悦目花海景观。

（3）花海是环境，体验是中心。花主题景区需要设计花海中的有趣旅游体验活动，增强景区吸引力。

（4）景观设计注重时空转换，营造中外风情；注重时空组合，营造富有意境的夜花园；要处处精雕细琢，充满艺术气息。

（5）花海中的住宿既是独特体验，又是盈利点。花主题景区需要以精美的食物和合理的价格赢得游客口碑。

（6）温室是花景区重要设施，可缩短植物花卉的空间距离，又能降低景区季节敏感性，还能展示和体验现代农业技术，让游客体验采摘乐趣。

（7）重视增值服务，增强游客满意度。

（8）设计旅游专线有助于提高旅游客流。

（9）景区规划既要注重整体，又要注重细节，还要注重体验过程设计。

（10）重视景观管理，保持景观吸引力。

第六章

花主题旅游市场游客行为研究

案例景区简介[①]

本章研究案例景区是"犍为·世界茉莉博览园"。世界茉莉博览园地处犍为县清溪镇，该项目以茉莉花田园为基础，以茶、旅融合为特色，规划总面积为 12 000 亩，按照国家 4A 级旅游景区标准建设；景区以"万顷茉莉、梦幻亲子、绿野星空、爱情秘境、田园宿居、文创妙想"六大游娱体验主题布局，设立了兼具研学、观赏、游乐、购物、餐饮的数十个特色文旅项目，倾力打造集"花、产、旅"于一体的"茉莉花博览园田园综合体"。

世界茉莉博览园汇集了全球珍稀的茉莉花品种 120 余个，整合周边12 000 亩茉莉花种植基地，建立起茉莉花培育种植、精深加工、产品研发的完整产业链，被四川省林业和草原局评为"省级花卉产业园区"，被四川省农业农村厅评为"省级农业产业园区"。世界茉莉博览园中还设立了大量的研学、拓展、娱乐、购物、餐饮等项目，通过旅游产业带动犍为县吃、住、行、游、购、娱等多项产业，茉莉花种植、采摘、加工产业链等项目创造了大量的工作岗位，目前已帮助上万农民就业增收。

---

① 王卫东，徐子珊，李凤. 乐山犍为县：世界茉莉博览园正式开园［EB/OL］.（2020-05-06）［2023-03-22］. https://sc.cri.cn/chinanews/20200506/e46dbc3f-89d1-7d26-c69d-e9c8fb6e3448.html?chinaNewsType = app&fonts = 1&language = zh&languageId = zh&menuId = 110&no _ pic = 0&userId = ui1506582072419923282.

犍为县种植茉莉花已有 300 多年历史，是我国传统的古老茶区之一，全县茉莉花种植面积居西南第一、中国第二，先后获得"中国茉莉花之乡""中国茶乡""中国名茶之乡""中国茉莉花茶之都"等称号。

第一节　四川省外花主题旅游市场游客行为研究

一、国内花主题景区竞争解读

（一）东部地区和省会城市花主题景区竞争力较强

国内东、中、西部三大地区都有大型花主题景区分布。从表 3-6 显示的东、中、西部三大地区大型花主题景区概况来看，东部地区大型花主题景区分布数量最多，景区旅游活动丰富，特色显著，盈利方式多样，开发较为成熟。中部地区形成了以著名的洛阳牡丹花主题景区为代表的花主题景区。西部地区形成了以成都市为代表的花主题景区。在世界茉莉博览园田园综合体概念性规划中，在竞争分析部分列出了成都市数量众多、种类多样的花主题景区。由此可见，国内花主题景区旅游市场竞争激烈，经济发达的东部地区和省会城市花景区市场竞争力较强。

（二）花主题景区其他竞争对手多样

1. 城市植物园

很多大城市都有植物园，如上海辰山植物园、北京植物园和广州华南植物园等。这些植物园植物资源丰富、规模大、景观美，常常举办花卉展，并以科普知识传播活动为其显著特征，已成为国家高等级旅游景区，是游客旅游休闲的理想场所，且所在城市是我国主要客源地，是花主题景区重要的竞争对手。

中国科学院华南植物园建有木兰园、姜园、竹园、兰园、棕榈园、苏铁园等 30 个植物保育专类园，保存植物 13 000 多种，其中热带亚热带植物 6 100 多种，经济植物 5 300 多种，国家保护的濒危野生植物 430 多种，被誉为"中国南方绿宝石"。华南植物园是普及植物学与环境科学知识、生态旅游的休闲园地，被命名为"全国青少年科技教育基地""全国科普教育基地""植物学与环境教育基地"。华南植物园曾开展过郁金香、洋水仙、帝王花和牡丹花展，是国家 4A 级旅游景区①。

上海辰山植物园是集科研、科普和观赏游览于一体的综合性植物园，矿坑花园、展览温室（含热带花果馆、沙生植物馆、珍奇植物馆）、月季园、药用植物园、城市菜园、春花园和观赏草园等园区已成为以植物多样性为基础、各具特色的高品质专类展示园，还先后建成了热带植物体验馆、4D 科普影院、树屋、海盗船、儿童园、"勇者之路"攀爬网、空中藤蔓园等科普体验设施，充分发挥风景宜人的特点，将文化品牌活动与特色植物相结合，举办"上海国际兰展""上海月季展""辰山睡莲展"等特色主题花展，以及"辰山草地广播音乐节""辰山自然生活节"等主题品牌活动，为游客搭建休闲娱乐的绿色平台②，是国家 4A 级旅游景区。

北京植物园是以搜集、展示和保存植物资源为主，集科学研究、科学普及、游览休憩、植物种质资源保护和新优植物开发功能于一体的综合植物园，是国家 4A 级旅游景区。

北京植物园由植物展览区、科研区、名胜古迹区和自然保护区组成，园内搜集展示各类植物 10 000 余种（含品种）150 余万株。植物展览区分为观赏植物区、树木园和温室区三部分。观赏植物区由专类园组成，主要有月季园、桃花园、牡丹园、芍药园、丁香园、海棠枸子园、木兰园、集秀园（竹园）、宿根花卉园和梅园。月季园是我国目前规模最大的月季专类园，栽培了近 1 000 个月季品种。桃花园是世界上搜集桃花品种最多的专类园，每年春季举办的"北京桃花节"吸引了数百万游人前来观赏。树木园由银杏松柏区、槭树蔷薇区、椴树杨柳区、木兰小檗区、悬铃木麻栎区和泡桐白蜡区组成。热带植物展览温室被评为北京 20 世纪 90 年代十大建筑之一。盆景园主要展示我国各流派盆景的技艺与作品③。

2. 现代农业产业园

现代农业产业园是乡村现代农业发展的重要载体，在"旅游+"产业融合发展战略背景下，现代农业产业园成为乡村旅游的新业态，为旅游者提供

---

① 中国科学院华南植物园. 园况简介［EB/OL］.（2010-05-05）［2022-10-20］. http://www.scib.cas.cn/lyfw/yqjj/201005/t20100505_2839190.html.

② 上海辰山植物园. 上海辰山植物园简介［EB/OL］.（2016-03-17）［2022-10-20］. https://www.csnbgsh.cn/sites/chenshan2020/static/gonggao-content.ashx？ctgid=602a9949-0ba2-4e35-bed5-e8fff204080c&infId=d48ca8bd-da34-495d-8a97-25c9c82cfbf4&leftbarid=f2f35580-e8e4-4aa2-adde-997f2d1b3feb.

③ 博雅旅游分享网. 北京植物园［EB/OL］.［2022-10-20］. http://www.bytravel.cn/Landscape/2/beijingzhiwuyuan.html.

现代农业观光、科普旅游、现代农业体验等旅游活动。广泛分布于大城市周边乡村的现代农业产业园，既有优美的乡村风光，又有新颖的农业体验旅游活动，对大城市居民休闲度假游憩有较大吸引力，一定程度上分流了大城市居民休闲度假游憩旅游市场。

中法农业科技园①位于四川省眉山市彭山区锦江乡，规划占地面积 18 平方千米，计划总投资约 300 亿元，由中央企业华侨城集团和法国欧倍欧集团共同开发，打造中法融合的新生活方式样本。该项目已被列入中、法两国地方政府合作备忘录，2018 年四川省 100 个推进项目之一，成为中法国际合作范本。

项目计划建设周期 6~8 年，在优质生态农业资源的基础上进行产业战略规划，以农为乐、以农养生、以农育美，明确了"集聚特色农业生产展示基地、农业核心科技研发中心、有机食品与康养医疗合作平台、文化艺术与生活方式交流窗口、中法国际乡村风情展示园"五大核心功能。

在空间布局方面，项目规划一带、一核、七园（区），包括总体规划形成锦江生态景观带，中法农业科技园核心区（特色小镇）、中法农业种植示范区、缤纷果园体验区、天生埝水库林地花卉区、高效农业培育试验区、文化旅游功能区、农业科技康养功能区、田园度假功能区七大园区。按照计划，一期项目核心区两年内建成，第 3 年至第 4 年建成中法国际乡村风情园，第 5 年至第 6 年建成中法国际康养医疗产业园，第 7 年至第 8 年建成法国特色小镇，同步在第 8 年建成中法科技文创产业园。

3. 城郊旅游综合体

由于全球旅游产业兴旺，我国的旅游产业发展风暴席卷全国，旅游产业成为投资高地，吸引了各路资本竞相角逐。近年来，在城市郊区尤其是大城市郊区投资的大型旅游综合体，满足了城市居民逃离惯常居住的城市，体验新鲜多样的田园文化生活的需求，同时又有靠近大城市的区位优势，成为城市居民青睐的旅游景区。

总投资 14 亿元、规划建设面积 124.8 公顷的黄龙溪现代农业创意博览园，以"欢乐农业嘉年华"为总体定位，按照"一心两园五轴"结构进行场地布置，致力于打造集创意农业、农事体验、农业科普、田园生活体验以及循环农业生产于一体的农业特色小镇，为游客呈现一个精彩纷呈的农业创

---

① 百度百科. 中法农业科技园. ［EB/OL］.［2022-10-20］. https://baike.so.com/doc/28478237-30607497.html.

意主题休闲综合体①。

2019 年 3 月 22 日，现代农业创意博览园区——华侨城·欢乐田园正式开园迎客。作为华侨城"十里八湾·黄龙溪"中的首个引擎项目，欢乐田园从"天府第一名镇"黄龙溪的川蜀农耕文化出发，将古镇人文精神融入产品理念，创新打造了川江草海、锦城花岛、古佛花溪、武阳茶谷、七彩森林、大河梯田、鹿溪牧场七大主题区域，让游客在欢娱中"认识乡村""探索农业""享受田园"，实现对整个川蜀田园文化生活的全景展示②。

天府恒大文化旅游城由恒大集团旗下恒大旅游集团倾力打造，项目地处"国家级新区"——天府新区（彭山），计划打造约 41 000 平方米童话大街、约 6 700 平方米博物馆群、约 240 000 平方米欧式城堡酒店及精品酒店、约 14 300 平方米综合运动中心、约 8 000 平方米国际会展中心、约 30 000 平方米大型演艺中心、约 12 000 平方米国际电影城、约 1 900 平方米婚礼庄园等丰富业态，是集游乐、文化、休闲、商业、旅居于一体的世界文化旅游胜地③。

4. 城市公园

中部和东部省会城市和直辖市都有较多大型城市公园，尤其是东部直辖市上海，每个区都有很多大型城市公园，有的绿草如茵、流水潺潺、花团锦簇，有的在优美的生态背景下弘扬地方文化遗产或产业遗产，服务设施完善，加上门票价格便宜甚至免门票，是很多市民周末休闲游憩的好去处。

上海市绿化市容局于 2019 年 4 月 28 日公布当年上海公园延长开放名单，延长开放的公园有 253 座，覆盖 16 个区，占全市城市公园总数的 84%，比 2018 年增加了 58 座。其中，24 小时开放的公园从 2018 年的 73 座增至 129 座。

上海从 2011 年 7 月起，开始在首批 35 座公园试点延长开放时间，试行"夏令时"——7 月到 9 月的 3 个月内，开园时间不晚于 5 时，闭园时间不早于 20 时。此后，每年都会有公园加入延长开放时间的队伍，而 2019 年的力度最大。公园延长开放名单中，除了 129 座公园全年 24 小时开放外，还有

---

① 丁宁. 投资 25 亿元 政企携手打造黄龙溪特色小镇新篇章［EB/OL］.（2017-08-01）［2022-10-20］. https://sichuan.scol.com.cn/fffy/201708/55963406.html.

② 王军. 成都双流华侨城·欢乐田园试业 吸引大量游客进园游玩［EB/OL］.（2019-03-22）［2022-10-20］. https://www.sohu.com/a/303055202_114731.

③ 佚名. 天府恒大文化旅游城：万亩文旅大盘 成都新晋网红打卡地［EB/OL］.（2019-08-13）［2022-10-20］. https://www.sohu.com/a/333464757_791549.

80 座公园调整了一整年的开放时间，对每天的开放时间做了相应延长，最早的 5 时开门，最晚的 22 时关门。此外，还有 44 座公园只在特定季节，一般是 5 月初到 10 月底才延长开放，它们中的大多数延长开放的时间都在每天 5 时至 21 时[1]。

综上所述，国内花主题景区竞争对手多样，竞争激烈。

二、调查游客客源市场结构及目标客源市场

（一）省外市场调查情况

我们利用周末时间调查了北京、上海、广州、深圳、武汉、长沙、西安、昆明、贵阳九个东、中、西部有代表性城市的游客。调查地点为每个城市花主题景区和高铁站。每个城市调查问卷 300 份，总共发放和回收 2 700 份问卷，其中，有效问卷 2 341 份，占调查问卷总数的 78.03%。

参加游客调查的老师共计 14 人，参与调查的学生共计 90 人。游客调查期间，课题组人员考察了一些典型的花主题景区、植物园和城市公园。如上海鲜花港、上海辰山植物园、北京花卉大观园、北京玉渊潭公园、广州云台花园、广州百万葵园、深圳荷兰花卉小镇、武汉东湖樱花园、长沙橘子洲头景区、西安兴庆宫公园、昆明翠湖公园、贵阳平坝樱花园和贵阳花溪十里长滩湿地公园等，为进行市场分析提供了感性认识。

（二）客源市场结构

1. 性别

本次接受调查的省外城市游客共计 2 700 人，填有效问卷的游客为 2 341 人，占接受调查人数的 86.7%。其中男性 1 075 人，占 45.92%；女性 1 266 人，占 54.08%。女性多于男性。具体见表 6-1。

表 6-1　接受调查游客性别结构

性别	数量/人	百分比/%
男	1 075	45.92
女	1 266	54.08

---

① 上观新闻. 今年力度最大！上海 84% 城市公园延长开放，24 小时公园增至 129 座 [EB/OL]. (2019-04-28) [2022-10-20]. http://finance.sina.com.cn/roll/2019-04-28/doc-ihvhiqax55 45478.shtml.

2. 年龄

接受调查游客以 16~25 岁的青少年为主,其次是 26~45 岁的壮年人。青少年和壮年人合计达到 88.29%。这与调查中年龄越大的游客配合度越低有关。具体见表 6-2。

表 6-2　接受调查游客年龄结构

年龄段	<15 岁	16~25 岁	26~45 岁	46~65 岁	>65 岁
人数/人	45	1 274	793	200	29
百分比/%	1.92	54.42	33.87	8.54	1.24
排序	4	1	2	3	5

3. 职业

接受调查游客中职业分布[1]较广,学生最多,其次是企业职工,再次是自由职业者,最后是技术人员,其他职业人员比例较低。具体见表 6-3。

表 6-3　接受调查游客职业构成

职业	学生	自由职业者	公务员	技术人员	企业职工	退休人员	教师	农民	商务人员	服务人员	其他
人数/人	899	344	85	207	372	63	66	17	54	57	166
百分比/%	38.4	14.96	3.63	8.84	15.89	2.69	2.82	0.73	2.31	2.43	7.09
排序	1	3	6	4	2	8	7	11	10	9	5

4. 受教育程度

接受调查游客中有近一半的是本科学历,数量比例位列第一。其次是大专学历。本科和大专学历游客超过 70%。硕士及以上学历的游客近 10%。具体见表 6-4。

表 6-4　接受调查游客学历构成

受教育程度	高中及以下	大专	本科	硕士及以上
人数/人	467	528	1 136	210
百分比/%	19.95	22.55	48.53	8.97
排序	3	2	1	4

---

[1]　游客职业划分参考国家统计局城市社会经济调查司和国家旅游局政策法规司共同出版的《旅游抽样调查资料》对游客职业的划分方法。

5. 收入

接受调查游客收入呈现两头大中间小的特点，即月收入 3 000 元以下的低收入群体和月收入 5 000 元以上的中高收入和高收入群体大，而中间的中等收入群体较小。低收入群体最大，占 43.81%。其次是中高收入和高收入群体，占 36.89%。中等收入群体占 19.30%。具体见表 6-5。

表 6-5　接受调查游客收入构成

月收入/元	低收入		中等收入	中高收入	高收入
	≤1 000	1 001~3 000	3 001~5 000	5 001~10 000	>10 000
人数/人	669	355	451	609	253
百分比/%	28.62	15.19	19.30	26.06	10.83
	43.81		19.30	36.89	

6. 客源地

接受调查游客的客源地以东部地区为主，第二是西南地区，第三是中部地区，第四是西北地区，东北地区游客很少，港澳台及海外地区游客不到 1%。具体见表 6-6。

表 6-6　接受调查游客客源结构

客源地	东部	中部	东北	西北	西南	港澳台及海外
频次/次	828	520	54	207	693	19
百分比/%	36.67	22.40	2.33	8.92	29.86	0.82
排序	1	3	5	4	2	6

7. 旅游方式

接受调查游客出游方式多是与朋友或家人出游，独自一人出游的较少，单位集体出游的更少。具体见表 6-7。

表 6-7　接受调查游客旅游方式

出游方式	独自一人	家人	朋友	单位集体
频次/次	250	1 000	1 122	126
百分比/%	10.01	40.03	44.92	5.04
排序	3	2	1	4

(二）目标客源市场

寻找目标客源市场考虑的原则：

（1）遵循由近及远的市场规律。

（2）考虑花主题景区游客周末出游的规律。

（3）游客需求（调查游客选择本项目的强烈意愿比例）。

（4）调查游客年龄结构和收入结构。

1．按照距离

划分客源市场一般方法是依据距离，因为客源市场客观遵循由近及远出游的市场规律。根据距离目的地由近及远的距离，我们将客源市场划分为一级市场（近距离市场）、二级市场（中程市场）和机会市场（远距离市场）。按照这样的方法，世界茉莉博览园项目的省外客源市场如下：

一级市场——四川省周边的西部城市，如昆明、贵阳和重庆等。

二级市场——西部和中部城市，如西安、武汉和长沙等。

机会市场——东部城市，如北京、上海、广州和深圳等。

2．按照需求程度

花主题景区旅游选择与城市特质、城市资源、居民消费水平等综合因素有关，因而世界茉莉博览园项目的省外目标客源市场选择，还要考虑市场需求程度。根据调查问卷统计的游客选择世界茉莉博览园旅游的"强烈意愿"比例，我们将世界茉莉博览园目标市场划分为以下几类：

一级目标市场——上海、重庆和西安。三个城市游客选择世界茉莉博览园旅游的强烈意愿比例分别是15.57%、13.28%和13.04%。

二级目标市场——武汉、昆明、北京和贵阳。四个城市游客选择世界茉莉博览园旅游的强烈意愿比例分别是12.13%、11.45%、10.92%和10.51%。

机会市场——长沙和广州（包括深圳）。两个城市游客选择世界茉莉博览园旅游的强烈意愿比例分别是9.96%和7.4%。

3．综合考虑距离因素和游客需求

距离衰减规律是旅游流分布的一般规律，距离因素是市场划分所遵循的基本因素。所以，在以距离为原则划分市场后，我们根据需求因素加以修正。这里综合考虑距离和需求因素后划分的本项目省外客源市场如下：

一级目标市场——四川省周边的西部城市，如昆明、贵阳、重庆和西安等。

二级目标市场——东部和中部城市，如上海、武汉和长沙等。

机会市场——东部城市，如北京、广州和深圳等。

4. 按照收入、年龄和性别

按照收入，根据表6-5显示的信息，世界茉莉博览园的目标市场应为人群规模较大和收入较高的中高收入和高收入群体，即月收入5 000~10 000元和10 000元以上的群体。

按照年龄和性别，根据表6-1和表6-2的信息，世界茉莉博览园的目标市场应为16~25岁的青少年和26~45岁的壮年女性群体。

5. 按照出游方式

根据表6-7，朋友和家庭出游是目标市场。

三、项目旅游形象感知度和吸引力

茉莉花主题景区旅游市场形象感知较为明显。对省外游客的调查结果显示，游客对八种常见花主题的选择比例都较大（见表6-8）。其中，薰衣草最为突出，排名第一，其次是茉莉花，排名第二，最后是玫瑰，其余选择百分比差异不大，说明游客普遍喜欢花景区，这是近年来花景区如雨后春笋般出现的重要市场基础。

表6-8　游客对主题花卉的偏爱排序（多选）

主题花卉	牡丹	玫瑰	郁金香	茉莉花	薰衣草	向日葵	百合	桃花
频次/次	527	774	630	841	939	644	470	623
百分比/%	22.51	33.06	26.91	35.92	40.11	27.51	20.77	26.61
排序	7	3	5	2	1	4	8	6

世界茉莉博览园田园综合体具有一定旅游吸引力。表6-9显示，超过50%的游客有"一些意愿"选择世界茉莉博览园田园综合体景区旅游，有10%左右的游客有"强烈意愿"去该景区旅游，而"不太愿意"和"完全没有意愿"去该景区旅游的游客较少，分别占2.62%和1.24%。但也有近1/3的游客"不确定"是否会选择去该景区旅游。由此判断，世界茉莉博览园田园综合体具有一定旅游吸引力。但如果能坚定"一些意愿"旅游者的意愿，促进"不确定"旅游者转变为"确定意愿"，本项目市场前景将非常乐观。

表 6-9   游客对世界茉莉博览园田园综合体的选择意愿排序

选择意愿	强烈意愿	一些意愿	不确定	不太愿意	完全没有意愿
频次/次	271	1 271	706	66	28
百分比/%	11.57	54.27	30.15	2.81	1.2
排序	3	1	2	4	5

四、游客对本项目的偏好

（一）游客对茉莉花景区主题的偏好

问卷以茉莉花所蕴含的五种内涵作为主题调查的选项。从表 6-10 选择结果看，游客最钟情的茉莉花景区主题是"纯洁"，选择比例远高于其他主题。这与茉莉花的直观印象有关，"好一朵茉莉花"歌曲唱诵的都是"又香又白人人夸"，"白"所代表的"纯洁"居于首位。游客较为喜欢的主题是快乐和幸福。而本项目概念规划提出的"香"主题和茉莉花文化所蕴含的"永恒"主题居于次要地位。这为本项目主题营销指明了方向。具体见表 6-10。

表 6-10   游客对茉莉花景区主题的选择排序

景区主题	香	永恒	纯洁	幸福	快乐
频次/次	328	322	806	437	448
百分比/%	14.01	13.75	34.43	18.67	19.14
排序	4	5	1	3	2

（二）游客喜欢的世界茉莉博览园景区的旅游活动

1. 观光项目

游客最喜欢的观光项目是茉莉花花田观光，位列第一，选择百分比远远超过其他观光活动，高达 63%。位列第二、三、四位的观光活动依次为湖滨观光、灯光秀和水秀、森林景观，选择百分比超过 30%。果林景观和草地景观列第五和第六，选择百分比接近 30%。选择百分比在 20% 左右的有中式建筑、花主题小品和西式建筑。婚庆活动景观排在最后，选择百分比只有 13.58%。具体见表 6-11。

表 6-11　游客选择世界茉莉博览园景区的观光景观情况（多选）

观光活动	花田景观	果林景观	森林景观	草地景观	湖滨景观	主题小品	西式建筑	中式建筑	婚庆活动景观	灯光秀和水秀
频次/次	1 475	692	894	679	1 015	491	474	509	318	1 002
百分比/%	63	29.56	38.21	29.02	43.38	20.97	20.25	21.74	13.58	42.8
排序	1	5	4	6	2	8	9	7	10	3

　　游客对花田景观的超级偏爱与课题组对游记的研究结果一致，客观反映了花主题景区旅游的实际。本项目打造的重点项目湖滨景观和水秀景观也是游客喜欢的景观。本项目需要注意的是，排名第四的森林景观选择比例也较高，仅次于水秀，应考虑列入重点景观。

　　2. 农业旅游体验项目

　　游客对花、果、茶采摘体验活动最感兴趣，超过 60% 的游客选择该体验项目。其次，有 1/3 以上游客喜欢产品制作体验，有 24.48% 的游客喜欢垂钓活动体验。具体见表 6-12。

　　花、果、茶采摘体验活动最能体现乡村特色感受乡村生活，满足游客逃离惯常居住的城市环境去体验另一种生活方式的需求，因而大受欢迎。

表 6-12　游客选择农业体验旅游项目情况（多选）

农业体验项目	花、果、茶采摘	茉莉花相关产品制作体验	垂钓
频次/次	1 669	1 011	573
百分比/%	64.8	43.19	24.48
排序	1	2	3

　　3. 农业旅游娱乐项目

　　开心农场和森林探险项目最受欢迎，选择比例近 50%。居第三位的是水上活动，选择比例较高。而儿童游乐项目选择比例较低。具体见表 6-13。

　　值得注意的是，最受欢迎的农业旅游娱乐项目开心农场和森林探险没有在本项目概念规划之中，但符合乡村旅游活动的特点和现代人追求快乐和刺激的旅游诉求，也得到了游客的较高认同。儿童游乐项目选择比例较低，一方面与接受调查游客结构有关，另一方面与这个项目对于游客的价值有关。本项目东部花主题景区游记分析显示，儿童游乐项目是花主题景区游客的增值服务，但有小孩的游客很重视这项服务，几乎是花主题景区的必备项目。

表 6-13　游客选择农业旅游娱乐项目情况（多选）

农业娱乐项目	森林探险	水上活动	开心农场	儿童游乐项目
频次/次	1 077	989	1 101	355
百分比/%	46	42.24	47.03	15.16
排序	2	3	1	4

4. 农业科普教育项目

游客对农业科普项目普遍感兴趣。超过 50% 的游客选择各国茉莉花展示，41% 的游客选择高科技栽培展示，约 37% 的游客选择中外茉莉花文化展示。具体见表 6-14。

三个科普教育项目选择比例都超过 1/3，充分说明科普教育项目对花主题景区的重要性。本课题组成员在花主题景区实地考察过程中发现，各年龄层次游客，无论老年人、中年人，还是青年人和少年儿童，都非常关注花卉植物科普，都会在奇花异草前面长时间停留和拍照。

表 6-14　游客选择农业科普教育项目情况（多选）

农业科普教育项目	高科技栽培展示	各国茉莉花展示	中外茉莉花文化展示
频次/次	960	1 196	856
百分比/%	41.01	51.09	36.57
排序	2	1	3

5. 景区购物

景区购物方式中，游客更偏爱特色小店购物，同时喜欢体验式购物。这与旅游业升级和品质发展趋势吻合。具体见表 6-15。

表 6-15　游客景区购物选择情况（多选）

购物类型	特色小店	体验式购物
频次/次	1 403	1 094
百分比/%	59.93	46.73
排序	1	2

6. 餐饮类型

表 6-16 显示，最受欢迎的餐饮类型是草坪烧烤，有近 50% 的游客选择。其次是"农家乐"和地方小吃店，选择比例分别都是约 38%。只有不到 6%

的游客选择快餐店这种以吃饱为目标的餐饮类型。由此可见，除快餐店外，其他有特色的餐饮类型选择比例较高，说明游客非常重视旅途中的美食和餐饮体验。

表 6-16　游客选择餐饮类型排序（多选）

餐饮类型	"农家乐"	草坪烧烤	快餐店	地方小吃店	茉莉花宴饭店
频次/次	893	1 151	140	877	695
百分比/%	38.15	49.17	5.98	37.46	29.69
排序	2	1	5	3	4

7. 创新创业项目

表 6-17 显示，游客对摄影绘画基地这个项目最感兴趣，有超过 50% 的游客选择。对开心农场也有较高兴趣，选择比例为 44.64%。对青少年农耕学校兴趣一般，这与接受调查游客年龄结构有关。

值得注意的是，摄影绘画基地是本项目概念规划没有涉及的旅游活动项目，但本项目应该引起设计者重视。一是该项目受到游客较普遍喜爱；二是摄影绘画基地项目能增强整个景区的艺术文化气息；三是该项目运作模式创新，具有较大吸引力；四是丰富项目旅游活动；五是拓展本项目盈利点。

需要说明的是，这里的开心农场与前面农业娱乐项目的开心农场不同之处在于经营模式，这里是以创新创业的模式植入开心农场，而农业娱乐项目是在农场生产基础上延伸的娱乐项目。两者都受到普遍欢迎。

表 6-17　游客选择创新创业项目排序（多选）

创新创业项目	青少年农耕学校	摄影绘画基地	开心农场
频次/次	555	1 316	1 045
百分比/%	23.71	56.22	44.64
排序	3	1	2

8. 住宿类型选择

游客对与花和园艺有关的民宿情有独钟，住宿类型选择排前两位的分别是花香民宿和庭院民宿，尤其是花香民宿，选择比例高达近 60%，庭院民宿选择比例为 40% 左右。排在第三的是森林木屋（31.35%），然后是农庄民宿（25.89%）和帐篷露营（24.56%）。相比之下，选择汽车营地的不到 10%。具体见表 6-18。

我们在游记研究中发现，花主题景区旅游具有节假日旅游和周末短途旅游的特点，花主题景区提供的住宿项目很少。尽管如此，广州百万葵园景区的"花之恋"城堡主题酒店因为其体验独特而受到游客喜爱，成为景区的靓丽名片和重要盈利点。

表 6-18　游客选择住宿类型排序（多选）

住宿类型	花香民宿	农庄民宿	庭院民宿	帐篷露营	汽车营地	森林木屋
频次/次	1 403	606	940	575	220	734
百分比/%	59.93	25.89	40.15	24.56	9.4	31.35
排序	1	4	2	5	6	3

（三）游客最喜欢的茉莉花文化 IP（品牌）形象

游客喜欢的茉莉花文化 IP 形象选择排序前三位的依次是阿茉、花仙子、小蜜蜂。对小蜜蜂的选择略低于花仙子，而花博士的市场选择度较低。具体见表 6-19。

从选择情况来看，因为茉莉花具有很浓厚的中国传统文化色彩，市场较为接受概念规划提出的具有中国传统文化特色的人物类茉莉花 IP 形象，阿茉因而成为首选。动物类也有较高接受度，但不是首选。所以，选择中国传统文化特色的人物类茉莉花 IP 形象较好，将小蜜蜂作为阿茉伙伴能较好地协调市场接受度，扩展 IP 内容。

值得注意的是，本次调查是游客对文字描述的感知，没有具体的 IP 形象感知，因而在后期创意设计时，如何把握阿茉作为中国传统文化特色的人物类茉莉花 IP 的形象显得至关重要。

表 6-19　游客对茉莉花文化 IP 形象的选择排序

茉莉花文化 IP 形象	阿茉	小蜜蜂	花博士	花仙子
频次/次	830	608	263	640
百分比/%	35.45	25.97	11.23	27.34
排序	1	3	4	2

（四）游客对茉莉花商品和 IP 衍生品的偏好

从整体来看，各项商品选择"一般"的游客最多（见表 6-20 到表6-23）。以选择"非常喜欢"和"较为喜欢"比例来看，相较而言，游客最喜欢茉莉花食品，其次是茉莉花 IP 衍生品，最后是茉莉花化妆品。游客最不喜欢的是茉莉花保健品，在所有商品偏好中选择"不太喜欢"和"最不喜欢"的比例最高的也是茉莉花保健品。

所以，本项目在选择茉莉花精深加工项目时，要大力开发茉莉花食品，谨慎开发茉莉花保健品。

表 6-20　游客对茉莉花食品的偏好排序

偏好程度	非常喜欢	较为喜欢	一般	不太喜欢	很不喜欢
频次/次	517	530	810	242	185
百分比/%	22.64	23.20	35.46	10.60	8.10
排序	3	2	1	4	5
百分比/%	45.84		35.46	18.70	

表 6-21　游客对茉莉花化妆品的偏好排序

偏好程度	非常喜欢	较为喜欢	一般	不太喜欢	很不喜欢
频次/次	350	458	762	343	428
百分比/%	14.95	19.56	32.55	14.65	18.28
排序	4	2	1	5	3
百分比/%	34.51		32.55	32.93	

表 6-22　游客对茉莉花保健品的偏好排序

偏好程度	非常喜欢	较为喜欢	一般	不太喜欢	很不喜欢
频次/次	214	299	743	449	614
百分比/%	9.23	12.89	32.04	19.36	26.48
排序	5	4	1	3	2
百分比/%	22.12		32.04	45.84	

表 6-23　游客对茉莉花 IP 衍生品的偏好排序

偏好程度	非常喜欢	较为喜欢	一般	不太喜欢	很不喜欢
频次/次	345	516	764	334	328
百分比/%	15.09	22.56	33.41	14.60	14.34
排序	3	2	1	4	5
百分比/%	37.65		33.41	28.94	

（五）游客建议的本项目特色打造路径

首选路径是花香民宿，选择比例高达近60%。其次是花田，有近50%的游客选择。居于第三位和第四位的路径是世界茉莉花文化展示和花宴，有近1/3游客选择世界茉莉花文化展示，30%左右的游客选择花宴。接着是排序第六位和第七位的青年创新创业农业项目体验和茉莉花相关产品及体验。最后是茉莉花科普和茉莉花婚庆。具体见表6-24。

表6-24 游客建议的世界茉莉博览园特色打造路径排序（多选）

路径	花香民宿	花宴	花田	世界茉莉花文化展示	茉莉花科普	茉莉花相关产品及体验	茉莉花衍生品	茉莉花婚庆	青年创新创业农业项目体验
频次/次	1 339	722	1 105	772	435	633	479	407	609
百分比/%	57.2	30.84	47.2	32.98	18.58	27.04	20.46	17.39	26.01
排序	1	4	2	3	8	5	7	9	6

这个游客建议排序具有很高的参考价值！依据选择比例大小，可将这些特色打造路径划分为五个梯队，前三个梯队最为重要。花香民宿为第一梯队，花田为第二梯队，世界茉莉花文化展示和花宴为第三梯队，茉莉花相关产品及体验和青年创新创业农业项目体验为第四梯队，其他三个项目（茉莉花衍生品、茉莉花科普和茉莉花婚庆）归于第五梯队。

花香民宿成为特色打造首选路径不是偶然，反映了休闲度假趋势下特色民宿对游客的吸引力，台湾民宿的成功发展就是最好例证。利用茉莉花的特质和资源优势打造花香民宿有望成为世界茉莉博览园长期吸引力和竞争力的重要因素。

花田居于第二有令人信服的理由。特色打造必须创新，而花田作为大地和景观艺术有巨大的创新创意空间，很多花景区都在花田上进行设计创新。游记研究显示，在花海观光是游客首选旅游活动，在花海拍照是游客高频率的旅游活动，因而花田打造很大程度上决定了花主题景区形象、吸引力和传播力。另外，花田作为花主题景区的基质，是营造花主题景区其他旅游活动氛围的来源，决定游客的满意度和停留时间，打造成功的花田能达到令人流连忘返的效果。

世界茉莉花文化展示居第三位，体现了花主题的扩展和深化，游客通过游览和体验世界茉莉花文化，足不出国门就打开了通往世界各国的视野，是区别于其他花主题景区的具有较大竞争力的项目。

　　花宴居第四位，但从选择比例来看，与世界茉莉花文化展示一起都在第三梯队，而且餐饮是旅游活动必备项目，是游客较为看重的旅游活动内容。

五、游客选择本项目的关键吸引因素和潜在制约因素

（一）关键吸引因素

　　本项目主要吸引因素排序见表6-25。"距离峨眉山和乐山大佛景区近"成为最重要的吸引因素，有42.28%的游客选择。其次是"景区旅游活动有吸引力"。有38.57%的游客认为，如果他们要选择该景区旅游，景区旅游活动有吸引力是重要因素。第三是"花景区民宿有吸引力"，有35.11%的游客选择。吸引因素排第四的是"可参观景区所在地其他景点"，有28.28%的游客选择。

表6-25　本项目主要吸引因素排序（多选）

项目 吸引因素	景区旅游活动 有吸引力	距离峨眉山和乐山 大佛景区近	可参观景区 所在地其他景点	花景区民宿 有吸引力
频次/次	903	1 060	662	822
百分比/%	38.57	42.28	28.28	35.11
排序	2	1	4	3

　　峨眉山和乐山大佛景区是世界文化和自然遗产，在国内外有很高的知名度，近年来旅游影响力和吸引力持续提升，吸引了越来越多的国内外游客。由于花主题景区国内竞争激烈，景区在峨眉山和乐山大佛景区附近，相当于拉近了本项目与客源市场的距离，使得本项目区位状况得到极大改善，相应提高了本项目竞争力，"景区在峨眉山和乐山大佛景区附近"这个因素当然成为游客选择本项目的关键因素。

　　旅游活动是旅游的核心要素，有吸引力的旅游活动是景区的游客价值所在，也是峨眉山和乐山大佛景区游客选择本项目旅游的重要理由。所以，"景区旅游活动有吸引力"是游客选择本项目的另一个关键因素。

　　虽然民宿在国内逐渐火起来了，但有特色的民宿还较少。国内花主题景区还较少有特色民宿，而接受调查游客认为花香民宿是本项目的首选创新路径（见表6-24）。所以，"花景区民宿有吸引力"是本项目第三个关键因素。

　　值得注意的是，虽然"花景区民宿有吸引力"排在吸引因素的第三位，

但选择比例只比第二位的吸引因素"景区旅游活动有吸引力"低 3 个百分点左右，完全可以将"花景区民宿有吸引力"看成与"景区旅游活动有吸引力"在一个级别上的吸引因素。

虽然"可参观景区所在地其他景点"因素排在最后，但它是游客选择本项目旅游的附加价值，因为旅游项目的组合性也是游客旅游决策的重要因素，因而"可参观景区所在地其他景点"是本项目不可忽视的游客选择因素。由此可见，"距离峨眉山和乐山大佛景区近"是游客选择本项目的关键因素、"景区旅游活动有吸引力"和"花景区民宿有吸引力"是重要因素，"可参观景区所在地其他景点"是游客选择本项目的重要增值因素。这为本项目现阶段建设和今后旅游营销提供了重要参考。

（二）潜在制约因素

本项目潜在的制约因素排序见表 6-26。居于前四位的分别是"不方便周末度假""特色不明显""可替代性较强"和"景区不知名"。

表 6-26　本项目制约因素排序（多选）

项目制约因素	可替代性强	特色不明显	对花景区没兴趣	景区不知名	景区活动没有吸引力	距离峨眉山和乐山大佛景区远	不方便周末度假
频次/次	661	745	346	618	464	308	827
百分比/%	28.24	31.82	14.78	26.4	19.82	13.16	35.33
排序	3	2	6	4	5	7	1

"不方便周末度假"是因为花主题景区主要是城市居民节假日和周末休闲度假短途游的重要场所，位于大城市周边的花主题景区吸引力更大。本项目对于省外的大城市来说，显然不具备区位优势，距离远，"不方便周末度假"就成为首要制约因素。

花主题景区竞争激烈，特色是竞争的关键。本项目规划主题呈现不太突出，旅游活动和旅游景观特色不显著。因而特色问题是另外一个突出的制约因素。

竞争者类型众多，花主题景区主要是城市居民节假日和周末短途出游的场所，本项目远离省外大城市，因而"可替代性较强"。

本项目处于建设中，"景区不知名"是很显然的。因而，这个因素目前还不能构成制约因素。但本项目在后期要重视知名度打造，吸引和拓展省外市场。

排位第五、第六和第七的因素假设成分较多。

所以，本项目游客决策的潜在制约因素主要是排在前三位的"不方便周末度假""特色不明显""可替代性较强"。

值得注意的是，三个主要制约因素中，只有"特色不明显"这个因素是可以控制的，只有打造出突出的特色，本项目对中远程游客才有较大吸引力，本项目在今后发展中才具有持续竞争力。所以，制约因素中的核心问题是"特色"问题，有了突出特色就能吸引东部地区的游客选择本项目休闲度假，有了突出特色就能从容面对激烈竞争甚至超越竞争，成为无可替代的选择。打造特色应成为本项目的最重要关键词。

六、项目开发运营对策和建议

结合上述市场分析我们认为，虽然花主题旅游市场竞争激烈，但本项目有明显的花资源优势，茉莉花主题景区旅游市场形象感知较为明显，世界茉莉博览园田园综合体具有一定旅游市场吸引力。本项目又邻近世界文化与自然遗产峨眉山和乐山大佛景区，项目所在地也有一些能增强游客价值的景区。本项目提出的"花、产、旅"一体化发展的策略可行。所以，只要项目以市场为导向，认清消费升级背景和旅游发展趋势，理清思路，牢牢抓住花资源优势，把茉莉花特色做足，把茉莉花文化做深，把市场营销做好，本项目吸引省外旅游市场的前景乐观。

对照本项目最新概念规划，我们对项目定位和主题、特色和吸引力、产业发展路径、产品体系和营销策略等方面进行了再思考。

（一）明晰项目总体定位，纵深拓展项目主题内涵

1. 更加明确和精准总体定位

明确和精准的总体定位是指导项目全程建设的纲领和今后发展的思路，是项目成败的关键。总体定位除了要在整个项目性质上进行定位外，还应该具体提出景观风貌定位、产业定位、特色定位和目标定位等方面的明确定位。

本项目概念性规划提出的总体定位是：以世界茉莉花博览为核心撬动点，以先进的精深加工为产业价值延伸，通过构建茉莉花深度旅游体验体系，打造"花、产、旅"一体化的田园综合体。带动犍为茉莉花产业提升发展，打响犍为茉莉花品牌，塑造犍为的另一张城市名片！

结合市场研究，我们认为项目总体定位可以表述为：以犍为茉莉花种植优势为依托，以先进的精深加工和花生活服务延伸二、三产业价值；以中外茉莉花文化为支撑，塑造花果园林生态乡村景观，以花香民宿休闲度假为特色，构建茉莉花研学、婚庆、香氛和餐饮深度旅游体验体系，打造"花、产、旅"一体化的田园综合体；将项目建成世界茉莉花种苗基金库、中国茉莉花精深加工龙头、中国茉莉花休闲度假旅游胜地和世界茉莉花文化商贸交流中心。

该定位突出了资源优势，提出了"花、产、旅"三个产业的重点，提出了项目特色和景观特色，明确了项目目标，指导性和可操作性很强，更能彰显"花犍月下 香韵东方"的主题定位。

省外客源市场定位：

（1）按照地域

一级目标市场——四川省周边的西部城市，如昆明、贵阳、重庆和西安等。

二级目标市场——东部和中部城市，如上海、武汉和长沙等。

机会市场——东部城市，如北京、广州和深圳等。

（2）按照收入

中高收入和高收入群体，即月收入 5 000~10 000 元和 10 000 元以上的群体。

（3）按照年龄和性别

16~25 岁的青少年和 26~45 岁的壮年女性群体。

（4）按照出游方式和目的

朋友和家庭市场；农业教育；婚恋群体；政商学群体。

2. 丰富主题内涵

主题是项目的起始点，也是整合项目的主线。主题对市场的吸引力和感召力有非常重要的作用。迪斯尼乐园以"快乐"为主题，贯穿整个项目，并演绎了各种快乐，同时加强了提供快乐的市场定位，赢得了市场认同，获得了成功。

目前，本项目概念规划提出以"香"为主题，与花主题景区很贴切，与茉莉花特质和茉莉花文化很吻合。但调查问卷分析显示，"香"在茉莉花文化所蕴含的五种内涵作为主题调查的选项中不占优势，游客认同的主题排名前三位分别是"纯洁""快乐"和"幸福"，后面才是"香"和"永恒"。所以，使用"香"作为项目主题，需要将该主题进行纵深拓展，让市场接受、认同和喜爱。

首先要将"香"主题贯穿整个项目，在环境营造、活动和体验乃至今后的营销各个环节注入"香"主题，让"香"真正发挥主题的作用。其次要用"香"主题整合茉莉花文化其他内涵，并让其他内涵助力增强"香"主题，使茉莉花文化内涵更加丰满，整个项目更有意蕴。我们在分析游记时发现，游客对花的关注有多个方面，香是其中之一。整合多个茉莉花要素进行开发是市场的需求。

（二）围绕精致生活和品质生活打造花香民宿特色，增强项目吸引力和竞争力

特色是本项目突围的核心问题，品质发展是旅游业的趋势。《2019 中国文旅产业发展趋势报告》[①] 指出，改革开放以来，随着中国经济与国民收入的增长，旅游不再只是特定阶层和少数人的享受，逐步成为国民大众日常生活常态。2017 年我国人均旅游次数达 3.7 次，2018 年上半年国内出游花费占人均消费支出的 11%，大众可选择的目的地越来越多。由此可见，旅游消费已成为大众刚需消费，我国已形成可观的旅游市场规模。我国旅游市场在规模扩张的同时，大众旅游消费也开始升级，品质游成为大众旅游的追求，特色成为目的地吸引力和竞争力不可或缺的要素。

特色和品质从何而来？我们认为，要结合旅游发展趋势和旅游产业发展趋势，围绕精致生活和品质生活打造特色，并形成产业链。休闲度假是未来旅游发展趋势。实际上，休闲度假就是游客到异地的临时生活，除了异地外，游客与当地人生活的区别就是讲求特色，要求有与惯常居住的生活环境不同的特色，有特别的生活文化体验。

从市场调查来看，在游客建议的特色打造项目排序中，前三个梯队的项目（花香民宿、花田、世界茉莉花文化展示和花宴）都是与精致休闲生活和品质休闲生活相关的特色项目。特别是被广泛认同的首选特色打造路径的花香民宿，简直就是精致生活和品质生活的标志。在本项目主要吸引因素排序中，"花景区民宿有吸引力"是游客选择本项目的三个关键因素之一。在游客选择住宿类型排序中，"花香民宿"和"庭院民宿"分别列前两名，且选择比例远高于其他住宿类型。同时，"乡村民宿游"也是国家鼓励开发的 11

---

① 奇创智慧旅游集团文旅产业研究院. 2019 中国文旅产业发展趋势报告 [EB/OL]. (2019-01-16) [2020-09-17]. http://www.199it.com/archives/821703.html.

大旅游新业态之一（见图6-1）。所以，将花香民宿作为本项目的特色，将其打造成为精致生活和品质生活的标志，顺应旅游发展趋势和消费发展趋势，符合旅游市场发展需求和我国旅游产业发展政策。

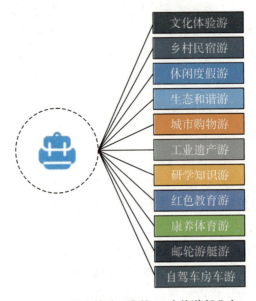

文化体验游
乡村民宿游
休闲度假游
生态和谐游
城市购物游
工业遗产游
研学知识游
红色教育游
康养体育游
邮轮游艇游
自驾车房车游

图6-1　国家鼓励开发的11大旅游新业态

资料来源：奇创智慧旅游集团文旅产业研究院. 2019中国文旅产业发展趋势报告［EB/OL］.（2019-01-16）［2020-09-17］. http://www.199it.com/archives/821703.html.

打造花香民宿除花环境营造外，首先要以花香民宿承载中国茉莉花文化和中国居住文化，且将文化与艺术相结合，从而体现特色。其次，花香民宿是精致休闲生活和品质休闲生活的内涵之一，将花香民宿与花田、花宴和世界茉莉花文化展示一起，较为完整地构建本项目精致休闲生活和品质休闲生活的内涵，增强项目吸引力，拓展项目省外客源市场空间。

（三）打造花田，丰富景观和有吸引力的旅游活动

花海景观是花主题景区的共性，赏花观光是游客在花主题景区最基本最频繁的活动，"景区旅游活动有吸引力"是游客选择本项目的三个关键因素之一。所以，打造花田、丰富景观和有吸引力的旅游活动是本项目发展的重要问题。

在调查的10种观光旅游活动中，花田观光是最受游客喜欢的项目，而且选择比例远远高于其他活动。在特色打造路径调查选择中，花田仅次于花香民宿。而且，花田是花香民宿的重要环境景观。游客游记研究显示，花田

景观是花主题景区普遍重视打造的景观，游客在花主题景区最多的活动就是赏花和拍照。花田景观怎样，将直接决定游客的视觉体验效果和停留拍照效果，从而影响游客的满意度。同时，花田还是花主题景区其他旅游活动的背景环境，将增加景区其他旅游活动的独特体验。所以，本项目在景观塑造上，首先要打造好花田。根据游记研究，游客从花海的品种、色彩、规模、形态、花香和时空组合上感知花海景观，这为本项目花田打造提供了很好的参考信息。

打造花田的同时也要丰富整个项目的景观。从游客选择世界茉莉博览园景区的观光景观情况来看，10 个景观类型选择比例都在 10%以上，说明游客喜欢景观多样化的景区，花田也需要其他景观来丰富。根据游客的选择，本项目可以湖滨景观、灯光秀和水秀、森林景观、果林景观和草地景观等为重点，整体设计其他景观与花田的协调和映衬，营造丰富的视觉体验和优美的环境，以便游客长时间徜徉在景区中，也为丰富旅游活动提供场所。

本次市场调查结果中游客选择比例较高的旅游活动项目可作为参考来丰富景区旅游活动。具体见表 6-27。

表 6-27　游客选择比例较高的旅游活动项目（多选）

农业体验旅游项目	花、果、茶采摘（64.8%）	茉莉花相关产品制作体验（43.19%）	
农业旅游娱乐项目	开心农场（47.03%）	森林探险（46%）	水上活动（42.24%）
农业科普教育项目	各国茉莉花展示（51.09%）	高科技栽培展示（41.01%）	中外茉莉花文化展示（36.57%）
景区购物活动	特色小店购物（59.93%）	体验式购物（46.73%）	
创新创业项目	摄影绘画基地（56.22%）	开心农场（44.64%）	
餐饮活动类型	草坪烧烤（49.17%）	"农家乐"（38.15%）	地方小吃店（37.46%）

需要注意的是，有一些旅游活动项目对省外游客吸引力不太大，但在花主题景区实地考察中发现当地游客非常热衷，如帐篷露营、垂钓、儿童游乐项目等。这就提示我们可以针对本地和周边市场考虑这些旅游活动项目。

（四）茉莉花精深加工业和花生活服务业双轮驱动的产业策略

在茉莉花旅游和产品品牌打造、拓展产业链和茉莉花主题深化等方面，双轮驱动比单一的精深加工更有优势。

1. 茉莉花精深加工业

茉莉花精深加工是概念规划提出的本项目产业策略。该策略延伸了茉莉花加工产业链，是对犍为茉莉花加工业的升级，无疑优化了国内花主题景区盈利模式，比国内其他花主题景区更有优势。

根据市场调查分析，茉莉花精深加工应以茉莉花食品为主，以茉莉花 IP 衍生品和茉莉花化妆品为辅。本次省外旅游市场调查专门探测了潜在游客对四类茉莉花深加工产品的偏好，结果显示游客不是特别偏爱茉莉花产品，比较而言游客最喜欢茉莉花食品，其次是茉莉花 IP 衍生品，然后是茉莉花化妆品，最不喜欢的是茉莉花保健品。不过，只要未来茉莉花 IP 打造成功，茉莉花 IP 衍生品也将很有前景。另外，茉莉花化妆品可以用途广泛的香精和精油为主，以便打开产品市场。

2. 花生活服务业

花生活服务业是品质生活的标志，目前市场上从事花生活服务的企业还很少，未来有非常广阔的发展空间。花生活服务业通过互联网和物流实现，将缩短本项目与省外城市的距离，拓展本项目市场。

花生活服务就是围绕人们的品质生活追求，满足家庭和个人对鲜花、花艺、花婚庆和花宴等的需求。以互联网为渠道，以定制化为模式，可以全面服务于省内外花生活市场。

本项目发展花生活服务业，与茉莉花精深加工业一起双轮驱动，是对本项目盈利模式的进一步优化。如果花生活服务业发展理想，必将为本项目盈利插上翅膀。双轮驱动的产业模式将为本项目打造茉莉花品牌、抢占茉莉花品牌制高点做出重要贡献。

（五）以市场为导向的精准营销策略

最新概念规划提出的营销策略框架是很好的思路。在具体的策略方面，我们也做了一些思考。

1. 一个市场一个主题策略

在定向营销策略中，概念规划提出"针对不同人群进行专业化营销建议"。我们认为首先要对不同人群推出不同旅游主题和宣传口号，然后才是

"专业化建议"。中、远程市场营销的重点应该是花香民宿、中外茉莉花和茉莉花文化旅游、节庆旅游，从而体现本项目特色，增强游客克服远距离这个旅游决策制约因素的决心，最后选择本项目旅游。

2. 品牌体系策略

不仅要打造茉莉花旅游品牌，而且要打造花生活服务品牌和茉莉花文化 IP 等品牌体系，在茉莉花旅游品牌下，可构建花香民宿旅游品牌、花研学旅游品牌、花休闲度假旅游品牌、花婚庆旅游品牌等茉莉花旅游品牌体系。品牌体系可使品牌之间相互支撑，提高市场认同度。

3. 价值营销策略

旅游市场调查显示，"距离峨眉山和乐山大佛景区近"是游客选择本项目的首要关键因素。所以，本项目概念规划提出要吸引、分流峨眉山和乐山大佛景区游客的思路很好。我们认为可以采用价值营销策略进行营销。将本项目旅游作为峨眉山和乐山大佛景区旅游的附加价值，将嘉阳小火车作为本项目旅游的附加价值，重构峨眉山和乐山大佛景区旅游价值链，使游客选择本项目旅游。

由于解说可以扩散旅游流，可与乐山两大世界遗产景区合作，在讲解员解说和宣传手册中，应嵌入上述价值链。

4. 联合营销策略

实施目的地景区联票制，将目的地景区门票捆绑在一起进行销售，在游览时间和折扣上让利于游客，促进游客游览更多景区。与犍为其他重要景区联合，推出犍为景区联票产品，促进旅游产品创新，提高本项目接待量和经营收入。积极参与峨眉山和乐山大佛景区国内营销，"借船出海"。

第二节　四川省内花主题旅游市场游客行为研究

一、调查过程和结果

本次调查的问卷内容是在省外调查问卷的基础上，结合省内旅游市场作为近程市场的特点做了一些相应修改。例如，在选择博览园旅游的影响因素中，增加了"方便周末休闲度假"选项，考察博览园对于省内周末旅游市场的影响；在农业科普教育项目中，增加了"植物栽培 DIY"选项，考察这个活动项目对近程市场的吸引力；在景区购物中，增加了"地方特产购物"选项，考察景区多元化经营的市场响应情况；将省外问卷中关于旅游活动的"创新创业项目"题目修改为"景区研习体验"项目，并增加了"花艺研习基地"和"动物喂养"选项，删掉了与前面重复的"开心农场"选项；相应地，将"景区研习体验"列入特色打造建议选项中。此外，专门设置了游客选择世界茉莉博览园旅游方式的选项，以便景区掌握游客群体特征，进而打造旅游产品。

本次问卷调查在攀枝花、绵阳、南充、成都、眉山、乐山和宜宾7个城市火车站以及峨眉山等地做了游客问卷调查。有3名老师60个学生参与调查。本次省内调查共发放2 400份问卷，通过对问卷统计分析，因攀枝花调查问卷有效率较低、峨眉山的省外游客较多，剔除这两个调查地点问卷600份，共收回有效问卷1 458份，有效率81%。

此外，我们还前往福建省福州市调查全球重要农业文化遗产（GIAHS）"福州茉莉花种植与茶文化系统"，考察该系统中茉莉花旅游开发情况。

二、市场特征分析

（一）接受调查游客人口统计特征

1. 性别

本次接受调查的游客以女性游客为主，约占54.39%，男性游客约占45.61%。具体见表6-28。

表6-28　接受调查游客性别分布

性别	男	女
人数/人	665	793
百分比/%	45.61	54.39

2. 年龄

本次接受调查的游客以青少年为主，其次是壮年人，分别占接受调查游客的64.47%和27.3%，合计占接受调查游客的91.77%。具体见表6-29。

表6-29　接受调查游客年龄分布

年龄	<15 岁	16~25 岁	26~45 岁	46~65 岁	>65 岁
人数/人	37	940	398	73	10
百分比/%	2.54	64.47	27.30	5.01	0.69

3. 受教育程度

本次接受调查的游客以本科学历为主，其次是大专学历，分别占接受调查游客的 48.83% 和 28.12%。具体见表 6-30。

表 6-30　接受调查游客教育程度分布

受教育程度	高中及以下	大专	本科	硕士及以上
人数/人	264	410	712	71
百分比/%	18.12	28.14	48.87	4.87

4. 职业

本次接受调查的游客以学生为主，其次是企业职工，最后是自由职业者，分别占接受调查游客的 44.03%、13.37% 和 12.89%。具体见表 6-31。

表 6-31　接受调查游客职业分布

职业	学生	自由职业者	公务员	技术人员	企业职工	退休人员	教师	农民	商务人员	服务人员	其他
人数/人	642	188	51	119	195	14	71	12	33	26	108
百分比/%	44.03	12.89	3.50	8.16	13.37	0.96	4.87	0.82	2.26	1.78	7.41

5. 月收入

本次接受调查的游客以 3 000 元以下的低收入者为主，其次是中高收入者，分别占接受调查游客的 50.62% 和 43.07%，高收入者仅占 6.31%。具体见表 6-32。

表 6-32　接受调查游客收入分布

月收入/元	低收入		中等收入	中高收入	高收入
	≤1 000	1 001~3 000	3 001~5 000	5 001~10 000	>10 000
人数/人	426	312	320	308	92
百分比/%	29.22	21.40	21.95	21.12	6.31

（二）接受调查游客地域分布和旅游方式

本次四川省内问卷调查所选城市主要是高铁沿线经济较为领先的城市，但从游客地域分布来看，四川省 21 个市州都有分布，接受调查游客具有代表性。

179

高铁沿线经济较为领先的城市居民出游力较强，又有便利的交通，是世界茉莉博览园省内主要客源市场。其中，成都是当之无愧的最大客源市场。具体见表6-33。

表6-33   四川省内接受调查游客地域分布

城市	成都	乐山	绵阳	德阳	雅安	广元	南充	眉山	广安	达州	自贡
人数/人	302	155	148	36	22	23	147	101	24	33	30
百分比/%	20.71	10.63	10.15	2.47	1.51	1.58	10.08	6.93	1.65	2.26	2.06
城市	宜宾	泸州	巴中	遂宁	攀枝花	内江	资阳	甘孜	阿坝	凉山	省外
人数/人	153	23	15	21	6	27	9	3	9	12	159
百分比/%	10.49	1.58	1.03	1.44	0.41	1.85	0.62	0.21	0.62	0.82	10.91

接受调查游客选择的旅游方式中，家人和朋友出行是主要的选项，分别占58.09%和54.87%。具体见表6-34。

表6-34   接受调查游客游览世界茉莉博览园的旅游方式（多选）

旅游方式	独自一人	家人	朋友	单位集体
频次/次	96	847	800	66
百分比/%	6.58	58.09	54.87	4.53

（三）游客对主题、产品和IP形象的偏好

1. 游客对景区主题花卉的偏好

最受游客喜爱的主题花卉是薰衣草，其次是茉莉花和玫瑰花，向日葵和郁金香也受到较多关注，说明茉莉花主题的花景区有较高市场认可度。具体见表6-35。

表6-35   游客对景区主题花卉的选择情况（多选）

花卉	牡丹	玫瑰	郁金香	茉莉花	薰衣草	向日葵	百合	桃花
频次/次	205	512	329	522	571	406	277	255
百分比/%	14.06	35.12	22.57	35.80	39.16	27.85	19.00	17.49

2. 游客偏爱的茉莉花景区主题

游客认为"纯洁"最代表茉莉花景区主题，其次是快乐，后面依次是永恒、幸福和香。景区项目概念规划的主题"香"在选项中排在最后。由此看

来，世界茉莉博览园景区要下一番功夫打造"香"主题，才能让市场刮目相看。具体见表6-36。

表6-36　游客对茉莉花景区主题的选择情况

花主题	香	永恒	纯洁	幸福	快乐
频次/次	194	231	558	221	254
百分比/%	13.31	15.84	38.27	15.16	17.42

3. 游客偏爱的茉莉花相关产品

从表6-37所涉及的四种茉莉花相关产品来看，游客对每一种产品的偏爱评价都以中性态度最高。相比之下，选择"非常喜欢"选项的排序从高到低依次是茉莉花食品、茉莉花衍生品、茉莉花化妆品和茉莉花保健品。选择"较为喜欢"选项的排序从高到低依次是茉莉花食品、茉莉花化妆品、茉莉花衍生品和茉莉花保健品。总体来看，游客最喜欢茉莉花食品，其次是茉莉花IP衍生品，然后是茉莉花化妆品，最后是茉莉花保健品。从游客选择"非常不喜欢"和"不太喜欢"选项的情况来看，茉莉花保健品都高居榜首。这一排序与省外问卷调查结果一致。

根据调查结果，世界茉莉博览园景区可大力生产茉莉花食品，其次是茉莉花IP衍生品，最后是茉莉花化妆品，谨慎生产茉莉花保健品。

表6-37　游客对茉莉花相关产品的选择情况（多选）

茉莉花食品					茉莉花化妆品				
评价分值	5	4	3	2	1	5	4	3	2	1
频次/次	362	321	538	143	94	173	315	523	218	228
百分比/%	24.83	22.02	36.90	9.81	6.45	11.87	21.60	35.87	14.95	15.64
茉莉花保健品					茉莉花IP衍生品				
评价分值	5	4	3	2	1	5	4	3	2	1
频次/次	133	212	503	269	341	209	304	507	212	226
百分比/%	9.12	14.54	34.50	18.45	23.39	14.33	20.85	34.77	14.54	15.50

4. 游客偏爱的茉莉花IP形象

在四种茉莉花IP形象中，游客最喜欢"阿茉"，其次是"小蜜蜂"，再次是"花仙子"，最后是"花博士"。茉莉花是中国传统文化的典型代表，游客偏爱有着可爱、童真、有趣性格、穿戴茉莉花的传统文化形象小姑娘阿茉在情理之中。这个结果与省外问卷调查结果一致。具体见表6-38。

表6-38　游客对茉莉花IP形象的选择情况

茉莉花IP形象	阿茉	小蜜蜂	花博士	花仙子
频次/次	602	366	173	317
百分比/%	41.29	25.10	11.87	21.74

（四）游客旅游决策偏好

1. 选择意愿

表6-39显示，有一半以上游客有"一些意愿"访问世界茉莉博览园，有10.7%的游客有强烈意愿，有近1/3的游客还"不确定"是否选择世界茉莉博览园旅游，明确表示"不太愿意"和"完全没有意愿"的游客不到3%。总体来看，游客的选择态度是积极的，世界茉莉博览园对省内市场有一定吸引力。

表6-39　游客选择世界茉莉博览园旅游意愿情况

旅游意愿	强烈意愿	一些意愿	不确定	不太愿意	完全没有意愿
频次/次	156	803	462	33	5
百分比/%	10.69	55.04	31.67	2.26	0.34

2. 促进游客选择的影响因素

表6-40显示，游客选择世界茉莉博览园最重要的因素是"方便周末休闲度假"，其次关注"景区旅游活动有吸引力"和"景区民宿有吸引力"，然后关注"距离峨眉山和乐山大佛景区近"，"可参观景区所在地其他景点"是较为次要的因素。

我们得到的启示是：

第一，与主要客源市场的近距离区位是优势，方便周末休闲度假，体现了花主题景区吸引近距离市场特点。世界茉莉博览园景区应大力抓住近距离周末休闲度假市场。

第二，世界茉莉博览园的省内目标客源市场是高铁沿线经济较为领先城市，以及犍为县周边邻近城市。

第三，旅游活动的价值和创新是吸引游客的根本动力。

第四，特色民宿也能成为吸引游客游览世界茉莉博览园的重要因素。

第五，与乐山两大世界遗产景区之间方便快捷的交通不是省内市场最重要因素。这是与省外市场最大的区别，体现了近距离休闲度假市场游客选择景区的价值标准主要不是观光，而是满足休闲度假需求。这是世界茉莉博览园景区需要重点把握的市场特点。

第六，当地其他景点可增加世界茉莉博览园旅游价值。

表 6-40　游客选择世界茉莉博览园旅游的影响因素（多选）

旅游决策影响因素	景区旅游活动有吸引力	景区民宿有吸引力	方便周末休闲度假	距离峨眉山和乐山大佛景区近	可参观景区所在地其他景点	其他
频次/次	531	501	703	455	338	28
百分比/%	36.42	34.36	48.22	31.21	23.18	1.92

3. 抑制游客选择的影响因素

表 6-41 是游客不选择世界茉莉博览园的影响因素，其中，排在第一位且最突出的因素是"特色不显著"，第二位是"可替代性强"，第三位是"不方便周末休闲度假"，第四位是"景区活动没有吸引力"。

表 6-41　游客不选择世界茉莉博览园旅游的影响因素（多选）

旅游决策阻碍因素	可替代性强	特色不显著	景区活动没有吸引力	距离峨眉山和乐山大佛景区远	不方便周末休闲度假	对花景区没有兴趣	其他
频次/次	441	622	428	149	431	168	44
百分比/%	30.25	42.66	29.36	10.22	29.56	11.52	3.02

在这四大因素中，特色仍是最大制约因素，同时，排在第二位的"可替代性强"加剧了特色因素对游客选择世界茉莉博览园旅游的重要性。因为花主题景区越来越多，竞争越来越激烈，可替代性越来越强，特色就成为突破竞争和替代的利剑。有市场认可特色的花主题景区将成为不可替代的具有很强吸引力的必游景区。

"景区活动没有吸引力"是重要影响因素。景区旅游活动吸引力是旅游价值所在，能够实现游客价值的景区才有吸引力。

"不方便周末休闲度假"是客观距离导致的。目前四川省内很大部分城市仍然在犍为的 2 小时旅游圈以外，而花主题景区目前很大程度上是近距离休闲度假旅游，所以，距离因素有待高铁网络完善而予以解决。

其他因素影响较为有限。如"距离峨眉山和乐山大佛景区远"已经是过去式。自成贵高铁宜宾段开通后,乐山到犍为的时间仅 20 分钟左右。"对花景区没有兴趣"的游客仅占 10% 左右,对整体市场影响不大。"其他"因素可以忽略。

(五)游客旅游活动偏好

1. 游客对观光项目的偏好

游客最喜欢的观光景观是花田,其次是夜晚湖中水秀,后面依次是湖滨景观、森林、果林和草地,选择主题小品、中西式建筑和婚庆活动景观的游客都不足 1/4。具体见表 6-42。

表 6-42　游客选择世界茉莉博览园观光项目情况(多选)

观光项目	花田	果林	森林	草地	湖滨景观	主题小品	西式建筑	中式建筑	婚庆活动	夜晚湖中水秀
频次/次	925	445	550	438	571	323	290	323	170	614
百分比/%	63.44	30.51	37.72	30.04	39.16	22.15	19.89	22.15	11.66	42.11

从景观选择结果来看,游客喜欢多样景观,较为喜欢自然和人文要素相融的景观以及单纯的自然景观和农业景观。所以,把握田园综合体景观的自然本底性质和景观丰富性很重要。这也对田园综合体的人文景观提出了很高要求,即要为自然增色。

2. 游客对农业体验项目的偏好

游客最喜欢的农业体验项目是轻松自由有趣的花、果、茶采摘活动,其次是产品制作活动,最后是垂钓。具体见表 6-43。

垂钓的性别差异较大,男性较为偏爱,因而选择数量不足 30%,但垂钓是一个有发挥空间的活动,也是值得开展的。

表 6-43　游客选择世界茉莉博览园农业体验项目情况(多选)

农业体验项目	花、果、茶采摘	产品制作体验	垂钓
频次/次	1 003	652	386
百分比/%	68.79	44.72	26.47

3. 游客对农业娱乐项目的偏好

游客最喜欢的农业娱乐项目是水上活动,其次是开心农场,再次是森林探险，最后是儿童游乐项目。具体见表6-44。

这个结果说明，游客喜欢亲水项目，偏爱带来快乐的项目以及有一点刺激的项目。儿童游乐项目对于家庭游游客来说是一个有意义的项目，虽然选择比例最小，但值得配套。

表6-44　游客选择世界茉莉博览园农业娱乐项目情况（多选）

农业娱乐项目	森林探险	水上活动	开心农场	儿童游乐项目
频次/次	604	734	618	242
百分比/%	41.43	50.34	42.39	16.60

4. 游客对农业科普项目的偏好

游客对农业科普活动普遍较为感兴趣，选择百分比都在30%以上。最受游客喜欢的是各国茉莉花展示，其次是植物栽培DIY，再次是中外茉莉花文化展示，最后是高科技栽培展示。具体见表6-45。

我们认为，为了突出重点和体现动手乐趣，开展前三个项目最好。

表6-45　游客选择世界茉莉博览园农业科普项目情况（多选）

农业科普项目	高科技栽培展示	各国茉莉花展示	中外茉莉花文化展示	植物栽培DIY
频次/次	472	605	509	598
百分比/%	32.37	41.50	34.91	41.02

5. 游客对购物项目的偏好

游客最喜欢产品体验式购物，其次是景区工艺品，也比较接受地方特产购买。具体见表6-46。

体验式购物让购物充满乐趣和体验感，游客购买意愿和满意度都能得到提升，值得精心设计体验式购物项目。

表6-46　游客选择世界茉莉博览园购物类型情况（多选）

景区购物类型	产品体验	景区工艺品	地方特产
频次/次	726	561	479
百分比/%	49.79	38.48	32.85

6. 游客对餐饮类型的偏好

游客最偏爱的餐饮类型是草坪烧烤，其次是地方小吃店，再次是"农家乐",再其次是茉莉花宴饭店,最后是快餐店(选择比例不到10%)。见表6-47。

以上选择结果说明,游客选择餐饮类型从烹制方式到菜肴内容都讲究特色。茉莉花宴饭店的菜肴虽有特色,但价格不低,因而选择比例不足30%。

表6-47 游客选择世界茉莉博览园餐饮类型情况 (多选)

餐饮类型	"农家乐"	草坪烧烤	快餐店	地方小吃店	茉莉花宴饭店
频次/次	466	804	132	483	418
百分比/%	31.96	55.14	9.05	33.13	28.67

7. 游客对景区研习体验项目的偏好

游客最喜欢的景区研习项目是摄影绘画基地,其次是花艺研习,再次是动物喂养,最后是青少年农耕学校。具体见表6-48。

摄影绘画基地和花艺研习两个项目的选择比例都在50%左右,是值得开展的项目。动物喂养可作为青少年的项目加以配套。是否开展青少年农耕学校视条件而定。

表6-48 游客选择世界茉莉博览园景区研习项目情况 (多选)

景区研习项目	青少年农耕学校	摄影绘画基地	花艺研习	动物喂养
频次/次	288	740	721	433
百分比/%	19.75	50.75	49.45	29.70

8. 游客对住宿类型的偏好

游客非常钟情于花香民宿,有近60%的游客选择这一特色住宿类型,且远远高于其他类型。其次,庭院民宿较受欢迎,有近40%的游客选择。此外,排第三和第四的住宿类型分别是森林木屋和农庄民宿,选择比例都是近30%。帐篷露营列第五,选择比例为20%左右。最后是汽车营地,选择比例在10%左右。具体见表6-49。

表6-49 游客选择世界茉莉博览园景区住宿项目情况 (多选)

住宿选择	花香民宿	农庄民宿	庭院民宿	帐篷露营	汽车营地	森林木屋
频次/次	857	412	554	337	157	428
百分比/%	58.78	28.26	38.00	23.11	10.77	29.36

从选择结果来看，位于前四位的住宿项目中民宿占据了三个，这与民宿在我国发展迅速的趋势有关，也与游客寻找特色和亮点有关。茉莉花香民宿是可以打造出特色与亮点的民宿类型，正印证了一句古诗："一卉能熏一室香。"此外，排在第二位的庭院民宿，也能作为承载中国建筑文化的独特住宿类型。

（六）游客偏好的特色打造路径

表 6-50 显示，游客选择的世界茉莉博览园旅游特色打造路径列前四位的依次是"花香民宿""世界茉莉花文化展示""花田"和"花宴"。游客对排在第一位的"花香民宿"有较强烈的选择意愿，有一半以上的游客选择这条路径，且"花香民宿"选择百分比比排在第二位的"世界茉莉花文化展示"高出 11.11 个百分点。这个结果充分说明，游客对"花香民宿"这一特色路径较为认同。

"世界茉莉花文化展示"排序第二，是游客喜爱茉莉花和期待深入了解茉莉花文化的集中体现。"花田"排序第三，印证了花主题景区赏花和拍照是主要旅游活动市场特征。

"花宴"排序第四，虽然作为特色打造路径的选择百分比不足 30%，显得有点牵强，但茉莉花宴确实是一个新的餐饮产品，有助于增加景区特色。

表 6-50　游客对世界茉莉博览园旅游特色打造路径选择情况（多选）

特色路径	花香民宿	花宴	花田	世界茉莉花文化展示	茉莉花科普	茉莉花产品及体验	茉莉花衍生品	茉莉花婚庆	景区研习体验
频次/次	763	432	594	601	297	411	339	226	320
百分比/%	52.33	29.63	40.74	41.22	20.37	28.19	23.25	15.50	21.95

（七）省内市场特点和优势

1. 市场特点

（1）主要市场人群：以青少年和壮年女性中的中低收入者为主。

（2）景观偏好：游客喜欢在自然本底基础上的景观多样性。

（3）旅游活动偏好关键词：活动特色、活动多样性、轻松、快乐、一点刺激、体验、动手和提升（科普、研习和兴趣）。

（4）主要旅游方式：家人和朋友。

（5）主要旅游类型：近距离休闲度假。

2. 市场优势

（1）游客普遍喜欢花主题景区，对茉莉花的市场认可度较高。花主题景区以观赏性、艺术性、环境优美和创意性给游客带来美好快乐的体验，深得游客喜爱，尤其是春季踏青赏花季，花主题景区游客更是络绎不绝。在调查的常见八种花卉中，茉莉花选择频次百分比排名第二，市场对茉莉花认可度较高，这是世界茉莉博览园发展的先决市场条件。

（2）省内独一无二的茉莉花主题景区。虽然四川省内有众多花主题景区，但茉莉花主题景区只有世界茉莉博览园一家，且景区依托的犍为茉莉花生产基地是全国第二大基地，因而世界茉莉博览园花主题在省内有着不可替代的优势。

（3）近距离市场区位优势。成都是四川旅游最大客源市场，成贵高铁近期开通后，成都到犍为只需 1 小时左右，犍为成为成都一小时旅游圈城市，极大地提升了旅游区位优势，必将吸引更多成都游客到犍为游览世界茉莉博览园。

（4）游客选择意愿较为积极。只有不到 3% 的游客明确表示不愿意选择世界茉莉博览园旅游，大部分游客有意愿去旅游，游客选择意愿较为积极，这是世界茉莉博览园景区今后营销的优势。

（5）产业链较长。世界茉莉博览园景区既有代表一、二、三产业的"茉莉花种植—茉莉花产品生产—茉莉花旅游"的跨行业融合产业链，又有包含旅游基本产业要素的食、住、游、购、娱产业要素链，还有连接"白天—夜晚"旅游景观产业链。而省内其他花主题景区主要是观光旅游，世界茉莉博览园景区具有明显优势。

三、省内旅游市场主要潜在问题和挑战

（一）主要潜在问题

1. 客源市场有限

四川有 21 个市州。四川省统计局发布的人口数据显示，2018 年底四川省有 8 341 万人口，位居全国第四，是一个人口大省。根据近距离旅游规律，人口大省为该省旅游目的地提供了巨大的客源市场。但从省内市场调查结果来看，犍为世界茉莉博览园客源市场较为有限，主要客源市场是高铁沿线经济较为领先的城市，如成都、乐山、绵阳、南充、眉山和宜宾等，其中成都

是最大的客源市场。乐山周边一些非高铁沿线市州、川南、川东和川北城市是次级客源市场，甘、阿、凉三州只是机会市场。

省内客源市场的局限，抵消了近距离市场的一些优势，给世界茉莉博览园景区未来的营销增加了难度。

2. 游客选择意愿欠佳

一般来说，近距离省内市场选择意愿应比省外市场强烈和确定，但对比省内外游客对世界茉莉博览园的选择意愿，结果排序完全一致（见表6-51），从高到低依次是"一些意愿""不确定""强烈意愿""不太愿意"和"完全没有意愿"。而省内市场选择"强烈意愿"的百分比略低于省外市场，选择"不确定"的高出省外市场1.52个百分点。这说明近距离大市场的选择意愿不太理想，也抵消了一些近距离旅游市场优势。

表6-51　峨眉山、四川省内和四川省外游客选择世界茉莉博览园旅游意愿情况对比

峨眉山市场游客选择世界茉莉博览园旅游意愿情况					
旅游意愿	强烈意愿	一些意愿	不确定	不太愿意	完全没有意愿
频次/次	21	137	93	11	4
百分比/%	7.89	51.5	34.96	4.14	1.6
省内市场游客选择世界茉莉博览园旅游意愿情况（峨眉山调查数据未计入）					
旅游意愿	强烈意愿	一些意愿	不确定	不太愿意	完全没有意愿
频次/次	156	803	462	33	5
百分比/%	10.69	55.04	31.67	2.26	0.34
省外市场游客选择世界茉莉博览园旅游意愿情况					
旅游意愿	强烈意愿	一些意愿	不确定	不太愿意	完全没有意愿
频次/次	271	1 271	706	66	28
百分比/%	11.57	54.27	30.15	2.82	1.2

另外，我们原来以为，峨眉山和乐山大佛景区游客是世界茉莉博览园景区一个可以分流的重要客源市场，为此，我们这次专门到峨眉山景区进行了游客问卷调查，但调查结果不太令人满意。与省内市场总体水平相比，有"强烈意愿"的下降了2.80个百分点，有"一些意愿"的下降了3.54个百分点，意愿"不确定"的增加了3.29个百分点，"不太愿意"和"完全没有意愿"的总和超过5%，且高于省内市场总体水平3.14个百分点。这说明

峨眉山市场不一定可靠。

总体来看，省内市场选择意愿欠佳，这为世界茉莉博览园项目的起步带来了一些隐忧。

3. 市场对规划主题认知度较低

调查结果显示，市场认知度最高的茉莉花景区主题是"纯洁"，有一定认知度的是"快乐""永恒""幸福"和"香"，且景区概念规划提出的主题"香"排在最后，说明规划主题与市场认知错位。

此外，我们在福州春伦集团茉莉花种植基地实地调查时发现，"香"没有那么突出。据村民介绍，茉莉花一般在傍晚开花，花田附近傍晚时很香。白天村民采摘含苞欲放的花蕾制茶，傍晚盛开的茉莉花大量减少，既影响了白天时的观赏性，又降低了人们对茉莉花香的感知。所以，"香"主题与花田实际表现之间存在一定差距。

规划主题与市场认知错位，与实际表现之间有差距，不利于景区对主题的系统打造，不利于游客感知景区的独特性，怎样深化规划展示主题、怎样缩小游客感知与主题期望之间的差距，是值得思考的重要问题。

4. 特色不显著是制约游客选择世界茉莉博览园旅游决策的最大问题

省内调查显示，在游客不选择世界茉莉博览园旅游的影响因素中，排序前四位的依次是"特色不显著""可替代性强""不方便周末休闲度假"和"景区活动没有吸引力"。排除距离因素，前三位因素是"特色不显著""可替代性强"和"景区活动没有吸引力"。排在第一位的"特色不显著"选择百分比比排在第二位的因素高出 12.41 个百分点，显得非常突出，成为制约游客选择世界茉莉博览园旅游决策的最大问题。

此外，排在第二位的制约因素是"可替代性强"，这是省内赏花游遍地开花的结果，是花主题景区旅游激烈竞争的现实表现，唯有打造突出的特色才能破解这一关键难题。

排在第三位的制约因素是"景区活动没有吸引力"。从省内调查获取的游客偏爱的世界茉莉博览园景区各种类型的旅游活动来看，主要有以下特点：

（1）景区确定要打造且特色明显的活动，如夜晚水秀、各国茉莉花展示、中外茉莉花文化展示等。

（2）景区确定打造但特色不显著的活动，如花田观光，花、果、茶采摘活动，产品制作活动，垂钓，水上活动等。

（3）景区确定打造但没有提炼出特色的活动，如民宿。

（4）景区没有打算打造但符合市场特点和趋势的活动，如植物栽培DIY、草坪烧烤、摄影绘画基地、花艺研习、动物喂养、开心农场、森林探险等。

总体来看，在游客偏爱的旅游活动中，景区确定打造且有特色的活动偏少，而没有特色的项目偏多，还有一些没有提炼出特色。然而，很多活动项目能迎合近距离市场、符合休闲发展趋势且受到游客青睐但没有进入景区打造的视野之中。所以，游客感到世界茉莉博览园"景区活动没有吸引力"。

由此可见，世界茉莉博览园景区发展急需解决潜伏着的一些重要问题，重视特色和活动吸引力打造，让市场认同和聚焦，从而推动世界茉莉博览园景区发展。

（二）挑战

1. 突破市场的季节性与近距离旅游带来的市场制约

游记分析显示，花主题旅游市场具有季节性和近距离旅游特点。季节性即每年春季是赏花踏青旅游旺季，而其他季节赏花旅游明显下降。季节性减少了花主题景区的市场需求。

近距离旅游就是城市市民周末和假日到城市附近花主题景区的短途休闲度假旅游。现在，大城市大量的城市公园、植物园以及城市周边的花主题景区、田园综合体和旅游综合体的快速发展，很大程度上满足了城市居民春季赏花踏青旅游和周末以及节假日休闲度假游的需求。

犍为世界茉莉博览园要突破花主题景区明显的季节性旅游、要突破近距离旅游对大城市客源的"虹吸效应"，将是一个极大的挑战。

2. 缩小游客对花田的期待与茉莉花田景观之间的差距

游客出游前往往带着美好的期待来，如果到达旅游目的地后实际感知超过或接近预期，则满意而归，并要进行积极的评价和口碑传播。相反，如果实际感知低于预期，那么，游客将抱憾而归，同时一定会做消极评价和负面传播。

游记分析显示，赏花是花主题景区最重要的旅游活动，游客全方位感知花海，喜欢规模大、色彩丰富鲜艳、香气扑鼻、拍照漂亮的花海景观。然而，茉莉花海除了香以外，景观的观赏性较为有限。虽然茉莉花花期较长，但白天的生产性采摘，降低了茉莉花景观的观赏性。虽然茉莉花很香，但茉莉花傍晚盛开的特点，减少了白天给人香气扑鼻感受的机会。这与以赏花为主要动机的游客期待有较大距离。

市场调查分析显示，游客喜欢各国茉莉花景观展示。但因不同茉莉花品种都有季节性，很难在各个季节都看到壮观的茉莉花景观，这将影响各国茉莉花展示效果，相应影响游客游览兴致，以及影响游客游后的口头传播行为。

由此看来，怎样打造茉莉花田和展示各国茉莉花，从而提高游客观赏和游览的满意度，将是一个很大的挑战。

3. 超越季节和空间的可替代性

茉莉花的观赏性不足，而且茉莉花主题景区在季节和空间上都有很强的可替代性。从季节来看，虽然茉莉的花季从 5 月到 10 月长达半年，但其间有多种观赏价值较高的赏花品种，如早春季节赏油菜花、樱花、桃花等，初夏赏郁金香、薰衣草等，盛夏赏荷花、向日葵等，秋季赏菊、观红叶等。这些花卉和植物在色彩和形态上都成为茉莉花的重要替代品种。从空间上看，由于赏花旅游较为盛行，除景区和城市公园在致力于打造花田外，很多乡村也在打造赏花旅游，赏花目的地几乎遍地开花，使得游客近距离选择赏花地点成为可能，在空间上对犍为世界茉莉博览园形成赏花空间可替代性。就连犍为本地和附近区县沐川、井研和五通等地的赏花摘果乡村旅游也形成了同季节可替代性。

超越可替代性对犍为世界茉莉博览园很重要。前面的市场分析证实，可替代性是制约游客选择世界茉莉博览园的三个主要因素之一。季节上的可替代将使茉莉花长达半年的花期不能转化成为长期吸引力，空间上的可替代将进一步缩小客源市场空间，都不利于景区实现发展目标。总之，只有超越可替代性，犍为世界茉莉博览园景区才能脱颖而出，真正实现"花、产、旅"一体化发展。

在目前产品特色和旅游活动吸引力不足的情况下，超越茉莉花旅游季节和空间可替代性难度较大，具有很大的挑战性。

四、对策建议

（一）把握三大机遇，理清思路，乘势而上

1. 旅游休闲化发展机遇

西方旅游发展历程告诉我们，第二次世界大战结束后，西方国家逐步进入工业化后期或后工业社会，即欧美等国人均 GDP（国民生产总值）跨过9 000 美元大关，休闲消费型社会逐渐形成。进而旅游形式也随之演化，逐渐由传统的观光型旅游向观光、休闲旅游并重发展，即旅游的休闲化趋势愈

发明显。

　　中国作为世界第二大经济体与第一大客源国，正在进入一个后工业时代以休闲旅游为重要组成部分的消费型社会。2022年，中国人均收入超过9 000美元，迈入中产阶层门槛的群体达到总人口的44%，即超过6亿人，中产阶层全面崛起。随着中国中产阶层的全面崛起以及新生代消费者的逐渐成熟，其旅游需求已经从简单的观光游览向复合的"观光+休闲"等体验更加深入、要素更加多元的休闲旅游发展。但旅游供给侧还未能应对这一变化，存在休闲需求快速增长和产品供给错位的现象。

　　中国社会科学院旅游研究中心、腾讯文旅产业研究院2020年12月发布的《中国国民休闲状况调查（2020）》显示：国民对休闲的重视程度越来越高，休闲的内容更加丰富，休闲已经成为国民日常生活不可或缺的组成部分。68%的接受调查者倾向于认同休闲是社会文明进步的标志；70.4%的接受调查者倾向于认同休闲在生活中必不可少；76.3%的接受调查者倾向于认同休闲有益健康；76.2%的接受调查者倾向于认同休闲是幸福生活的重要组成部分（多选）①。中国旅游研究院在阿尔山旅游度假大会上发布的《2022中国旅游度假发展报告》显示，相对于其他类型的旅游，绝大多数人非常愿意进行休闲度假型旅游。但休闲度假型旅游产品性价比和服务质量还有进一步提升空间，服务质量不高、各类设施不完善、产品类型单一，是休闲度假型旅游存在的主要问题②。

　　在这一背景下，针对中产阶层的休闲旅游需求及产品提供具有重要的现实意义，是世界茉莉博览园景区的重要机遇。

　　2. 乡村旅游发展机遇

　　（1）城市化带来的乡村回归

　　2018年我国城镇常住人口已达8.3亿，城镇化率为59.58%。"十三五"期间，我国城镇化率的目标是到2020年城镇化率达到60%，比2015年的56.1%提高3.9个百分点。中国已进入城市化时代，从以农村、农业人口为主的国家变为以城市和城市人口为主的国家。快速城市化带来了城市人口的急剧增加、环境恶化、资源危机和大气污染等多种"城市病"，正严重影响

---

　　① 中国旅游协会休闲度假分会. 2021年中国休闲度假产业发展趋势报告［EB/OL］.（2021-05-26）［2022-06-03］. https://www.pinchain.com/article/247910.

　　② 赵珊. 2022中国旅游度假发展报告：休闲度假活力旺［EB/OL］.（2022-09-08）［2022-10-03］. http://travel.china.com.cn/txt/2022-09/08/content_78411656.html.

着城里人的生活，加之在城市工作压力大，身心疲惫等因素，使得很多城里人愈加青睐周末到乡村休闲度假，以安身、养心、怡神。乡村不但景点多，景色宜人，而且乡下的人们热情好客，让体验乡村生活的城里人流连忘返。

（2）良好的政策环境为乡村旅游发展提供了有力支撑

中央"一号文件"专门提出大力发展乡村旅游，强化规划引导，采取以奖代补、先建后补、财政贴息、设立产业投资基金等方式扶持休闲农业与乡村旅游业发展。大力发展休闲度假、旅游观光、养生养老、创意农业、农耕体验、乡村手工艺等，发展具有历史记忆、地域特点、民族风情的特色小镇，建设"一村一品""一村一景""一村一韵"的魅力村庄和宜游宜养的森林景区。依据各地具体条件，有规划地开发休闲农庄、乡村酒店、特色民宿、自驾露营、户外运动等乡村休闲度假产品。实施休闲农业和乡村旅游提升工程、振兴中国传统手工艺计划。开展农业文化遗产普查与保护。支持有条件的地方通过盘活农村闲置房屋、集体建设用地、"四荒地"（荒山、荒沟、荒丘、荒滩）、可用林场和水面等资产资源发展休闲农业和乡村旅游。将休闲农业和乡村旅游项目建设用地纳入土地利用总体规划和年度计划合理安排。

（3）市场需求旺盛

乡村旅游市场需求旺盛、发展潜力巨大。我们根据文化和旅游部监测中心数据测算，2018年上半年全国乡村旅游收入7 700亿元，占国内旅游总收入的31.4%；乡村旅游接待人次13.7亿人次，占国内旅游总人次的48.6%，几乎占据半壁江山的旺盛市场需求为乡村旅游发展提供了强大动力源泉。

强劲的乡村旅游大潮是世界茉莉博览园的重大机遇，以茉莉花为本底，打造优美的乡村景观，以高品质乡村观光、丰富的乡村生活和独特的乡村休闲度假产品，打造极具吸引力的茉莉花主题田园综合体，吸引向往乡村的观光和休闲度假旅游者。

3. 民宿旅游发展机遇

（1）民宿的特点契合了旅游市场游客需求

民宿游是乡村旅游发展的必然。如果说"农家乐"是乡村旅游的初级版，是一种初期的、浅层的、单一的乡村旅游，那么，民宿游就是乡村旅游的升级版，是一种深度的、休闲的、多元的乡村旅游，是更高业态并能连接未来趋势的乡村旅游。起源于日本、英国和中国台湾地区的民宿旅游，大规模兴起的时间也只有30多年，但其太过诱人的商业模式很快席卷全球，成为全世界旅游产业的一个重要业态。

民宿，作为一个有情调、有情怀、有情意的休憩空间，显然不只是提供居住功能那么简单，除了身体层面的安歇，更多的是一种心灵的安放、精神的安慰。无论是在远离城市喧嚣的乡间，还是在环境清幽的旅游区，人们需要有短暂的安宁，然后在安宁中修身养性，净化心灵，升华精神。

民宿重视精神性和文化性的体现和满足，营造生活化场景和内容，把人们从不良的身心状态中解救出来，或让大家对未来更加充满信心，或在一定程度上实现人们对情怀的满足需求。民宿是追求自然、自由和美好的生活空间，让客人在就寝、就餐的过程中，感受平时生存之外的生活美学；漫步乡野，偶事稼穑，又可体验难得的闲情逸致；若能逗趣禽畜生灵，黎明听鸡叫，夜深闻犬吠，田园之乐瞬间满心，这些都是一种纯真的生活之需，无关功名利禄、浮世荣华，更多的是让客人进入一种精神的舒适状态。民宿这些年一直很火，正是满足人们期望后的一种群体性认可的体现。

所以，曾经是城市让生活更美好，未来则是乡村必将让城市居民更向往，而民宿生活已经是未来乡村生活的探索和雏形。

（2）市场需求量大

数以亿计的城里人都愿意且有条件到乡村来度过一段宁静的时光，这为民宿游发展奠定了必然性。党的十九大报告提出的乡村振兴战略的实施以及人民对美好生活的向往为民宿的发展提供了更加广阔的舞台。

4. 思路

重新审视优势，认清省内市场性质特点，明确潜在问题，勇于挑战；抓住趋势性机遇，以潜在问题为导向，观光与休闲度假两个市场并重，塑造优美的赏花观光和乡村休闲度假景观；创新思路，构建以特色为引领的休闲度假业态体系，提供高品质和升级版的休闲度假产品体系；做足茉莉花主题，打造茉莉花主题形象和茉莉花旅游品牌，不断拓展和占领市场；高度重视景区管理和营销工作，促进景区实现可持续发展。

（二）卖花与卖环境齐头并进：突破花主题景区旅游定势，将独特环境优势转化为环境资本，打造以茉莉花环境本底为基础的休闲旅游产业体系

虽然茉莉花有较高的市场认知度，但花主题景区很强的旅游季节性和茉莉花旅游的可替代性，将给景区带来一定的经营风险。即使景区茉莉花街今后还有茉莉花相关产品销售，但商品的吸引力对消解旅游可替代性非常有限。虽然景区香氛体验没有季节性，但目前缺乏强大品牌支撑，也不构成茉

莉博览园景区的主要吸引力。香氛的吸引力来自品牌感召力。法国香水小镇格拉斯发展成为著名旅游小镇，正是由于它为世界著名品牌"香奈儿"生产香氛所带来的超额价值所致。所以，世界茉莉博览园景区的发展需要创新思路，以应对季节和空间的可替代性。

我们认为，花主题景区的可替代性主要在于市场上已形成的花主题旅游模式，就是针对花本身的赏花旅游，而忽视了花景区独特性环境的利用。所以，世界茉莉博览园创新发展思路就是要突破花主题景区旅游定势，将休闲需求与花环境和花资源有机结合，将独特环境优势转化为环境资本，打造以茉莉花环境本底为基础的休闲旅游产业体系，重点是培训和研习产业业态（花艺、茶艺、绘画、烘焙、农艺技能等）、会议和展览等，让传统业态更具有吸引力。这个思路主要还在于具有下列作用（特点）：

（1）这些产业和业态不受季节制约，同时，将这些产业和业态植入茉莉花长达半年的馨香优美环境中，恰恰彰显了本景区的特色，有利于拓展景区市场。

（2）形成产业体系或者多业态后，将会增强景区产业抗风险能力。

（3）这些培训和研习业态是其他旅游业态的重要支撑。如研学旅游，学生对这些动手体验的项目普遍感兴趣，这些项目既能丰富研学产品的内容，又有利于提高景区研学旅游产品吸引力。再如民宿旅游，如果没有这些有趣有意义的培训内容，民宿旅游就缺乏活动支撑，民宿旅游的吸引力也难以提升。

（4）这些业态蕴含的文化性符合市场发展趋势，有利于提高竞争力。在旅游发展从观光向休闲度假转变的背景下，旅游消费需求也相应升级，旅游目的地除了满足基本旅游需求外，还要满足高级旅游需求，即通过文化体验、技能获得和社交等，达到感悟文化、提升认识和自我满足的目的（见表6-52）。目前，市场上绝大部分花主题景区以观光为主，只满足了游客的基本旅游需求。而世界茉莉博览园发展这些业态，将满足旅游消费升级后游客的高级旅游需求，有利于提高竞争力。

表6-52　旅游需求分层要素和特征

旅游需求分层	关键要素	共性特征
基础旅游需求	食、住、行、游、购、娱	时效性、安全性、卫生性
高级旅游需求	文化体验、技能获得、社交标签	感悟文化、提升认识、自我满足

资料来源：宋瑞，中国社科院旅游发展研究中心. 中国中产阶级旅游的休闲化发展［EB/OL］. http://www.sohu.com/a/247537116_126204.

（5）构建以茉莉花环境本底为基础的产业体系有较大旅游市场基础。省内市场调查分析显示，游客对景区研习项目情有独钟，调查问卷提出的代表性研习项目"摄影绘画基地"和"花艺研习"都得到了50%左右的选择，且是游客最偏爱的景区研习项目。这为景区拓展产业业态提供了很好的启示。

（三）抓住逆城市化趋势乡村的各种机会和民宿大发展机遇，以休闲度假和享受独特乡村生活为视角，大力打造以花香民宿为特色的乡村休闲度假旅游业态体系

乡村旅游成为逆城市化阶段城市居民涌入乡村的首要目的。乡村旅游的项目内容很多，如休息放松，或体验不一样的环境，或运动康养，或学习更新等，其中，休闲度假和享受独特乡村生活是最重要的趋势。结合省内市场问卷调查分析结果，花香民宿是打造世界茉莉博览园特色的最重要途径。世界茉莉博览园景区完全可能以休闲度假和享受独特乡村生活为视角，构建以花香民宿为特色的休闲度假业态体系，在乡村旅游业大潮和民宿红火的趋势中分享巨大的市场蛋糕，推动世界茉莉博览园景区可持续发展。

在休闲度假业态体系中，花香民宿是最基本的业态。花香民宿从建筑到装修都要体现花主题和花特色，以此形成景区特色，增强世界茉莉博览园景区吸引力。

其他业态要围绕休闲度假活动来统筹开发。休闲度假活动层次由低到高有基本休闲活动、提升休闲活动和专项休闲活动，依托每一层次丰富的活动内容，构建起有市场的旅游产业业态集群。具体活动如下：

基本休闲活动——吃、住、玩。各具特色的花香民宿；草坪烧烤，地方风味美食，农家美味，或享用花园厨房茉莉花美食；茉莉花采摘或花果采摘；花田散步、森林漫步；本地旅游景点游览观光；夜景观光、娱乐等。

提升休闲活动——体验、学习、运动。制茶、品茶体验和 DIY 项目；当地民俗体验；花艺、茶艺、绘画、烘焙、健康等学习课程；花田、森林自行车运动；花墙景观攀登运动；垂钓运动；划船运动等。

专项休闲活动——当一天小火车司机；文庙成人礼；美丽犍为、人文犍为摄影或写生等。

（四）打造景观亮点，塑造优美迷人的乡村旅游环境

景区景观是旅游活动的场所，也是游客实地感知景区形象的起点。要抓住乡村旅游大市场，首先要打造优美迷人的乡村景观，体现世界茉莉博览园

田园综合体的乡村本质，展现茉莉花主题的优雅迷人风采。

（1）打造以体现自然风貌的山、水、花、林和草景观为主，人文景观为辅的景观格局，展示自然之美和文化之雅。

（2）在保持现有规划的山、水、花、草外，进一步丰富景区景观，打造森林和果林景观，开展更加丰富的休闲和观光活动。如穿越不同景观的自行车观光和徒步、森林音乐会、森林茶话会、森林露营等。

（3）以展示各国茉莉花为目标打造茉莉花环境，满足游客观赏各国茉莉花和科普旅游的需求。通过不同习性植物的搭配，可达到茉莉花家族全年有花的效果。通过设计，以艺术表达手法，搭配色彩，组合茉莉花、灌木、乔木和藤本植物，营造自然和艺术融合的至美境界。

（4）引进"爱情神树"南京六合野茉莉花，在婚庆酒店附近大片种植，打造"天荒地老莫离谷"。野茉莉花语象征纯洁爱情，其成片绽放日子正值每年5月20日左右，可营造茉莉花飘香、纯洁永恒的唯美浪漫意境，开展特色婚庆活动，引爆茉莉花婚庆市场。

（五）增强主题认同，策划活动吸引力，让游客从心动到行动

项目概念规划提出的景区主题"香"是代表茉莉花的重要特征，也有诗人对茉莉花"清香压九州"的高度赞美，但旅游市场高度认同的景区主题却是茉莉花另一个突出特征"纯洁"。市场这一反应对景区营销极为不利，难以打动游客。虽然概念规划提出了较好的五大芳香体验，但本项目不能简单模仿世界香水之都格拉斯的"香"主题吸引市场。因为格拉斯的香氛体验特色是在文化积淀和品牌感召之下实现的，具有强大的市场吸引力。目前国内还没有那么强大的香水国际品牌来支撑以"香"为主题的旅游景区。所以，本项目打造"香"主题，缩小旅游市场的感知差距，需要着手以下几个方面工作：

（1）加强宣传，用多种表现手法展示五大芳香体验，让游客全方位感知景区"香"主题。

（2）宣传芳香环境，让所有旅游活动承载芳香体验，增强茉莉花香对游客的吸引力。

（3）回到茉莉花本身，从挖掘市场认同的茉莉花文化着手，突出"又香又白"的茉莉花形象。《好一朵茉莉花》歌曲中"又香又白人人夸"的歌词已深入人心、传唱海内外，"纯洁"和"香"被认同为茉莉花不可或缺的特征。所以，景区在主题打造方面，"纯洁"和"香"不可偏废，既要强化

"香"主题，同时还要打造"纯洁"特征，突出"又香又白"的茉莉花形象，从而引起市场共鸣，增强市场对"香"主题的认同感，让游客心驰神往。

此外，本项目在丰富旅游活动基础上，还需要在活动吸引力上下功夫，最终让游客从心动到行动。

针对游客偏好的景区主要活动，从时间、空间（场所）、活动内容、活动方式和体验特色等方面进行吸引力打造，满足游客活动的核心价值。以景区观光活动为例，旅游活动吸引力设计内容如表 6-53 所示。

表 6-53　世界茉莉博览园观光活动设计

时间	空间（场所）	活动内容	活动方式	体验特色
白天	景区全域	观赏花田、花境和景区其他景观	徒步或自行车或观光车	优雅茉莉花乡村环境下的赏心悦目怡神体验
夜晚	湖滨区域	观赏湖中水秀、景区夜景	露天、水吧、咖啡吧、酒吧、餐厅等休闲观赏	优美茉莉花文化情景下的夜景沉浸式体验

（六）向项目运营管理和营销要市场要效益，促进景区可持续发展

现在可以策划让游客从心动到行动，如果未来还要保持并扩大市场，实现景区可持续发展，就必须依赖景区运营管理和营销。管理是基础，营销是龙头。

管理的标准化、智慧化、精细化、人性化都是游客可感知的，申报 4A 级景区是标准化管理的重要途径。

高度重视服务管理，提供优质服务，传递企业精神，满足消费升级背景下游客对景区旅游产品的要求，从而赢得市场。

高度重视个性化管理，满足多元化市场的多元需求，定制式、菜单式消费都是品质市场的重要趋势。

以市场为导向，运用智慧化手段大力开展宣传营销工作，让景区深入人心，以独特形象吸引眼球，以景区产品价值打动游客。

精心设计全年节庆，以节庆营销推动市场发展。

周密策划品牌培育计划，未来让品牌开拓市场。

做好价格营销策略，设置差别门票价格体系，选择性实施购物和餐饮消费退门票制度。

参考文献

中文参考文献：

[1] 曹明菊，郑晓燕. 我国食用花卉的研究现状及发展前景 [J]. 南方农业（园林花卉版），2007 (4)：56-58.

[2] 柴继红. 咸阳市花卉旅游发展 SWOT 分析及对策研究 [J]. 咸阳师范学院学报，2015, 30 (2)：69-73.

[3] 陈必胜，晏姿. 八仙花主题园的景观营造与探索：以上海共青森林公园八仙花主题园为例 [J]. 中国园林，2019, 35 (2)：110-114.

[4] 陈卫元. 试论我国食用·药用花卉的市场开发 [J]. 安徽农业科学，2008, 36 (30)：13128-13132.

[5] 成卓. 文化因素与云南花卉产业发展模式的塑造 [J]. 宝鸡文理学院学报（社会科学版），2006 (1)：55-57.

[6] 程杰. 宋代咏梅文学的盛况及其原因与意义（下）[J]. 阴山学刊，2002 (2)：14-18.

[7] 程晓根. 婺源油菜花旅游产品优化研究 [D]. 南昌：江西财经大学，2019.

[8] 崔欣欣. 中国花卉文化新探 [J]. 佳木斯大学社会科学学报，2016, 34 (6)：150-152, 16.

[9] 党亚杰. 宋代花卉赋研究 [D]. 济南：山东大学，2017.

[10] 丁小兵. 杏花意象的文学研究 [D]. 南京：南京师范大学，2005.

[11] 董瑾. 成都地区花卉旅游发展研究：以成都市各类花节为例 [D]. 成都：四川师范大学，2012.

[12] 杜乃星. 成都花卉旅游产品开发的 RMP 分析 [J]. 旅游纵览（下半月），2013 (24)：177.

［13］范建红，魏成，李松志. 乡村景观的概念内涵与发展研究［J］. 热带地理，2009，29（3）：285-289，306.

［14］范向丽，郑向敏. 基于女性市场的花卉旅游产品开发策略研究［C］//中国花卉协会，东南大学，南京市人民政府. 中国花文化国际学术研讨会论文集. 南京：东南大学出版社，2007：4.

［15］范长越，张洋洋. 新加坡滨海湾花园设计分析［J］. 山东林业科技，2016，46（1）：98-102，83.

［16］方伟洁. 牡丹文化对洛阳市旅游业发展作用机制研究［J］. 中国集体经济，2017（34）：93-94.

［17］高寒钰. 基于耦合法的花卉主题公园景观生成策略研究：以江苏南京市花卉公园为例［D］. 南京：东南大学，2018.

［18］古丽芬. 浅谈园林花卉在城市绿化景观设计中的应用［J］. 南方农业，2020，14（23）：27-28，48.

［19］关平. 浅析园林花卉栽培与管理技术［J］. 农家参谋，2020（6）：99.

［20］郭芳婷. 园林景观花卉园艺与现代城市建筑建设的有机结合策略［J］. 居舍，2018（15）：111.

［21］郭瑞. 基于游客体验的无锡花卉旅游发展路径研究［J］. 产业科技创新，2020，2（5）：13-15.

［22］韩春鲜，马耀峰. 旅游业、旅游业产品及旅游产品的概念阐释［J］. 旅游论坛，2008（4）：6-10.

［23］韩键，翁忙玲，姜卫兵. 石榴的文化意蕴及其在园林绿化中的应用［J］. 中国农学通报，2009，25（15）：143-147.

［24］何丽芳，周本贤. 论花卉在旅游中的审美特征［J］. 怀化学院学报，2003（4）：22-24.

［25］何丽芳. 试论中国花文化与旅游开发［J］. 湖南林业科技，2003，30（1）：29-31.

［26］贺颖华. 促进昆明市食用花卉产业发展的对策研究［J］. 中国农业信息，2016（12）：145-146.

［27］侯少沛，谢子航. 郑州植物园月季专类园景观设计分析［J］. 园艺与种苗，2019，39（4）：59-60.

［28］胡蓝予. 基于景观特征评估的韶山村景观整治策略研究［D］. 北京：北京林业大学，2017.

[29] 黄旭, 李一平, 杜成勋, 等. 格萨拉百里生态旅游长廊及气候特征 [J]. 四川气象, 2006 (3): 20-22, 29.

[30] 姜楠南. 中国海棠花文化研究 [D]. 南京: 南京林业大学, 2008.

[31] JAMES F PETRICK, 邹穗雯. 休闲旅游益处 [J]. 旅游学刊, 2015, 30 (11): 1-5.

[32] 李成, 齐荃, 王兆明, 等. 牡丹主题园规划设计研究: 以菏泽天香园为例 [J]. 山东林业科技, 2016, 46 (4): 87-90.

[33] 李成, 吴佳怿, 刘美博, 等. 月季主题园规划设计研究: 以莱州中华月季园为例 [J]. 安徽林业科技, 2019, 45 (1): 48-50, 60.

[34] 李俊蓉. 云南罗平油菜花节旅游产业的发展与思考 [J]. 中国民族博览, 2019 (2): 51-52.

[35] 李莎, 董昭含. 英国伊甸园矿坑再生景观: 20 年文化旅游运营模式研究 [J]. 工业设计, 2020 (10): 84-86.

[36] 李田. 花卉主题公园植物景观设计 [D]. 重庆: 西南大学, 2010.

[37] 李辛怡. 旅游体验下的昆明市花卉旅游发展对策研究 [D]. 昆明: 云南财经大学, 2016.

[38] 刘畅. 园林景观花卉园艺在现代城市建筑中的重要作用 [J]. 现代园艺, 2015 (24): 150.

[39] 刘红岩, 袁毅君. 天水植物资源调查及开发利用研究: 食用与药用花卉 [J]. 甘肃农业, 2003 (3): 47-49.

[40] 刘惠珂. 月季专类园景观营造研究 [J]. 现代园艺, 2013 (23): 84-85.

[41] 刘军. 浅析有益花卉及食用花卉的市场需求 [J]. 现代园艺, 2012 (18): 12.

[42] 刘军丽. 产业链视角下中国食用花卉发展研究 [J]. 北方园艺, 2017 (3): 190-194.

[43] 刘伟龙. 中国桂花文化研究 [D]. 南京: 南京林业大学, 2004.

[44] 刘秀丽, 张启翔. 中国玉兰花文化及其园林应用浅析 [J]. 北京林业大学学报 (社会科学版), 2009, 8 (3): 54-58.

[45] 刘颖. 基于女性的花卉旅游产品开发策略研究 [D]. 秦皇岛: 燕山大学, 2012.

[46] 刘永权. 论城市园林建设中花卉的栽植及应用 [J]. 种子科技,

2020, 38 (19)：57-58.

[47] 刘宇. 基于旅游体验的花卉旅游产品设计研究 [J]. 特区经济, 2016 (6)：139-140.

[48] 龙江智, 王苏. 深度休闲与主观幸福感：基于中国老年群体的本土化研究 [J]. 旅游学刊, 2013, 28 (2)：77-85.

[49] 卢凤君, 刘晴, 王庆革. 北京国际鲜花港高档花卉产业链服务模式构建与运营实践 [J]. 中国农村科技, 2015, 241 (6)：78-79.

[50] 罗梦, 付道传. 浅谈食用花卉在西北地区的应用 [J]. 科技致富向导, 2013 (20)：10.

[51] 马艳梅, 王晓飞. 中国花卉文化初探 [J]. 安徽农学通报, 2015, 21 (14)：78-79.

[52] 马燕萍. 苏中地区花卉旅游产业发展现状及实施策略 [J]. 营销界, 2020 (20)：55-56.

[53] 莫春仁. 基于农业与旅游融合视角的海南热带花卉园区发展初探 [J]. 农村经济与科技, 2019, 30 (21)：81-83.

[54] 裴蓓. 中外花卉节事活动研究 [D]. 上海：华东师范大学, 2005.

[55] 彭若. 园林花卉在城市绿化景观设计中的应用探析 [J]. 安徽建筑, 2020, 27 (7)：46-47.

[56] 邱晓稳. 成都三圣乡："花卉之乡" 的美丽建成之路 [J]. 中华建设, 2018 (2)：36-39.

[57] 裘丽珍, 黄仁. 以花文化活动促进浙江省花卉产业健康持续发展 [J]. 浙江林业科技, 2012, 32 (3)：72-75.

[58] 沈思珍. 名花产业化牡丹当先行：山东菏泽牡丹产业化研究 [D]. 济南：山东大学, 2008.

[59] 舒红霞. 梅：宋代女性文学异彩纷呈的审美意象 [J]. 大连大学学报, 2001 (5)：68-70.

[60] 宋峰, 宋蕾蕾. 英美景观评估方法评述及借鉴 [J]. 开发研究, 2016 (5)：69-74.

[61] 宋妮, 姜卫兵. 丁香的文化意蕴及其在园林绿化中的应用 [J]. 河北林果研究, 2006 (3)：335-338.

[62] 孙超姣. 论宋词中的植物意象 [D]. 西安：陕西师范大学, 2007.

[63] 孙晶. 度假型旅游目的地的开发研究：以保利（成都）·石象湖

为例［J］．旅游纵览（下半月），2015（12）：115．

［64］唐艺林．基于乡村景观特征评估的公园规划设计研究：以宜昌市窑湾乡沙河公园为例［D］．北京：北京林业大学，2020．

［65］田宇婷．"花文化"旅游治理探析［D］．南京：南京师范大学，2018．

［66］万幸．百里杜鹃景区花卉旅游产品开发研究［D］．贵阳：贵州大学，2020．

［67］王冬梅．从忍冬花的文化隐喻探析《喧哗与骚动》中的男权意识［J］．作家，2009（24）：71-72．

［68］王芳，杨永莉．可食用花卉：月季营养成分分析［J］．山西农业大学学报（自然科学版），2006（2）：183-185．

［69］王珏．茉莉的文学与文化研究［D］．南京：南京师范大学，2018．

［70］王奇．食用花卉利用价值及开发前景［J］．西部皮革，2016，38（16）：238．

［71］王瑛珞．生活无处不飞花：花文化初探［J］．唐都学刊，1994（3）：41-45．

［72］王哲．园林花卉的栽培应用及发展现状［J］．现代农业科技，2020（12）：157-158．

［73］魏钰，马艺鸣，杜莹．科学内涵与艺术外貌的有机结合：北京植物园月季园的规划建设［J］．风景园林，2017（5）：36-43．

［74］吴丽娟．月季花文化研究［D］．北京：中国林业科学研究院，2014．

［75］伍树桐，范正红，陈一新．园林花卉养护与管理要点［J］．乡村科技，2020（3）：69-70．

［76］向宏桥．国内外花卉旅游发展模式研究［J］．旅游论坛，2014，7（1）：27-31．

［77］熊海鹰．西双版纳热带花卉园植物专类园：鸡蛋花园景观设计［J］．热带农业科技，2012，35（1）：41-44．

［78］熊继红．花卉旅游资源定量评价研究：以武汉市花卉资源为例［J］．旅游纵览（下半月），2014（12）：154-155．

［79］徐晓霞，姜卫兵，翁忙玲．蜡梅的文化内涵及园林应用［J］．中国农学通报，2007（12）：294-298．

［80］徐媛媛，周之澄，周武忠．中国花卉旅游发展轨迹研究［J］．中国园林，2016，32（3）：43-46.

［81］杨明艳，普惠娟，张宝琼，等．云南山茶花文化挖掘与发展研究［J］．热带农业科学，2020，40（9）：110-115.

［82］杨萍，李云霞．花卉业与云南省旅游经济增长［J］．经济问题探索，2006（9）：102-104.

［83］杨晓东．明清民居与文人园林中花文化的比较研究［D］．北京：北京林业大学，2011.

［84］叶玲玲．基于体验经济的乡村花卉旅游产品提升策略研究［J］．现代农业研究，2020，26（2）：29-32.

［85］佚名．伦敦切尔西花展［J］．景观设计，2015（1）：2.

［86］尹世香．西双版纳热带花卉园的优劣势分析［J］．学园，2015（9）：192-193.

［87］余秉全．保加利亚的玫瑰谷公园［J］．园林，1998（5）：34-35.

［88］袁玉琴．美国玫瑰花节对我国花卉节庆开发的启示［C］//中国花卉协会，扬州市人民政府．2008中国花文化学术研讨会论文集．南京：东南大学出版社，2008：4.

［89］翟光耀，马蓓莉．园林花卉栽培管理技术［J］．现代农业科技，2020（14）：119.

［90］张鸿翎．中国花文化的自然属性及其人文内涵［J］．内蒙古农业大学学报（社会科学版），2004（4）：128-129.

［91］张琳．海棠专类园规划设计理论研究［D］．咸阳：西北农林科技大学，2013.

［92］张启翔．论中国花文化结构及其特点［J］．北京林业大学学报，2001，23（S1）：44-46.

［93］张扬．滇中高原花卉产业与旅游产业融合发展的研究［D］．昆明：云南师范大学，2020.

［94］张永辉，姜卫兵，翁忙玲．杜鹃花的文化意蕴及其在园林绿化中的应用［J］．中国农学通报，2007（9）：376-380.

［95］张远．文学视域下的宋代花谱研究［D］．武汉：华中师范大学，2019.

［96］赵娟秀，李彦莹，等．云南食用花卉概述［J］．食品与发酵科技，

2017, 53（2）: 104-108.

［97］赵爽, 朱克西. 云南高原特色食用花卉产业发展初探: 以食用玫瑰为例［J］. 当代经济, 2015（4）: 56-57.

［98］赵晓峰, 吴荣书. 我国食用花卉的开发利用及可持续发展［J］. 现代营销（学苑版）, 2012（3）: 198-199.

［99］郑喜. 常州花卉旅游产品设计［D］. 桂林: 广西师范大学, 2015.

［100］郑玉潇, 董彬, 张杰繁, 等. 云南花卉旅游深度开发探析［J］. 旅游纵览（下半月）, 2020（2）: 153-154.

［101］郑忠明. 蜡梅花文化研究［D］. 南京: 南京林业大学, 2010.

［102］周立新. 野花王国: 纳马夸兰［J］. 花卉, 2019（3）: 49-52.

［103］周娜. 我国城市园林花卉栽培和养护探究［J］. 现代园艺, 2020, 43（11）: 214-215.

［104］周巍, 王小德, 周小洁, 等. 浙江金华茶花文化旅游的开发前景初探［J］. 安徽农业科学, 2005, 33（8）: 1473-1474, 1476.

［105］周武忠. 论花卉的旅游审美意义［J］. 东南大学学报（哲学社会科学版）, 2002（5）: 57-63.

［106］周武忠. 论中国花卉文化［J］. 中国园林, 2004（2）: 61-62.

［107］朱春艳. 杜鹃花资源及其园林应用研究［D］. 杭州: 浙江大学, 2008.

［108］朱杰. 基于英国风景特质评估体系的吉首市风景特质评估研究［D］. 武汉: 华中农业大学, 2013.

［109］资春花, 滕霞. 对旅游产品、旅游商品和旅游购物品三者关系的思考［J］. 产业与科技论坛, 2008, 7（11）: 74-75.

［110］左利娟. 牡丹在园林中应用的研究［D］. 北京: 北京林业大学, 2005.

英文参考文献:

［1］DAVYDENKO P, TEKIELI B, HAVRYLOVA O V. FLOWER TOURISM AS A NEW KIND OF TOURISM IN THE 21ST CENTURY［C］// M жнародний форум молодих досл дник в. Молод досл дники у глобал зованому св т : п дходи та виклики. Харк в, 2021: 4.

［2］DIANE RELF. Human Issues in Horticulture［J］. Hort Technology,

1992, 2 (2): 159-171.

[3] GIAO HÀ NAM K, LÊ THÁI SON. Factors Affecting the Satisfaction of Visitors to Dà Lat Flower Festival 2012 [J]. Journal of Economic Development, 2012, 214 (10): 144-156.

[4] GYAWALI P, BHANDARI S, SHRESTHA J. Horti-tourism: an approach for strengthening farmers' economy in the post-COVID situation [J]. Journal of Agriculture and Food Research, 2022 (7): 100278.

[5] INOUE T, NAGAI S. Influence of temperature change on plant tourism in Japan: a case study of the flowering of Lycoris radiata (red spider lily) [J]. Japanese Journal of Biometeorology, 2015, 52 (4): 175-184.

[6] JAMES I, HOFFMAN T, MUNRO A, et al. The economic value of flower tourism at the Namaqua National Park, South Africa [J]. South African Journal of Economic and Management Sciences, 2014, 10 (4): 442-456.

[7] KALELE S, RONDONUWU D O. Questioning the Direct Impact of International Flower Festival to Increase Welfare of Flower Farmer, A Case in Kakaskasen Village, Tomohon City [C] //First International Conference on Applied Science and Technology (iCAST 2018). Atlantis Press, 2020: 186-189.

[8] KAWATAK S Y, KOONDOKO Y Y F, MONTOLALU J D. Dampak Ekonomi Tomohon International Flower Festival Terhadap Petani dan Penjual Bunga Lokal [J]. Lensa Ekonomi, 2021, 15 (1): 1-10.

[9] KEVIN MARKWELL. Garden tourism [J]. Annals of Leisure Research, 2014, 17 (4): 499-500.

[10] KRUGER M, VILJOEN A, SAAYMAN M. Who pays to view wildflowers in South Africa? [J]. Journal of Ecotourism, 2013, 12 (3): 146-164.

[11] LEE J, LEE C H. A study on the analysis of news data for the improvement of local flower festival [J]. Journal of Industrial Convergence, 2019, 17 (4): 33-38.

[12] LI J, DENG J, PIERSKALLA C. Impact of attendees' motivation and past experience on their attitudes toward the National Cherry Blossom Festival in Washington DC [J]. Urban Forestry & Urban Greening, 2018 (36): 57-67.

[13] MARUJO N. Turismo e eventos especiais: a Festa da Flor na Ilha da Madeira [J]. Tourism & Management Studies, 2014, 10 (2): 26-31.

[14] EMI MORIUCHI, MICHAEL BASIL. The Sustainability of Ohanami Cherry Blossom Festivals as a Cultural Icon [J]. Sustainability, 2019, 11 (6): 1820.

[15] NAGAI S, SAITOH T M, YOSHITAKE S. Cultural ecosystem services provided by flowering of cherry trees under climate change: a case study of the relationship between the periods of flowering and festivals [J]. International journal of biometeorology, 2019, 63 (8): 1051-1058.

[16] NGHIÊM-PHÚ B, KIỄU T H, HOÀNG T T T. Tourists' satisfaction with and intentions toward a nature-themed festival: The contribution of destination attributes, festival events, place attachment and life satisfaction [J]. Journal of Convention & Event Tourism. Routledge, 2021, 22 (3): 221-241.

[17] PRIATMOKO S, PANGHASTUTI T, MURTI A. The Power of Flowers: Hungarian Tourism through Indonesian Lens [C] //IOP Conference Series: Earth and Environmental Science. IOP Publishing, 2021, 704 (1): 012013.

[18] ROE M. Landscape Sustainability: An Overview [M] //BENSON J F, ROE M. Landscape and Sustainability. 2nd Edn. London: Routledge, 2007.

[19] SAKURAI R, JACOBSON S K, KOBORI H, et al. Culture and climate change: Japanese cherry blossom festivals and stakeholders' knowledge and attitudes about global climate change [J]. Biological Conservation, 2011, 144 (1): 654-658.

[20] SCHULTE-DROESCH L. Fertility or indigeneity? Two versions of the Santal flower festival [J]. Asian ethnology, 2014, 73 (1/2): 155.

[21] SPARKS T H. Local-scale adaptation to climate change: the village flower festival [J]. Climate research, 2014, 60 (1): 87-89.

[22] SPARKS T H. Local-scale adaptation to climate change: the village flower festival [J]. Climate Research, 2014, 60 (1): 87-89.

[23] TKACZYNSKI A. Flower power? Activity preferences of residents and tourists to an Australian flower festival [J]. Tourism Analysis, 2013, 18 (5): 607-613.

[24] TURPIE J, JOUBERT I A. The value of flower tourism on the Bokkeveld Plateau-a botanical hotspot [J]. Development Southern Africa, 2004, 21 (4): 645-662.

［25］WANG L, NING Z, WANG H, et al. Impact of climate variability on flowering phenology and its implications for the schedule of blossom festivals ［J］. Sustainability, 2017, 9（7）: 1127.

［26］ZANG Y, DAI J, TAO Z, et al. Effects of Climate Change on the Season of Botanical Tourism: A Case Study in Beijing ［J］. Advances in Meteorology, 2020（4）: 1-11.

［27］ZHOU W Z. The role of horticulture in human history and culture ［J］. Horticulture in Human life, Culture and Environment, 1994（391）: 41-52.

网络参考文献：

［1］360 百科. 广州迎春花市 ［EB/OL］. （2022-02-20）［2023-03-01］. https://baike.so.com/doc/6700235-6914165.html.

［2］艾以清. 切尔西花展，园艺界的奥斯卡 ［EB/OL］. （2019-05-26）［2023-03-22］. https://www.360kuai.com/pc/93751fc30048c5b93? cota=3&kuai_so=1&sign=360_57c3bbd1&refer_scene=so_1.

［3］白墨. 古往今来再话花卉旅游之借鉴和发展 ［EB/OL］. （2019-06-05）［2023-03-22］. https://mp.weixin.qq.com/s? __biz=MzI3OTE1MTY1Ng==&mid=2247487693&idx=3&sn=44d823f8e8f9fad7b4e14537797d4ff5&chksm=eb4d458adc3acc9c7eea74d0ffcfddd75ef373c9b85609dc7b963e04e4999f4252bafd ad681d&scene=27.

［4］百度百科. 中法农业科技园 ［EB/OL］. （2023-02-02）［2023-05-12］. https://baike.baidu.com/item/%E4%B8%AD%E6%B3%95%E5%86%9C%E4%B8%9A%E7%A7%91%E6%8A%80%E5%9B%AD/22874443? fr=Aladdin.

［5］北京国际鲜花港. 鲜花港介绍 ［EB/OL］. （2021-03-29）［2023-03-01］. https://www.bjifp.com/about/jj/.

［6］博雅旅游分享网. 北京植物园 ［EB/OL］. （2020-06-27）［2023-05-12］. http://www.bytravel.cn/Landscape/2/beijingzhiwuyuan.html.

［7］常书香，李文渊. 第37届中国洛阳牡丹文化节圆满落幕 共接待游客 2 917 万人次 ［EB/OL］. （2019-05-07）［2023-03-22］. https://luoyang.focus.cn/zixun/0c63d4cd1e5f19b0.html.

［8］创艺园. 花卉主题景区如何在众多花卉旅游市场脱颖而出？ ［EB/OL］. （2020-11-23）［2023-03-22］. https://baijiahao.baidu.com/s? id=

1684138412974796033&wfr＝spider&for＝pc.

［9］丁宁. 投资25亿元 政企携手打造黄龙溪特色小镇新篇章［EB/OL］.（2017－08－01）［2022－10－20］. https://sichuan. scol. com. cn/fffy/201708/55963406.html.

［10］峨眉山景区. 峨眉山仙峰寺直升机通航，飞着去看珙桐盛放［EB/OL］.（2016－05－23）［2023－03－22］. https://m. sohu. com/a/76816554_355516? ivk_sa＝1024320u.

［11］季丽亚. 春回大地节后旅游复苏，赏花游热度上涨280%［EB/OL］.（2021－03－02）［2023－03－22］. http://news. hexun. com/2021－03－02/203114091.html.

［12］凯奇集团. 凯奇分享｜花卉主题公园：主题公园与休闲农业发展结合的新业态［EB/OL］.（2021－04－27）［2023－03－22］. https://baijiahao. baidu.com/s? id＝1698177917769342558&wfr＝spider&for＝pc.

［13］梅源. 茉莉花飘香 南京中华茉莉谷十万株茉莉全面绽放［EB/OL］.（2019－04－23）［2022－10－20］. https://k. sina. cn/article_2056346650_7a915c1a02000yahc.html.

［14］每周国际花讯. 哥伦比亚2021年花卉出口17.3亿美元 创历史纪录［EB/OL］.（2022－06－11）［2023－03－22］. https://www. sohu. com/a/556134443_120075915.

［15］牟雯静. 峨眉市民，你心目中的峨眉"市花""市树"是什么呢？［EB/OL］.（2021－08－30）［2023－03－22］. https://view. inews. qq. com/k/20210830A0DTR300? web_channel＝wap&openApp＝false.

［16］奇创旅游规划设计咨询机构. 态势研究：又是一年赏花季［EB/OL］.（2013－01－14）［2023－03－01］. https://www. kchance. com/LandingPage/Flower1.html#time1.

［17］全国休闲标准化技术委员会. 花卉休闲区建设与服务规范［EB/OL］.（2018－09－28）［2023－03－22］. https://www. cssn. net. cn/cssn/productDetail/2141ef2ca1919114acc0fe41599e3a8c.

［18］上海辰山植物园. 上海辰山植物园简介［EB/OL］.（2016－03－17）［2022－10－20］. https://www. csnbgsh. cn/sites/chenshan2020/static/gonggao-content. ashx? ctgid＝602a9949－0ba2－4e35－bed5－e8fff204080c&infId＝d48ca8bd－da34－495d－8a97－25c9c82cfbf4&leftbarid＝f2f35580－e8e4－4aa2－

adde-997f2d1b3feb.

［19］汤安佶，谢豫，单国浩.真会挑日子！每年"520"一万多棵野茉
莉准时开花［EB/OL］.（2019-05-20）［2022-10-20］.http://news.jstv.com/
a/20190520/1558344404707.shtml.

［20］田旗."花卉+旅游"产业的跨界模式和机遇与挑战［EB/OL］.
（2021-08-27）［2023-03-22］.https://new.qq.com/rain/a/20210827A0BSF000.

［21］王军.成都双流华侨城·欢乐田园试业 吸引大量游客进园游玩
［EB/OL］.（2019-03-22）［2022-10-20］.https://www.sohu.com/a/
303055202_114731.

［22］王鹏翔.我国各地的花卉节日［EB/OL］.（2015-05-19）［2023-03-
22］.http://hhxh.whit.edu.cn/info/1008/1014.htm.

［23］王卫东，徐子珊，李凤.乐山犍为县：世界茉莉博览园正式开园
［EB/OL］.（2020-05-06）［2023-03-22］.https://sc.cri.cn/chinanews/
20200506/e46dbc3f-89d1-7d26-c69d-e9c8fb6e3448.html? chinaNewsType=
app&fonts=1&language=zh&languageId=zh&menuId=110&no_pic=0&userId=
ui1506582072419923282.

［24］伍策，一元.全国首家花卉休闲区花落江苏无锡花彩小镇［EB/
OL］.（2019-09-25）［2023-03-22］.http://travel.china.com.cn/txt/2019-09/
25/content_75245094.html.

［25］武汉花卉博览园."花卉+旅游"六大开发模式及其成功案例
［EB/OL］.（2016-01-06）［2023-03-22］.http://www.itaomiao.com/news/ne-
wsInfo? id=227.

［26］新华网新加坡频道.新加坡滨海湾花园开幕一年迎500万人次游
客［EB/OL］.（2013-06-30）［2023-03-22］.http://sg.xinhuanet.com/2013-
06/30/c_124931664.htm.

［27］新京报.北京平谷第24届国际桃花节开幕［EB/OL］.（2022-04-14）
［2023-03-22］.https://baijiahao.baidu.com/s? id=173008991441401
9299&wfr=spider&for=pc.

［28］杨心梅.赏峨眉山杜鹃 悠游"十里花境"［EB/OL］.（2021-05-09）
［2023-03-22］.https://baijiahao.baidu.com/s? id=1699238167165888322&
wfr=spider&for=pc.

［29］佚名.江苏的"省花"是野茉莉 不是木樨科茉莉花［EB/OL］.

(2018-10-26) [2022-10-20]. http://www.huamu.cn/news/detail-224907.html.

［30］佚名.闽江公园建茉莉家族花境 为福州首个［EB/OL］.（2017-11-21）［2022-10-20］. http://www.taihainet.com/news/fujian/gcdt/2017-11-21/2075965.html.

［31］佚名.天府恒大文化旅游城：万亩文旅大盘 成都新晋网红打卡地［EB/OL］.（2019-08-13）［2022-10-20］.搜狐网：https://www.sohu.com/a/333464757_791549.

［32］佚名.开封第35届菊花文化节下月举办 菊展造型抢先看［EB/OL］.（2017-09-25）［2023-03-22］. https://www.sohu.com/a/194452749_348738.

［33］佚名.峨眉山报春花［EB/OL］.（2017-10-17）［2023-03-01］. http://www.ems517.com/article/161/654.html.

［34］佚名.峨眉山简介［EB/OL］.（2012-09-28）［2023-03-22］. http://www.ems517.com/article/208.html.

［35］佚名.佛山市（顺德区）陈村花卉世界［EB/OL］.（2019-03-19）［2023-03-01］. https://www.maigoo.com/citiao/3905.html.

［36］佚名.来滇旅游为何必到斗南花市？［EB/OL］.（2017-03-17）［2023-03-22］. https://www.sohu.com/a/129238645_210348.

［37］佚名.洛阳牡丹花会2022（时间+赏花地点+门票价格+观赏攻略）［EB/OL］.（2022-04-09）［2023-03-22］. https://www.dahepiao.com/lvyounews1/20220405263970.html.

［38］佚名.驴妈妈创造南京国际梅花节近10万人赏梅记录［EB/OL］.（2017-03-24）［2023-03-22］. http://www.joyu.com/news.asp? id=2132.

［39］佚名.日耳曼人一来欧洲全面衰退，但修道士们却从其手中抢救下花园文化［EB/OL］.（2021-05-25）［2023-03-22］. https://baijiahao.baidu.com/s? id=1700607436065359316&wfr=spider&for=pc.

［40］佚名.世界十大最美花园盘点 全球最美的花园排行 你知道中国占几个吗［EB/OL］.（2022-05-19）［2023-03-01］. https://www.maigoo.com/top/417329.html.

［41］佚名.西双版纳热带花卉园［EB/OL］.（2022-12-10）［2023-03-01］. https://www.maigoo.com/citiao/115104.html.

［42］佚名. 中国洛阳牡丹文化节［EB/OL］. (2022-04-01)［2023-03-22］. https://www.suitangyizhi.com/luoyangmudan/597.html.

［43］赵惜辰. 中国开封第 39 届菊花文化节来啦!［EB/OL］. (2021-10-18)［2023-03-22］. https://baijiahao.baidu.com/s? id = 1713949743 758056032&wfr = spider&for = pc.

［44］中国科学院华南植物园. 园况简介［EB/OL］. (2010-05-05)［2022-10-20］. http://www.scib.cas.cn/lyfw/yqjj/201005/t20100505_2839190. html.

［45］中机院产业园区规划. "汇总"乡村旅游规划: 近 30 年来我国乡村旅游政策演进与前瞻［EB/OL］. (2019-10-12)［2023-03-22］. https:// baijiahao.baidu.com/s? id = 1647169165955123835&wfr = spider&for = pc.

［46］COUNCIL OF EUROPE. European Landscape Convention［EB/OL］. (2007-09-13)［2023-03-22］. http://www.coe.int/t/e/Cultural_Co-opera-tion/Environment/Landscape.

［47］THE COUNTRYSIDE AGENCY. Landscape Character Assessment Guidance for England and Scotland［EB/OL］. (2014-10-02)［2023-03-06］. www.countryside.gov.uk.

后 记

本研究始于 2019 年的春天。一个花主题景区建设需要进行市场研究以供景区管理人员决策参考。幸运的是，我们承担了该课题的研究任务。我们带领研究小组成员实地调研了大江南北的花主题景区，并顺利完成了花主题景区国内旅游市场研究报告。研究成果很有意义，提出了一些可供选择的花主题景区发展思路和路径。本研究不仅进行了扎实的市场调研，还广泛搜集了国内外相关研究文献和花主题景区发展案例，我们也很认同"花卉旅游是 21 世纪的新型旅游形式"的观点。于是，我们着手构思和撰写这本著作。我们是首次研究花主题旅游，相关思考和认识都还很粗浅，希望能够抛砖引玉，引出很多高水平花主题旅游研究成果。

本书的完成凝聚了全体参与撰写人员的智慧和汗水。邓明艳撰写了前言和后记、第一章和第六章。此外，邓明艳构思了全书的整体研究思路、各章节内容和各章节研究方法，设计了旅游市场调查问卷，指导刘春艳、舒婷和康有月完成相关章节撰写并多次修改，负责全书的统稿和审阅。宋雨晗撰写了第四章，康有月撰写了第二章第二节和第三章，还撰写了第二章第一节中的文献计量分析和第五章第一节，刘春艳撰写了第五章第二节，舒婷撰写了第二章第一节。参与市场调查的同学非常辛苦，他们大多是来自国内 12 个大学的博士生、硕士生和本科生。在此，我们向参与书稿撰写和市场调查的同学们表示衷心的感谢！

感谢西南财经大学出版社的王琳编辑对本著作出版的大力支持！

　　本研究由 2019 年乐山师范学院校级重点研究项目"乡村文化展示与乡村旅游可持续发展研究"（WZD018）和横向课题"世界茉莉博览园田园综合体"国内旅游市场调查及分析研究报告（204190007）联合资助，本书出版经费由四川旅游发展研究中心平台项目"峨眉山旅游综合改革研究"（205190002）资助。

邓明艳

2023 年 5 月 1 日于嘉州